新编21世纪高等职业教育精品教材

公共管理与服务类

# 公共关系实务

主　编　王光华　阎　伟

副主编　王毓昕　尹　莹

肖红艳

中国人民大学出版社

·北京·

**图书在版编目（CIP）数据**

公共关系实务 / 王光华，阎伟主编. --北京：中国人民大学出版社，2023.5

新编 21 世纪高等职业教育精品教材. 公共管理与服务类

ISBN 978-7-300-31659-8

Ⅰ.①公… Ⅱ.①王… ②阎… Ⅲ.①公共关系学－高等职业教育－教材 Ⅳ.①C912.31

中国国家版本馆 CIP 数据核字（2023）第 076723 号

新编 21 世纪高等职业教育精品教材·公共管理与服务类

**公共关系实务**

主　编　王光华　阎　伟

副主编　王毓昕　尹　莹　肖红艳

Gonggong Guanxi Shiwu

---

| | | | |
|---|---|---|---|
| **出版发行** | 中国人民大学出版社 | | |
| **社　　址** | 北京中关村大街 31 号 | **邮政编码** | 100080 |
| **电　　话** | 010－62511242（总编室） | | 010－62511770（质管部） |
| | 010－82501766（邮购部） | | 010－62514148（门市部） |
| | 010－62515195（发行公司） | | 010－62515275（盗版举报） |
| **网　　址** | http://www.crup.com.cn | | |
| **经　　销** | 新华书店 | | |
| **印　　刷** | 天津中印联印务有限公司 | | |
| **开　　本** | 787 mm×1092 mm　1/16 | **版　　次** | 2023 年 5 月第 1 版 |
| **印　　张** | 12.75 | **印　　次** | 2023 年 5 月第 1 次印刷 |
| **字　　数** | 264 000 | **定　　价** | 39.00 元 |

---

# 前言

移动互联网时代，信息飞速传播，公共关系显得更加重要和具有挑战性。看似偶然的医疗、教育、交通、司法、行政等个例事件，如果没有公共关系的视野和思维，没有公共关系的意识和方法进行正确表达与处理，就会成为一发不可收拾的网络舆情事件。我国的优秀企业都非常注重公共关系形象的塑造和经营，公共关系是组织发展始终坚守的事业。随着中国的快速发展，公共关系需要长期认真研究、实践，并进行严格的人才培养。

在人才培养方面，除了开设公共关系专业，对诸多涉及公共管理和服务的专业，开设相关课程对学生进行公关素养和技能培养是非常必要的。当前，公共关系类教材虽多，但显然跟不上应用型人才培养的节奏，尚需时日来做更大的改进和创新。当我们的实际教育和职业实践经由市场的“春风”吹拂，已是“山花烂漫”时，与市场接轨的课程和教材却依然“春意料峭”。我们在长期的教学和研究中，发现课程教学的课时量和课程标准与相应专业的接榫不够精准，诸多公共关系类教材普遍存在两个问题：一是教材“知”多“行”少，而应用型教育的本质是知行合一；二是教材大多为公共关系学专业编写，而对于其他应用型专业的公共关系课程并不太适用。

为此，我们组成了包括行业、企业相关专家的编写团队，反复研讨和思考，结合应用型教学和研究实际，以适合教师教学、适合学习者接受和实践、适合未来职场运用为准则，以公共关系固有的逻辑关系，“定制”了本教材的六个项目，即什么是公共关系、为何进行公共关系、公共关系工作程序、公共关系的主要活动、公共关系危机管理与处理、公共关系基本技能。各个项目设计了数量不等的任务，在任务阐述中穿插案例阅读，案例涉及政治、经济、教育、文化、企业管理等各个领域，并从知识和技能多个视角进行案例点评；每个任务设有实训导引，与学习者实际紧密对接、与岗位实践对接、与公关知识技能逻辑对接。理论、案例和实践训练在项目任务中融为一体。同时，本教材深入贯彻党的二十大精神，以习近平总书记关于职业教育工作的重要指示为导向，落实立德树人根本任务，推进习近平新时代中国特色社会主义思想进教材、进课堂、进头脑，全面落实课程思政要求。本教材极力体现“一个创新、两个重点、三个落实”的编写原则和理念。

一个创新：打破完全的学科知识逻辑的固有建构，体现职业应用型的建构逻辑。本教材以“我要学”和“学而能用”为主要的问题导向，以典型案例分析和实际的项目训练凸显应用性和实践性，从“知”的教育跨越到“智”的训练，再辅以阅读必备环节，体现以学习者为主体，帮助他们建构更多的公关意识、知识、见识和能力。

两个重点：重点突出公共关系实践思路和方向性的训练；重点突出职业活动中公共关系意识和一般性能力建构。

三个落实：落实在学习者所学的专业文化和未来所从事职业的基本素养上；落实在数字化背景下的案例分析和智性的任务训练建构中；落实在学习者的自主、协作、创新学习与可持续发展里。

本教材在编写过程中进行了多方调研和各方专家座谈，由在公共关系课程教学领域深耕多年兼职湖北师范大学硕导的王光华教授、义乌市创新人才尹莹博士、省级教学比赛第一名和相关行业培训口碑优异的阎伟老师、行业兼职公关培训师肖红艳老师、商务工程师王毓昕等组成的团队编写完成。具体分工如下：广东省科技干部学院王光华教授负责总策划、统筹、审定并编写项目一，浙江义乌工商职业技术学院尹莹博士与中建八局华南公司广州分公司商务工程师王毓昕编写项目二和项目四，江门职业技术学院肖红艳老师与商务工程师王毓昕编写项目三及项目五，广东省外语艺术职业学院阎伟老师编写项目六、数字媒体案例及教材其他配套资料，福建闽江师专杨宁副教授与辽宁铁岭师专武广红老师参与全书修改完善。特邀中建八局华南公司广州分公司钱群女士、华为技术有限公司资深培训师李婉俊女士、美的集团中国区域公关负责人沈建先生为教材编写顾问。相关的课程软件、文字和数字媒体案例及其他相关教学资料均在中国人民大学出版社数字平台共享。

感谢中国人民大学出版社的鼎力支持，感谢参加本书编写的相关院校的领导及专家的大力支持！本书在编写过程中参考了公共关系方面的诸多网站、书籍和报刊，在此表示最真诚的谢意！

由于编者水平和时间所限，书中难免有不妥之处，诚望大家批评、指正。

# 目 录

项目一

# 什么是公共关系

公共关系与我们每个人的生活、工作息息相关。奥运健儿参与国际体育赛事，他们的言行举止、赛场表现代表一个国家的形象和体育精神，所以每有获奖，必伴有国歌和升国旗仪式。在校求学，你便是某学校的学生，一些人对你学校的认知，会从你身上体察，更不用说你代表学校进行比赛了。所以，你的言行举止具有组织形象的建设意义，具有一定的公共关系的符号性。职场中，你若从政，你的公务活动、你的言行是在塑造政府的公关形象，虽然政府的公关形象不仅仅限于此；你若经商，你的产品设计、生产、包装、销售和服务都在建立一种公共关系的品牌和口碑，你的经营活动也是店面和公司的公关形象展现。我国工人、农民、知识分子等不同群体，都在积极建构所属群体的广义上的公共关系形象。所以，公共关系既是当下的行为，也是历史的积淀。

## 任务一　公共关系的目的和方向

什么是公共关系？公共关系是如何发生和发展的？谁需要公共关系？公共关系能做什么？不同组织的公共关系活动是否是一样的？这些问题是我们在学习和训练中必须明了的。公共关系活动和行为都有目的性和方向性，有的公共关系活动和行为的目的性和方向性很明确，甚至为了公关而公关；有的则是附着在其他组织活动中。

## 案例阅读 1

### 阅兵活动展示国际形象

阅兵活动是中华人民共和国成立以来的重要活动，阅兵活动的规模、内容和方式等随着我国国力的增强与国际地位的提升不断丰富，增强了人民自豪感和民族自信心。2019 年 10 月 1 日北京天安门广场隆重举行了庆祝中华人民共和国成立 70 周年大会，庆祝大会后举行的盛大阅兵式和群众游行以及当晚在天安门广场举办的首都国庆联欢活动让人记忆犹新。2015 年 9 月 3 日，在天安门广场举行了盛大的“纪念中国人民抗日战争暨世界反法西斯战争胜利 70 周年”的阅兵活动。此次阅兵多重意义叠加：中国第一次邀请外国军队参与；第一次大量展示自主研发的居世界前列的重型武器；很多武器装备第一次出现在阅兵仪式上，首次展出的装备达到 84%；全国阅兵仪式中第一次出现女子仪仗队员；第一次亮相平均年龄 80 多岁的老兵英雄方队；第一次有将军担任方队的领队；第一次现场出现由军校学生组成的千人合唱团……如此多的第一次在中国阅兵史上实属罕见。

#### 案例点评

公共关系是组织与公众建立的一种良性关系，是一个组织塑造自己良好形象的必要手段和方式。历年的阅兵活动都是我国在外部公众、内部公众、媒体公众等公众中塑造良好公关形象的一次重要活动。2015 年中国的大阅兵对中国国际形象的塑造有以下几大作用：第二次世界大战中东方主战场的地位得到全世界的公认；铭记历史，更加紧密地连接全国人民，齐心协力创造美好未来；进一步联络了在抗战时期就建立起来的与各国的外交情谊；向世人展示了发展中的中国虽然强大但是珍爱和平；树立良好的大国形象。

公共关系活动的目的和方向是与公众建立良好的关系，塑造一个可亲、可敬、可信赖的组织形象。任何组织包括国家、政党、城市乡村、行政机关、事业单位、企业机构等都需要在宏观规划和实施细节上构建良好的公关形象。从最初共产党建立人民军队明确制定和传唱“三大纪律八项注意”，到建立中华人民共和国提出“人民站起来了，人民当家做主”，到现在我们党正带领人民从大国向强国迈进，中国共产党领导的中华人民共和国在国内外拥有了良好的公共关系形象。

## 案例阅读 2

### 全聚德店庆创造新辉煌

驰名中外的百年老店全聚德从最初的烤鸭店发展为集餐饮与食品加工数字化加持的现代企业，彰显的企业形象是“全聚时刻，就在全聚德”。经过几代人的努力，全聚德形成了以烤鸭为代表的系列美食精品和独特的饮食文化。全聚德这家百年老店已成为国家领导人宴请国际友人的重要场所，成为国际国内朋友认识、了解北京的窗口。

为了抓住机遇，迎接挑战，积极参与市场竞争，全聚德集团公司经常性借助周年庆典等活动进行公关形象宣传和推介，我们来看看全聚德建店135周年店庆活动的公关策划与实施。全年系列公关活动分为三个阶段。第一阶段：在含有元旦、寒假、春节、元宵节等节假日的第一季度与《北京晚报》、北京楹联研究会联合举办“全聚德杯”新春有奖征集对联活动（以下简称“征联”）；面向全社会（包括集团员工）开展“我与全聚德”征文，征集店史文物活动；着手整理资料，编辑、出版《全聚德今昔》一书。第二阶段：在农历六月初六（即全聚德创建日）举办“全聚德建店135周年店庆暨首届全聚德烤鸭美食文化节开幕式”。第三阶段：在金秋十月，借国庆之际举办全聚德品牌战略研讨会。经过近一年时间的实施，该年度全聚德集团企业形象公关活动达到了预期的公关目的。

首先，“全聚德杯”新春有奖征联活动，把树立全聚德品牌形象与中国传统楹联文化有机地结合起来，形成了“以文化树品牌”“以文化促经营”的新闻热点，弘扬了全聚德的饮食文化和品牌文化。

其次，提高了全聚德品牌的知名度和美誉度。众多新闻媒体都对“全聚德建店135周年店庆暨首届全聚德烤鸭美食文化节”作了全面报道，强化了全聚德的品牌形象。

再次，全聚德集团通过135周年店庆活动取得了良好的经济效益。由于“全聚德建店135周年店庆暨首届全聚德烤鸭美食文化节”活动的拉动作用，国庆节期间（10月1日—7日）集团公司10家直营店共完成营业收入703.5万元，接待宾客76 325人次，日平均营业额达100.5万元。

最后，全聚德品牌发展战略研讨会明确了全聚德品牌战略目标，即以全聚德烤鸭为龙头、以精品餐饮为基业，创造具有中国文化底蕴、实力雄厚、品质超凡、市场表现卓越、享誉全球的餐饮业世界级名牌。

随着数字化技术的发展，与诸多企业一样，全聚德较早建立了自己的企业网站、公众号等。企业做品牌、做业绩，也是做公关。

资料来源：全聚德135周年店庆大型活动公关经典案例分析. 豆丁网，2014-10-25.

### 案例点评

在激烈的中外餐饮竞争中，要维护和发展自己的产品品牌和独到的餐饮形象，没有一定的公关思维和思路是不行的。因此，全聚德组织了这一次以民族风为主调的公关活动。

第一，全聚德作为餐饮业驰名中外的“老字号”，在本次活动中突出自己的特点，通过宣传本店深厚的文化底蕴来树立自己的独特形象。冠名新春征联，征集店史文物，开展“我与全聚德”征文，出版《全聚德今昔》一书，这些活动都是以全聚德135年的历史为背景进行的。一百多年的文化积淀，使全聚德形成了自己的饮食文化，这种文化在当代又具有强烈的品牌意义。征联、征文、出版活动，从形式到内容都渗透了中国传统文化对全聚德的影响，这是真正意义上的“文化搭台，经济唱戏”。

第二，与当时主要媒体平台（《北京晚报》）联合举办面向社会的新春征联活动，面向全社会征文，随后的“全聚德建店135周年店庆暨首届全聚德烤鸭美食文化节”又被众多媒体全面报道，引起公众的广泛关注，提高了全聚德的知名度和美誉度。近年来又及时运用数字化自媒体进行包含公关目的和方向的经营活动。

第三，召开全聚德品牌发展战略研讨会，确定了全聚德品牌发展的战略目标。以讨论“发展战略”为主题的研讨会本身就为塑造全聚德的现代化品牌形象增添了浓重的一笔；发展战略的确定，更为有135年历史的全聚德树立了适应社会发展环境的现代企业形象。

公共关系既体现在一个组织的外在公众形象上，也体现在组织的品牌质量和内涵上。全聚德在这次活动中，采取多种形式，把传统的饮食文化与现代企业文化有机地结合起来，成功地为自己塑造了具有深厚中国传统文化底蕴的现代企业形象，并且得到媒体公众广泛认可和传播。

**案例阅读3**

## “香港回归祖国倒计时”活动——《中国名牌》杂志社公关创意

《中国名牌》杂志社曾组织策划了高扬爱国主义旗帜的中国政府对香港恢复行使主权倒计时活动，具有深刻的政治意义与深远的历史意义。其创意如下：

### 一、项目调查

1. 历史：香港问题是英帝国主义入侵中国后强迫清政府签订的不平等条约的产物；

2. 立场：香港是中国领土，不属于“殖民地”范畴，邓小平同志明确表示1997年要对香港恢复行使主权；

3. 结论：1997年7月1日这一天回归，使一个世纪的悲欢离合、一个民族的沧桑荣辱在这个时刻凝聚升华。

### 二、项目策划

1. 目的：高扬爱国主义旗帜；

2. 切入点：倒计时（让它分分秒秒叩动每一位华夏儿女的心弦）；

3. 规模：倒计时牌上每字高度不小于1米，总面积150平方米，可视距离1 000米以上；

4. 焦点：倒计时牌建在天安门广场的中国革命历史博物馆正中；

5. 层次：报呈新华社领导、北京市政府、国务院港澳办等；

6. 时间：在 1994 年 12 月 19 日（中英联合声明 10 周年）启动，运行至 1997 年 7 月 1 日，共计运行 925 天。

### 三、项目实施

1. 高层公关：政府支持；
2. 政府各职能部门公关：热情赞许；
3. 横向公关：全国人民振奋。

### 四、项目评估

1. 得到大众的高度评价；
2. 925 天中，参观率最高，也是爱国主义教育基地；
3. 世界之最：面积、时间、参与人数、新闻报道。

资料来源：香港回归祖国倒计时活动：《中国名牌》杂志社的公关创意．豆丁网，2012－03－12．

#### 案例点评

这一典型案例成为经典公关案例，体现了公共关系状态、公共关系活动、公共关系观念三个知识点。三者之间的关系是：公共关系活动的结果形成特定的公共关系状态，而自觉、科学的公共关系活动又必须在现代公共关系观念的指导下进行。

公共关系活动是指运用传播沟通的方法去协调组织的社会关系，影响组织的公众舆论，塑造组织的良好形象，优化组织的外部环境的一系列公共关系工作。《中国名牌》杂志社通过项目调查、项目策划和项目实施等公共关系操作实务，紧紧围绕香港回归这一重大历史事件、高扬爱国主义旗帜这一主题策划并实施了“香港回归祖国倒计时”公共关系活动，具有深刻的政治意义和深远的历史意义。

公共关系状态是指一个组织与其公众环境之间客观上存在的关系状况和舆论状况。《中国名牌》杂志社的这一公关活动得到了高度评价，从 1994 年 12 月 19 日至 1997 年 7 月 1 日这 925 天中，倒计时牌成为爱国主义教育基地，并创造了数项世界之最。公众从中受到爱国主义教育，组织与公众间的关系状况和舆论状况得到极大的改善。

公共关系观念是一种引导、规范组织行为的价值观念和行为准则。此次活动的策划人员正是通过形象观念、公众观念、传播观念、协调观念、互惠观念和服务观念，策划并实施了此次爱国主义教育活动。

#### 案例阅读 4

## 占座风波

江西第一家肯德基餐厅落户南昌时，人如蜂拥，非常火爆。不曾想，有顾客因争座被殴打而向报社投诉肯德基，引起一场不小的风波。

事件经过大致如下：一位女顾客用所携带物品占座位后去排队购买套餐，座位被一位男顾客占去而与之发生争执。两位顾客之间的争执尽管已引起其他顾客的注意，但大家都未太在意，餐厅的员工也未能及时平息二人的争端。接着争吵升级，店内所有顾客都开始关注事态，邻座的顾客则停止用餐，离座回避，带小孩的家长担心事态危险和小孩受到粗话的影响，开始领着小孩离店。最后两人由争吵上升到斗殴，男顾客大打出手，打伤女顾客后离店，别的顾客也纷纷离座。女顾客非常气愤，当即要求肯德基餐厅对此事负责，并予以赔偿。但餐厅经理表示："这是顾客之间的事情，肯德基不应该负责。"他拒绝了女顾客的要求。女顾客马上打电话向《南昌晚报》和《江西都市报》投诉。两报立即派出记者到现场采访。女顾客陈述了事件的经过并坚持自己的要求，而餐厅经理在接受采访时对女顾客被殴打表示同情和遗憾，但是认为餐厅没有责任，不能做出道歉和赔偿。两报很快对此事作了报道，结果引起了众多市民的议论和有关法律专家的关注。事后，根据《中华人民共和国消费者权益保护法》，肯德基被认定对此事负有部分责任，向女顾客公开道歉，并赔偿了部分医药费，两报对此也都作了后续报道。

资料来源：肯德基占座事件公共关系分析. 原创力文档，2022-01-30.

## 案例点评

任何企业的经营行为都蕴藏着公共关系要素，肯德基对顾客争座应该管，而且管得越早越好。南昌肯德基因未及时处理好该事件而使舆论影响不断升级，公众形象损失越来越大。在两位顾客因争座发生口角伊始，尽管已引起其他顾客的注意，但大家都未太在意，此时餐厅的员工如能及时平息两人的争端，则不会有任何不良后果。及至两人由争吵上升到斗殴，别的顾客也纷纷离座，其影响面还局限于人际范围，如果餐厅经理能满足女顾客的要求，女顾客就不至于向报社投诉。而接受记者采访时餐厅经理继续与女顾客持对立的观点，更增加了新闻报道的冲突性和报道价值，从而令南昌肯德基进一步陷入被动局面。从整个过程看，肯德基对该事件的处理态度实为公关大忌，餐厅经理为维护一时的权益，不仅失去了一个消费者，而且造成了众多消费者的心理阴影。在这一事件中，从自身公关形象出发，肯德基也应该意识到：

1. 培养员工的公关意识十分重要。目前不少公司的员工宁输公司的形象也不愿输理，因小失大，就源于员工公关意识薄弱，看不到形象作为无形资产对于公司的巨大价值。案例中的肯德基应主动及早处理，使消费者免伤和气，心情愉快地消费。对于经营性组织来说，公关不只是公关部的责任，对员工进行公关意识培养，推行全员公关，是各个组织都不应忽视的。

2. 公关无小事。公关危机大都是由小事件引起的，遇事无应对之策，就说明公关管理仍有漏洞。塑造企业形象的公关工作应当从点滴做起，而现在的一些企业热衷于“大手笔”，重视媒体公关，往往忽视了日常公关管理，这正是造成企业名声在外而消费者却不满意的原因之一。

3. 勇于承担责任是企业公关的一种境界。公关要塑造的一个重要方面是企业的社会形象，而一个企业的形象是否表里如一，就在于其在经营活动中是否勇于承担与其形象一致的社会责任与义务。怕担责任甚至出了事拒绝承担责任的企业是会让消费者寒心的。此类行为一旦发生，必然使企业的美誉度大受损害。是否积极承担社会责任与义务，是真公关和假公关的分水岭。

4. “莫以善小而不为。”在中华民族传统文化中，有“万事德为先”的思想，这也是一个优秀企业内在品质的表现。南昌肯德基员工在两位顾客争座过程中，始终没有出面为顾客排忧解难。其实顾客争的不过是一个座位而已，只要肯德基的员工设法为其再提供一个座位，事情马上就可得到解决。而其“管不了”的态度无疑让人们为其落伍的企业价值观感到“抓狂”，公关不是在引起轩然大波之后再来处理方显水平。消除隐患，防微杜渐，是危机公关的主要原则。

## 阅读必备

**1. 公共关系的含义**

公共关系这个名词是由英文 public relations 翻译而来的。自公共关系诞生以来，由于认识角度的不同，对公共关系内涵的理解也各不相同，形成了许许多多的公共关系定义。20 世纪 70 年代中期，美国公共关系学者莱克斯·哈罗（Rex Harlow）博士就收集到 472 个公共关系的定义。公共关系定义的内容很多，形式相当丰富，但这些定义都包含着这样的重要因素：社会组织与公众，它们之间的传播沟通过程，如何建立和维护它们之间的良好关系从而为组织的发展奠定良好的基础。

公共关系是组织和当今一些特殊的自由职业者为维系、改善和加强与社会各方面公众的关系，促进公众对组织和特殊自由职业者的认知、理解和关心、支持，以求树立、维护良好的形象，打造组织品牌或维护个人声誉，进行危机管理，促进组织和特殊自由职业者的发展而开展的活动。

**2. 公共关系的功能**

主要表现为树立组织的良好形象和协调组织的关系网络。公共关系的首要功能是在其职责范围内，通过深入细致、持之以恒的具体工作，取得社会公众对组织的理解和接受，树立组织的良好形象，进而赢得公众的信任和支持。公共关系的这一功能说明公共关系作为组织管理的一个组成部分，在组织中发挥着形象管理的重要作用。

## 知识链接

### 组织形象

组织形象是公众对社会组织的总体评价，是社会组织的表现与特征在公众心目中的反映。它包括内在的和外在的特征与风格。对形象的评价指标一般是知名度和美誉度，分别表达了形象的量的评价和质的评价，二者不一定成正比，只有都是正增长，才是形象塑造追求的目标。

**3. 公共关系的历史、现在和未来**

公共关系的历史：远在古中国、古希腊、古罗马时期，就有原始的公共关系思想哲理和实践活动。统治者用舆论宣传手段来管理社会，处理与民众的关系，并用大量的人力、物力建造能彰显自身和家族伟业与功绩的神道器具、宫殿寺庙、陵墓神像，以及举行各种仪式大典，以期美名远扬、万世流芳。例如，古代一些国家为了引导人们从城市迁移到乡村，以减轻城市压力，创作、收集田园诗广泛传播。古代的公共关系一是带有浓厚的功利性，是自发的；二是表现出零星的观念和技巧，没有系统性。现代公共关系形成于20世纪初的美国，后传至世界各国。20世纪80年代初，现代公共关系被引进中国，40多年来发展迅猛、成绩卓著。

公共关系的现在：随着商品经济的高度发展、民主政治制度的出现、现代管理理论的发展、大众传播事业的发达，现代公共关系开始兴盛。从最初的公众被“愚弄”到单向灌输，再到建立逐步完善的公共关系理论体系及至双向对称沟通。单向灌输的主导思想是组织为自身利益单向性地向社会公众传输信息，明确在传输过程中必须对公众坦诚和公开。双向对称式的公共关系强调“双向沟通、双向平衡、公众参与”。现代公共关系发展一览表见表1-1。

表1-1　现代公共关系发展一览表

| 类型 | 时间 | 代表人 | 主要思想 |
|---|---|---|---|
| “愚弄”公众 | 现代公共关系发展前期 | 菲尼斯·泰勒·巴纳姆 | 凡是宣传皆好事，公众被“愚弄” |
| 单向灌输 | 现代公共关系开创期 | 艾维·里 | 公众需被告知 |
| 建立理论体系 | 现代公共关系从艺术走向科学期 | 爱德华·伯尼斯 | 投公众之所好 |
| 双向对称 | 现代公共关系发展高级期 | 阿伦·森特 | 组织与公众双向沟通 |

公共关系的未来：公共关系未来的发展趋势首先是全球化兴盛和模式的多样化。当下各国把发展经济作为头等大事，国际政治关系处理与市场占领以及文化交流复杂而频繁，公共关系在各个国家、各个领域更广泛、更深入地推进，显现出全球战略、全球传播、全球管理的态势。当然，由于各个国家和地区政治、经济、文化背景不同，加之各

个民族的观念意识、风俗习惯、生活环境差异，各自的公共关系模式各具特色。其次，未来的公共关系必然走向更加职业化和专业化。未来的公共关系更加立足国内、面向世界以及高科技和高智能媒介的更新，要求组织和公共关系人员在重大社会关系处理与平衡、组织的形象设计与传播、连锁活动的预防与规范、市场流向的把握与公众心态的体察等方面有更高的素质，运用更现代化的手段和技术，具有更好的智慧谋略和创新的胆识，走更加职业化和专业化的道路。同时，从事公共关系工作的复合型、高智能人才必须具备该学科科学化和系统化的理论底蕴。

## 实训导引

1. 实训任务：

（1）公共关系的“前世今生”；

（2）我们所认知的“公共关系”。

2. 实训目标：以公共关系为对象，小组合作以 10 钟左右展示的 PPT（可插入自制或下载剪辑的视频）向大家阐释公共关系发展的历史、现状和未来，并结合案例阐释公共关系的目标和方向。

3. 实训步骤：

（1）以 4～8 人为一小组，2 个小组“竞标”取得实训任务中的一个。

（2）小组代表陈述小组确保顺利完成任务的理由，小组集体表决心，体现良好的公共关系形象。

（3）小组代表陈述小组基本分工：统筹策划人（可兼做）、收集资料人、PPT（包括视频）制作人、展示分享人、展示资料修改审定人、小组评分人（可兼做）。制作任务完成、展示、分享计划表。

4. 实训时间和地点：课外完成任务，课内展示分享，展示时间控制在 15～20 分钟，评价反思控制在 10 分钟内。若拍摄视频需要相关实训室或校内相关场地，由任课老师协助申请。

5. 实训评价和反思：

任务单

| 组名 | | 组员姓名 | |
|---|---|---|---|
| 工作程序指引及记录内容 | | | 完成的打“√” |
| 1. 确定小组长 | 小组长姓名： | | |
| 2. 小组集体查阅资料 | / | | |
| 3. 明确任务 | / | | |
| 4. 组员任务分配 | / | | |

续表

| | | |
|---|---|---|
| 5. 设计 PPT 及准备视频 | / | |
| 6. 根据小组分工，完成自己的任务 | / | |
| 7. 班级交流 | 展示人： | |
| 8. 小组自我评价及反馈 | | |
| 9. 个人加分点 | | / |
| 写给老师的话 | | |
| 指导教师评语 | | 签名 |

**任务评价表**

| | | | | | |
|---|---|---|---|---|---|
| 课程名称 | | | | | |
| 实训任务名称 | | | | | |
| 三方评价成绩 | | | | | |
| 评分项目 | 评分内容 | 分值 | 自评 | 小组评分 | 教师确认 |
| 明确任务<br>获取信息 | 能有效利用图书馆资源、网络资源、教材等查找有效信息；<br>能用自己的语言有条理地去解释、表述所学内容；<br>能将查找到的信息有效运用到工作任务中 | 10 分 | | | |
| 感知任务<br>制订计划 | 是否熟悉你的任务、认同工作价值；<br>是否具有执行力；<br>小组计划制订得是否合理、具有可操作性 | 10 分 | | | |
| 实施任务 | 与教师、组员之间是否相互尊重、理解；<br>与教师、组员之间是否能够保持多向、丰富、适宜的信息交流 | 10 分 | | | |
| | 探究学习、自主学习不流于形式，处理好合作学习和独立思考的关系，做到有效训练；<br>能提出有意义的问题或能发表个人见解；<br>能按要求正确操作；<br>能够倾听、协作、分享 | 10 分 | | | |
| | 遵守实训任务要求，实训过程符合目标；<br>训练过程、出勤情况和完成工作任务情况较好；<br>善于多角度思考问题，能主动发现、提出有价值的问题 | 20 分 | | | |
| 展示成果 | 在展示成果中考核小组工作计划、技能训练是否符合目标与要求；<br>是否获得了进一步发展的能力和创新能力；<br>是否有良好的语言表达能力 | 10 分 | | | |
| | 在展示成果中评判学习者是否有发现问题、提出问题、分析问题、解决问题的能力 | 15 分 | | | |

续表

| | | | | | | |
|---|---|---|---|---|---|---|
| 评定反馈 | 按时按质完成实训任务；<br>较好地掌握专业知识点；<br>具有较强的信息分析能力和理解能力；<br>具有较为全面严谨的思维能力，并能条理明晰地表述 | 15 分 | | | | |
| 总分（100 分） | | | | | | |
| 评语 | 自我整体评价 | | 学生签名 | | | |
| | 小组整体评价 | | 组长签名 | | | |
| | 教师整体评价 | | 教师签名 | | | |

## 阅读链接

1. 荣晓华. 公共关系：理论、实务、案例、实训．北京：高等教育出版社，2010.

2. 丹尼斯·L威尔科克斯，格伦·T卡梅伦，布莱恩·H雷伯，申才和. 公关！公共传播的革命. 北京：中国人民大学出版社，2019.

3.《国际公关》杂志官网.

4.《公关世界》杂志专栏官网.

# 任务二 谁来实施公共关系：公共关系主体

公共关系作为一种社会关系，在现代政治、经济、文化、外交、体育、教育、公益等活动中是客观存在的。公共关系的主体就是公共关系的组织者、承担者、实施者和行为人。一般传统观点认为，公共关系是一种组织的活动，社会组织便成了公共关系的主体。但随着社会分工的细化，很多新兴行业应运而生，以个人单位存在的专业作家、职业培训师、演讲家、演员、自由职业者等，他们往往是非组织性的公共关系的主体，他们和社会组织一样很重视利用各种媒体对外宣传、推介自己的品牌和形象，营造与公众之间的良好沟通环境。另外，公共关系的主体还包括专门的公关公司及公关公司的专业工作人员。

相对于公共关系主体，公众是公共关系的客体，传播是连接主体和客体的手段，环境是指开展公共关系活动的周边社会环境和自然环境。

## 案例阅读 1

中国作协会员，一级作家，二级教授杨文丰先生生态散文创作贡献突出，独树一帜。创作之初，他只是集中精力埋头创作和研究，随着他生态散文创作不断丰富和理论探究不断发展，他将自己定位为一名生态散文作家并保持创作的热情，真正落实“生态散文作家”的人设和形象。他利用各专业期刊、生态散文创作自媒体公众号对他创作的青睐和关注，积极在全国生态文化杂志作家群微信群、生态作家及学术研究微信群进行生态散文作品推介和分享，同时通过讲座、签名售书、年前创作计划与年终创作总结分享等方式与线上线下读者及生态文化研究方面的学者进行生态散文创作交流。本身具有创作独特魅力的杨教授生态散文创作影响力越来越广泛，微博粉丝量达到几十万，散文研究界对他的研究也逐步扩大和深入。

如今，杨文丰教授的生态散文创作科学视角与思维、三态融合（自然生态、社会生态、精神生态）、思想性与文学性兼具“形神和谐，启智启美”的散文观已深入人心。他出版生态散文集《自然笔记》《蝴蝶为什么这样美》《自然书》《病盆景》等，散文被选入《新中国 70 年文学丛书·散文卷》《中外生态文学作品选》和《语文》（高中）、《大学语文》等大中学教材，并被选用于中高考语文试卷。部分作品被译为英文、日文等，获得老舍散文奖、冰心散文奖、在场主义散文奖、丝路散文奖、全国优秀科普作品奖和《散文选刊》年度华文最佳散文奖等。

### 案例点评

随着社会的发展，诸多个人公共关系主体在许多领域做得更加精深，不仅有相当的理论建树，而且创造了一定的社会效益和经济效益，成为各个行业的专家或名人。他们有很强的公共关系主体意识，能够高效率提高自己的知名度，并用高技术手段提高自己的美誉度，不断扩大自己的公众群体。知名生态散文作家杨文丰教授借助公共关系活动，积极构建有思想建树、有文体创造、有社会责任的“人设”形象，让更多的读者阅读和分享他的作品。这也是在数字化时代作为公关主体的组织和个人在实干业务的同时，理应具备的公共关系主体意识、热情和能力。

## 案例阅读 2

### 北京申奥公关

2001 年 7 月 13 日，北京申奥成功，北京申奥的胜利是中国政府公关的胜利，唱响了“同一个世界，同一个梦想”。这为我国申报并成功举办的 2022 年 2 月的冬奥会奠定了很好的基础，树立了良好的公关形象，为中国奥运进一步唱响“我们一起向未来”赢得了更多呼应。2001 年只是中国汇聚奥运的起点，2022 年也只是中国汇聚奥运活力的一个接力棒。

2001 年前后北京申奥过程是经过精心策划的，公关主体是中国、是北京。时任国务院副总理李岚清在做申奥报告时说："在过去 20 年改革开放的过程中，中国已成为世界上经济发展最快的国家之一。我们将继续保持政治稳定、社会进步和经济繁荣。"强调北京申奥是以强大的祖国和人民为后盾的。北京奥申委确定了"新北京，新奥运"的申办口号，提出了"绿色奥运，科技奥运，人文奥运"的申办理念，提供了一份长达 500 页、涉及 17 个主题的申奥报告，并把 95%的公众支持率的调查结果也写进其中。北京申奥宣传片《新北京　新奥运》成功地在短时间内把北京辉煌的成就、迷人的风采和中国人民对奥运的期盼表现得淋漓尽致。

资料来源：公共关系经典案例：北京成功申奥. 百度文库，2018 - 11 - 24.

## 案例点评

2001 年北京申奥成功是一次较完美的公关成果，公关主体呈现了完美的公关形象。公关的主体是中国、是北京。时任国务院副总理李岚清代表中国做陈述报告。以北京市当时主要领导为主成立了广泛参与的北京申奥组委会。对于公关客体——国内外公众印刻了美好的印象，首先，通过广泛宣传，赢得了国内 95%民众的支持；其次，为了赢得更多投票国的赞同，中国将公关重点放在亚非拉等第三世界国家，不仅事先给予其一定的援助，而且承诺举办奥运会所得用来支持发展这些国家的体育事业，符合其利益诉求。在传播上，确立了"新北京，新奥运"的申办口号，提出了"绿色奥运，科技奥运，人文奥运"的申办理念，使公关传播主题明确。无论是内部公关还是外部公关，都采用了整合立体传播方式，从各个方面出击，形成了强大的舆论攻势。在奥运会举办期间，中国作为承办方特别注意打造中国大国形象、中国东方印象，中国文化、体育、政治、经贸等现代气象，为申报和举办 2022 年冬奥会打下良好基础。

北京作为中国首都、历史文化名城、北上广深一线城市之一，借此良机展示了自己良好的公众形象。

## 案例阅读 3

### 奥美公关公司

奥美公关公司成立于 1980 年，总部位于纽约。该公司的合作伙伴包括宝马、卡地亚、IBM、诺基亚、登喜路、UPS、辉瑞、英国航空、安联保险、摩根士丹利、中国网通与亚信等。奥美公关公司分别在 1999 年和 2001 年获得权威专业刊物《公关内情》和《公关周刊》评选出的"进步最大"和"年度最佳"公关公司的奖项；2002 年，该公司还被《公关周刊》授予“亚洲最佳网络”和“最佳咨询机构”等奖项。

奥美曾以60%的股份控股北京西岸，号称是“中外公关公司并购第一案”。奥美公关北京分公司负责人曾说，中国有很多机会，如果和一家公司合作可以使奥美公关更牢固地扎根中国，我们何乐而不为？

20××年4月，“全国国资系统、中央企业新闻发言人培训班”在京举办，奥美公关公司作为培训的赞助单位，对活动给予了极大的重视和支持，不但提供了赞助，而且安排多位专家演讲。

同年7月，中国中央电视台（CCTV）推出其有史以来的第一次大型国际广告投放活动，此次活动是由奥美公关北京分公司策划和实施的。

### 案例点评

一些大型机构设置了专门的公关部门，有的组织会把自己的全部或部分公关业务外包给专业的公共公司。公关公司本身是社会组织之一，同时也是一个公共的主体，它们在帮助其他组织和个人打造品牌形象与进行声誉管理的同时，也在传播宣传自身的文化价值。奥美公关公司作为国外的品牌公关公司，能够在保持国际化的基础上占据中国公关市场，一是因其站在战略的高度上定位自己；二是在战术上不断创新进步，考虑到政府、企业、媒体的多方利益，把工作的高度和深度相结合，时时处处体现了敬业与专业的公关素养。

### 案例阅读4

## “世界第一张丝绸报纸的诞生”与杭州国际公关公司

历时30年经营与发展，2023年凯地丝绸依然是国内及国际市场的名牌，深受海内外客户的欢迎。杭州凯地丝绸股份公司于1993年成立的，是由国家、企业职工和外商共同持股的综合型丝绸出口集团。

成立初期，该公司作为商业大潮中的新生儿，为扩大社会知名度，就需要独具创意的公关宣传和大量的媒介报道，以塑造企业整体形象。

杭州国际公关公司为其提供公关策划创意：以丝绸为材料印制浙江省内独家旅游服务报《江南游报》，并向中国丝绸博物馆、中国革命历史博物馆赠送世界首创的丝绸报纸。调研显示，以丝绸为材料印刷报纸属新闻界和印刷史上的创举，具有高度的新闻价值。《江南游报》丝绸版共印刷100份。1993年6月15日，杭州国际公关公司在北京为杭州凯地丝绸股份公司举行了向中国革命历史博物馆赠送丝绸报纸仪式。行家评价：阅读和观赏效果极佳，反映了当代先进的真丝印花科技水平。

世界首创丝绸报纸被当时国内20余家报纸、电视台集中报道达30余次，海内外受众人数达 2 500 万人次。丝绸报纸宣传活动，树立了杭州凯地丝绸股份公司的形象。

资料来源：李兴国. 公共关系教学案例. 挂云帆学习网，2021-10-20.

### 案例点评

此案例生动展现了专业公共关系公司在公共关系活动中的地位、作用及服务特点。它们不仅要有敬业的精神和专业的能力，还要具备与时俱进的创新能力。

公共关系公司由职业公共关系专家和各类公关专业人员组成，是专门为社会组织提供公共关系咨询，或受理委托为客户开展公共关系活动的信息型、智力型和传播型的服务性机构。案例中的杭州国际公关公司就是一家专门的公共关系公司。在“世界第一张丝绸报纸的诞生”这一公关活动中，它起着关键作用，整个公关策划和实施过程都是由它完成的。

专业公共关系公司的服务特点是：较为客观公正、技术全面、专业性强、灵活、适应性强。这些特点使其能够更全面、更科学地策划、实施公共关系活动，并能正确处理实施过程中出现的问题。案例中的杭州凯地丝绸股份公司正是利用专业公共关系公司的特点，聘请了杭州国际公关公司为其策划，使这次公共关系活动取得圆满的效果。

杭州国际公关公司充分发挥自身的优势，以世界上第一份丝绸报纸为切入点，成功地策划了这一公关活动，通过印刷《江南游报》并向中国丝绸博物馆、中国革命历史博物馆赠送等活动，被国内 20 余家报纸、电视台集中报道 30 余次，海内外受众人数达 2 500 万人次，也大大提高了杭州凯地丝绸股份公司的知名度和企业形象。

## 阅读必备

公共关系主体是指公共关系活动的组织者、承担者、实施者和行为人，包括社会组织、特殊的自由职业人、公共关系机构。

**1. 社会组织**

社会组织是指为实现共同的目标，遵循法定程序而活动的较为复杂的社会群体，组织成员按照一定的统属关系结合，成员之间有明确的分工和职责，有工作中的上下级之分，是一种有共同目标、有程序、有领导、有指挥的社会机体。随着社会的发展，社会组织的结构和功能日渐丰富与完善。通常按照是否以营利为目的，把组织分为营利性组织和非营利性组织。营利性组织包括企业、金融机构等以营利为目的，追求经济价值和利润的组织。非营利性组织包括政府机构、公益机构、志愿者协会等以社会利益为目标，追求国家和社会公众的整体利益的组织。无论是营利性组织还是非营利性组织，公共关系工作都是它们发展过程中不可或缺的。公共关系工作通过与媒体沟通为组织营造良好的舆论环境，通过与公众交流为组织培育潜在的市场，通过调查分析为组织的发展提供决策支持，使组织得到社会更广更多的认同。组织也可以细分为以下四种类型：包括工商企业、金融机构等的营利性组织；包括学校、医院、慈善机构、社会公用事业机构等的服务性组织；包括政府、消防队、治安机关等的公共性组织；包括政党、工会、社会团体、宗教团队等的互利性组织。

**2. 特殊的自由职业人**

职业作家、职业画家、职业培训师、职业演讲家、演员、自由职业者等属于特殊的公共关系主体。

**3. 公共关系机构**

公共关系机构是专门执行公关任务、实现公关功能的行为主体，是公共关系工作的专业职能机构。主要包括三种：组织内部的公共关系部门（公关部）；专业性社会公关机构（公关公司）；公共关系行业组织。

## 实训导引

小组合作，上网搜索5个以上不同类型（特殊个人、各种社会组织、公关公司、公关部门）的公共关系主体进行公关活动的案例，并分析该公关主体的能动性、专业性、成效性。

1. 小组搜索、收集与讨论10分钟，保证各小组按时完成任务。

2. 各个小组派代表和大家分享，每个小组汇报时间控制在3分钟，每个小组汇报完毕后，下一个小组汇报前先对上一个小组的分享进行点评。

3. 根据实训评价表打分。

实训评价表

<table>
<tr><td>抢先答（10分）</td><td></td><td>内容（80分）</td><td></td><td>表达（10分）</td><td></td><td>总分</td><td></td></tr>
<tr><td rowspan="3">评语</td><td colspan="2">小组自我评价</td><td colspan="2"></td><td colspan="3">学生签名</td></tr>
<tr><td colspan="2">其他小组同学评价</td><td colspan="2"></td><td colspan="3">同学签名</td></tr>
<tr><td colspan="2">教师评价</td><td colspan="2"></td><td colspan="3">教师签名</td></tr>
</table>

## 阅读链接

1. 魏翠芬. 公共关系理论与实务. 北京：清华大学出版社，2021.

2. 陈先红. 公共关系学的想象：视域、理论与方法. 北京：社会科学文献出版社，2021.

# 任务三　对谁实施公共关系：公众

与公共关系主体相对的是公共关系客体，那么，谁是公共关系的客体呢？公共关系客体是需要展开公关活动的公众，它是一个集合概念，是与主体相互联系、相互影响，与相关主体具有现实或潜在利益关系，并对公关目标有影响力的个人和团体的总和。

### 案例阅读 1

#### 企业重视员工教育，就是在关注自己的成长与未来

中建八局非常重视员工入职教育、带教学习、集中组织学习、各种相关素质及技能竞赛，同时以每月加薪至5 000元不等鼓励员工考取行业相关证书及晋升职称，使员工不断在学习中成长，由此企业也始终保持发展的活力。

宝钢集团一钢公司出台《关于鼓励员工学习文化技术和钻研业务的若干规定》，规定指出：职工通过非全日制普通学校学习并取得证书，岗位专业对口的，根据学历高低，每月将获得100元至500元不等的岗位津贴。据悉，该公司此规定出台后，企业的教育经费大大突破原来的额度，公司已决定将这笔开支列入工资总成本，并成为企业的一项长效措施。该公司的领导表示：资金再紧张，职工的教育经费一定要确保。

资料来源：公关案例分析 2：把企业办成一所大学校．豆丁网，2011－12－05.

### 案例点评

人力资源是组织成长与发展的根本要素之一。上述企业都很重视企业内部的公共关系，重视搞好内部员工关系。

首先，在信息化知识变革时代，任何一名员工的专业知识的使用周期都不再是几十年，而只有几年甚至更短。即使招聘的员工是最好的，入职后如果不持续提高其自身的技能，也会落伍。企业应该把真诚支持员工参加各种形式的学习作为内部公关的必要手段。

其次，市场竞争表面上是产品竞争，实质上是企业人力资源的竞争。企业不仅要生产出高质量的产品参与市场竞争，而且要培训出高素质的员工支撑企业的发展。这就要求企业家在办企业时，不仅要把企业办成符合市场规律和社会要求的营利性经济组织，而且要把企业办成一所能培训出各种优秀员工及适用人才的“大学校”。

把企业办成一所“大学校”，这里包含了两个层面：一方面，对企业来说，要为员工创造提高自身素质的环境条件，要拟定培养目标和培训计划，给员工提供各种学习、

进修、充电、提升的机会，并从时间、财力、教员、考核机制、激励机制、淘汰机制等方面加以保证和促进，使员工素质与企业发展同步，与企业的制度创新、技术创新同步；另一方面，对员工来说，要认识自己既是员工，又是学生的实际身份，从进入企业那天起，就要如饥似渴地学，坚持不懈地练，利用企业提供的学习、练习机会，尽可能多地学好专业知识和相关知识，从而使自己成为独当一面、技能过硬的优秀员工。

学历、文凭都不是最重要的，只有通过不断学习获得的能力，才是企业长远发展最需要的，也是人力资源中最具竞争力的部分。在这个飞速发展的知识经济时代，人才是企业可持续发展的动力，为员工求学“买单”是企业为自己可持续发展公关形象“买单”，是企业对自己未来的投资。

社会发展，人是第一要素，应重视人力资源开发与管理。企业要立足于内部员工，致力于充分挖掘员工潜力，通过各种机制，最大限度地调动员工的积极性。如果少了内部公关，将影响组织内部管理的效应，也将影响公关实务的总体效应。

## 案例阅读 2

### “金杯”的股东公共关系

现代很多股份制企业非常重视与股东保持良好的公共关系，如何保持可持续发展的优质关系呢？金杯汽车股份有限公司自成立起就认识到股东关系在企业生存发展中的重要性。尊重股东、倾听他们对公司发展的意见是公司多年来一直坚持的原则。公司成立两年内，先后召开了三次股东大会和董事会，把股东代表请到公司来，由总经理向他们汇报公司的生产和财务状况。平时，为了让股东及时了解公司的经营状况，由当初定期给每位股东赠送一份《金杯汽车报》，到现在推送公司数字新闻。一系列的信息沟通和情感联络工作，不断赢得了股东对公司的理解和信任。不少股东表示：金杯汽车有干头，有发展，股票买对了，下次我还买。当金杯汽车公司面临市场疲软、销售困难时，很多股东表示愿和金杯同舟共济、共渡难关。

资料来源：专业公共关系案例研究．原创力文档，2017－07－10．

### 案例点评

股东关系是组织与投资者的关系。股东是组织的财政支持者，他们为组织的发展提供了一定的经济支持。搞好股东关系的目的就是稳定已有的股东队伍，吸引潜在的投资者。金杯汽车股份有限公司重视股东关系，尊重股东的主人翁意识，加强与股东的信息沟通，吸引股东关心企业，保证股东的经济权益。所以，股东会在公司发展的低谷期与其同舟共济、共渡难关。

## 案例阅读 3

### 丑陋玩具风靡全美

人类天性有审美意识，也不乏固有的“审丑”情怀。美国艾士隆公司董事长布希耐有一次在郊外散步，偶然看到几个儿童爱不释手地在玩一只肮脏并且长相丑陋的昆虫。布希耐突发奇想：市面上销售的玩具一般都是形象美好的，假若生产一些丑陋玩具，效果如何？于是，他让自己的公司研制一套“丑陋玩具”并迅速推向市场。结果一炮打响，“丑陋玩具”给艾士隆公司带来了巨大收益，并使同行也受到了启发，各类“丑陋玩具”相继面世。如“疯球”就是一串小球上面印上许多丑陋不堪的面孔。又如橡皮做的“粗鲁陋夫”，长着枯黄的头发，绿色的皮肤和一双鼓胀且带血丝的眼睛，眨眼时发出非常难听的声音。这些丑陋玩具的售价虽然超过正常玩具，却一直畅销不衰，并且在美国掀起了一场行销“丑陋玩具”的热潮。

资料来源：问答库，2022-07-22.

#### 案例点评

公关主体研究公关对象的一个重要内容就是分析公众心理和行为，以使传播沟通工作具有较强的针对性和科学性。此案例就是一个组织利用公众的求新欲望和逆反心理，成功地把自己的产品推向市场的公关活动。

求新欲望是人的一种基本欲望，就是想要从自己周围的环境中寻求新刺激的欲望，以满足自己的好奇心。逆反心理指作用于个体的同类事物超过了个体感官所能接受的限度而产生的一种相反的体验，它使个体有意识地脱离习惯的思维轨道，向相反的思维方向探索。布希耐就是利用公众的这两种心理，产生了“丑陋玩具”的创意，并使艾士隆公司获得巨大的经济利益。“丑陋玩具”之所以风靡全球，关键就在于它迎合了人们的两种心理需求。在公共关系活动中，组织也应该充分利用公众的求新欲望和逆反心理，采用科学的传播方式，选用适当的传播工具，实现组织和公众之间的顺畅沟通，从而使公共关系活动的效果更好。

## 案例阅读 4

### “三高”为中国申奥放歌

体育公关一直就是一个极具内涵和丰富色彩的“节目”。2001 年北京申奥期间，世界著名三大男高音歌唱家在紫禁城午门广场联袂演出，在“6·23 国际奥林匹克日”掀起北京申奥活动的高潮。数万名热情的中外观众一起观赏了这场精彩的演出。当晚三位歌唱家身着黑色燕尾服，神采奕奕地站在了紫禁城古老红墙之间的舞台上，他们演唱了近三十首脍炙人口的歌剧选段或歌曲。从卡雷拉斯的《我知道这个花园》，到多明戈的

《星光灿烂》，到帕瓦罗蒂的《今夜无人入睡》，洪亮且有穿透力的歌声赢得了现场观众的热烈掌声。

昔日这里曾经钟鼓齐鸣，如今西方歌剧在这里缭绕；昔日皇帝曾在这里议政，如今三位西方音乐大师在这里纵情高歌。东方建筑的神韵与西方艺术经典在这里得到了完美的交融，古老的紫禁城在这个充满激情的夜晚被唤醒，改革开放的中国以一场东西文化交融的音乐盛会向世界展示她积极走向世界的宽阔胸怀。紫禁城午门广场，帕瓦罗蒂、多明戈和卡雷拉斯倾情演绎音乐盛典，取得了空前的成功，音乐会电视直播覆盖全球110多个国家和地区的33亿观众。

资料来源：央视国际网络. 世界三大男高音：为中国喝彩为奥运放歌. 原创力文档，2008-06-22.

### 案例点评

名流公众在公共关系活动中具有不可替代的地位和影响。名流公众指那些对社会舆论和社会生活具有较大的影响力和号召力的有名望人士。组织在策划公共关系活动时，往往借助名流的知名度扩大组织的公众影响力、提升组织的社会形象。

世界三大男高音歌唱家在世界上拥有较高的名声和地位，是典型的名流公众。这类公众对传播的作用很大，影响力很强。通过社会名流去影响公众和舆论，往往有事半功倍的效果。组织利用公众“崇尚英雄”“崇拜名人”的社会心理，与社会名流建立良好的关系，把本组织的名字与社会名流的名望联系在一起，可以提高组织在公众心中的地位。世界著名三大男高音歌唱家首聚北京，为中国放歌，这是我国对外文化交流的空前创举，大大提高了中国申奥的影响力。

### 案例阅读5

## 石灰厂因污染被判停办转产

我国目前正在全面进行生态文明建设，治理各种污染取得了显著成效。某地一家较为偏僻的石灰厂，烟尘污染严重，附近居民的房屋被侵蚀，金属锈迹斑斑，农作物枯死，一些村民甚至患上了呼吸道疾病。群众多次反映，厂领导不予理睬。最后大家忍无可忍，挑水浇灭了石灰窑。纠纷上诉到当地法院，法院审理后判决石灰厂停办转产。

资料来源：问答库，2022-07-23.

### 案例点评

该石灰厂的行为表明其缺乏公众观念，不尊重公众的切身利益，破坏环境，损害公众利益（包括他们的房屋、农作物和身体），又不听取公众的意见，一意孤行，最终导致与公众的冲突升级，企业依法停办转产。

企业在经营中必须树立公共关系观念，尤其要有公众观念、形象观念，关心公众特别是社区公众的具体问题；要随时和各方公众保持沟通联系，听取公众的意见，有错必改、有错必纠。

## 案例阅读6

### 商场公关为何失利?

开业庆典是中国人的一项传统风俗，也是一项重要的公关活动。某大型商场开业在即，为使商场开业伊始便有较高的知名度和客流量，商场公关团队策划了一个别出心裁的活动，以期引起当地媒体和公众的关注。开业当天，工作人员在商场外搞派发礼券活动，每张礼券面值666元，共派发1 000张。活动当天，先后有数千人参加。受活动影响，商场周围交通拥堵，导致往来车主的不满，举报电话不断。同时，活动现场秩序失控，导致一些人被挤伤。当地网民及各路媒体对活动现状及所带来的问题进行了直播及报道。尽管活动的开展客观上使商场有了知名度，但也带来了商场不希望看到的结果。

#### 案例点评

企业所开展的开张、庆典、展销等大型活动，不仅仅是一个纯粹销售、庆贺及展览活动，都具有公关活动的性质。某大型商场公关活动虽然使其知名度有所提升，但负面影响也不小。根本原因在于没有处理好企业的社区公众关系和政府公众关系，比如活动开展前，和社区及当地相关政府机关沟通，做好场地规划、人员分流和交通管制。

危机发生后，应该对媒体公众、政府公众和社区公众有个明确的公关处理：一是主动积极地与媒体合作，而不能将媒体拒之门外；二是与政府进行联系，承认过失，态度诚恳；三是通过媒体向社区公众表达歉意，以获取公众的谅解。

## 阅读必备

公共关系的客体是指公关活动的对象，即公众（Public）。公众不同于一般意义上的人民、人群、群众、民众等，而是与特定的公共关系主体相互联系和相互影响的个人、群体或组织的总和，是开展公共关系工作的重要对象，对公关主体产生重要影响。

按照公众与组织有无归属关系可以分为内部公众和外部公众；按照公众的组织状况标准可以分为非组织公众（流散性公众、临时性公众、周期性公众、稳定性公众）和有组织公众（社区公众、环境性公众、管理性公众）；按照公众发展的状况标准分为非公众、潜在公众、知晓公众、行动公众；按照公众对组织的重要程度分为首要公众、次要公众、边缘公众；按照公众对组织所持的态度分为顺意公众、逆意公众、独立公众。通常把公众与组织按照目标分为内部员工关系、社区关系、消费者关系、投资者关系、媒体关系和政府关系。

**1. 内部员工关系**

员工是与组织具有组织归属关系的公众，他们是组织最重要、最密切的公众，同时也是组织生存、发展所依赖的重要对象。组织通过了解不同员工不同层次的需要，有针对性地指导员工的行为，尽可能地调动员工的积极性和创造性，塑造良好的组织形象。如果员工对组织的经营管理方式不满，或者对不合理的物质待遇和生活福利有抵触情绪，就会对外自然流露，甚至进行负面宣传。相反，如果员工对外传播正面信息，再加上优质的产品和优良的服务，社会公众会对组织产生良好的印象。

要与内部公众建立良好的关系，首先，应使组织的目标和员工的利益诉求保持一致，建立关爱员工、为员工谋福利的大家庭式组织，激发员工的向心力和归属感。其次，保障员工的物质利益，包括工资待遇、福利待遇、劳动条件、工作环境等。在不能满足每个员工的情况下，进行必要的协调沟通，比如如实说明组织的经营状况与分配政策、组织的困难等，以得到员工的谅解和配合。再次，满足员工的精神需求，比如尊重、信任、理解、倾听、肯定、表彰、培训、晋升等，同时策划一些有利于和谐团结的内部活动，为员工提供相互交流和展示自我的平台。最后，倡导员工代表大会制度、民主选举制度、合理化建议制度等民主管理，鼓励员工参与经营决策。

**2. 社区关系**

社区关系也叫区域关系，即一个组织与它所在区域的地方政府、社会团体、其他组织以及当地居民之间的关系。不同规模和行业的组织所处的社区有很大的差别。一个店铺的社区关系可能就是所在的街区，一家银行的社区关系可能是它所处的城镇，而一家跨国公司的社区关系则可能包括世界上许多国家。社区是组织生存和发展的“根基”，公关主体只有搞好社区关系，才能“根深叶茂”。

组织和社区的关系一般表现在社区往往是组织的重要劳动力来源；有商业销售行为的组织，社区公众往往是其产品经常性的消费者，并且社区为组织提供交通、水电、治安、教育、医疗卫生等服务。组织应当经常性地调查了解社区公众对组织的看法，积极进行信息沟通，树立正面形象；尽可能避免或减少自身活动对社区其他公众正常生活的影响；组织的一切经济、文化、科研活动一般都先立足本社区，让本社区最早分享和受惠；尽可能将组织大众化的文化、福利设施向社区开放；积极承担社区的公共事务或公益活动，支援社区建设，参与社区各种有益的活动。

**3. 消费者关系**

没有一个组织能否认消费者的重要性。社会的发展推动了商品数量和种类的急剧增长，加之同类组织之间的激烈竞争，买方市场（消费者）成为组织最为重要的公众，他们的数量和态度往往决定着组织的兴衰存亡。在公共关系中，商家、制造商及供应商不能只应对消费者的问题和抱怨，必须用现代的公共关系技巧了解消费者的需求、征求他们的意见，并对消费者中的特殊利益群体做出反应，从而建立更广泛的、良好的消费者关系。营利性组织要树立“消费者至上”的经营理念，以消费者的利益和需求为导向来制定组织政策，规范员工的行为。任何组织都要建立创新性的交流平台，增进组织与消费者公众的相互了解，避免让消费者麻木或反感的铺天盖地的广告及层出不穷的促销。此外，组织应营造与消费者有信任度和好感的服务与消费环境，随着新一代的消费从物质转向情感、从产品转向服务，营利性组织与消费者公众之间的关系也逐渐具有更加深刻的内涵，从简单的商品和货币交换转变为双方情感、心理和精神上的交流，平等、对话和朋友式的消费者公共关系更能培育消费者的信任和好感。营利性组织还要通过消费者公共关系积极地影响和引导消费者的消费行为，以使其形成健康合理的消费意识。

**4. 投资者关系**

组织的投资者包括个别投资者、股票投资者、股票经纪人、银行家、投资公司、投资俱乐部、金融分析家等。组织通过充分的信息披露、良性的沟通机制和自身的监督机制等，与投资者公众建立良好的公共关系，使组织树立良好的市场形象并准确传递投资价值，更有效地保障投资者的知情权及其他合法权益。

**5. 媒体关系**

建立媒体关系的目的是在准确把握组织与媒体互相依存关系的基础上，积极主动地管理和利用媒体，使媒体报道最大限度地服务于组织目标。建立健康的媒体关系，要了解媒体的本质和需要，消除对媒体的陌生感和抵触，尊重媒体工作人员；根据与组织关系的紧密程度，对媒体进行分类管理；为媒体多提供有价值的服务；与媒体工作人员定期联络、适时拜访。自媒体时代，如果是内部媒体，应加强公关意识和能力；如果是外部自媒体，应加强联系与友好相处。

**6. 政府关系**

组织作为社会的重要组成部分，必须服从政府的宏观领导，并努力协调好与政府主管部门的关系。组织与政府建立良好的公共关系，必须做到：了解政策，熟悉政府机构，如实通报相关信息，遵纪守法，热心公益，邀请视察指导，构建新型“亲”和“清”的政商关系。

## 实训导引

1. 以头脑风暴的形式说出并记录你所在的学校存在哪些公众关系；针对不同的公众关系，应该如何和谐相处。

2. 以头脑风暴的形式说出并记录你所在的社团或者兼职的企业存在哪些公众关系；针对不同的公众关系，应该如何和谐相处。

小组合作，任选其一，看哪个小组最快、最多、最准确。每个小组派代表和大家分享，并根据实训评价表打分。

实训评价表

| 抢先答（10分） | | 内容（80分） | | 表达（10分） | | 总分 | |
|---|---|---|---|---|---|---|---|
| 评语 | 小组自我评价 | | | | 学生签名 | | |
| | 其他小组同学评价 | | | | 同学签名 | | |
| | 教师评价 | | | | 教师签名 | | |

## 阅读链接

1. 金旗奖编委会. 2020最具公众影响力公共关系案例集. 北京：中国财富出版社，2021.

2. 郑砚农. 中国式公关. 北京：中信出版社，2006.

# 任务四 实施公共关系的媒介（手段）与环境

公共关系的传播媒介既有传统的大众媒介（广播、电视、报纸、杂志等），又有各种新媒体（官网、公众号、抖音、微信视频号等），还有群体媒介（联谊会、新闻发布会、茶话会、QQ和微信群等）和人际媒介（具体的个人）；既有符号媒介（掌声、姿态、图画等），又有实体媒介（公共关系礼品、购物袋等）。

公关传播活动是在一定的公共关系环境下进行的。公关环境是指公关主体开展公共关系活动的周边环境，是影响主体公关运作的所有行为者和力量，包括宏观环境和微观环境。其中，宏观环境包括人口环境（人口数量、结构、分布）、经济环境（消费者收入、支出）、政治法律环境、社会文化环境、自然环境、科技环境等；微观环境包括社会组织内的部门、顾客、社会公众等。公关环境也可从内部和外部的角度来进行区分。

### 案例阅读1

## “制造新闻式”公关

我们看到大多的带货直播都是滔滔不绝的推介推销，2022年前后火遍全网的网红主播“说”与“做”并行，利用粉丝量、融合有意味的主题、创新形式等“制造新闻点”引发各新闻媒体关注，这种“醉翁之意不在酒”式的曲径通幽公关值得我们思考。

较早时候，一家经营强力胶水的商店位于一条偏僻的街道上，生意很不景气。一天，这家商店的店主在门口贴了一张布告：“明天上午九点，将用本店出售的强力胶水把一枚价值5 000元的金币贴在墙上，若有哪位先生、女士用手把它揭下来，这枚金币就送给他（她），本店绝不食言！”这个消息不胫而走。第二天，人们将这家商店围得水泄不通，电视台的录像车也开来了。店主拿出一瓶强力胶水，高声重复布告中的承诺，接着便在那枚从金饰店定做的金币背面涂上一层薄薄的胶水，将金币贴到墙上。人们一个接着一个地上来试运气，结果金币纹丝不动。这一切都被录像机摄入镜头。这家商店的强力胶水从此销量大增。

资料来源：吕蕾莉，廖飒．公共关系理论与实务．北京：教育科学出版社，2013.

### 案例点评

“制造新闻”是公关主体在充分认识新闻媒介的地位、作用和特点的情况下，为扩大知名度和美誉度，抓住一切可利用的契机，以激起新闻媒介采访、报道的兴趣，从而使新闻媒介自觉不自觉地对组织进行宣传的一种积极主动的、创造性的新闻媒介公关活动。

“制造新闻”是一种比较有效的传播方式，因为新闻媒介所做的新闻报道具有客观性、公正性和可信性，它比直观的商业广告更容易被公众接受，其效果更好。“制造新闻”也是一种比较经济的传播方式。由于“制造”出来的新闻具有报道价值，所以能被各媒介主动报道，对组织来说，这种宣传是免费的。

这家胶水店的高明之处在于：通过“制造新闻”引起公众及媒体的注意，使公众在不知不觉中认同了强力胶水，扩大了强力胶水的销量。

## 案例阅读 2

### “非典”与“新冠”疫情中的公关

新冠疫情给人们生产和生活带来了极大的困难和困惑，在克服困难的同时，我国通过各种媒介及时有效纾解公众的各种困难和疑问，根据疫情变化进行各层面及各种有效的公关活动，但也出现了一些地方和机构诸如“过度防疫”“层层加码”等公关危机。

这不禁让人想起二十年前的“非典”疫情，在 2003 年的“非典”疫情危机中，信息传播的失真现象普遍存在。以广州的情况为例：2002 年 11 月广东出现第一例“非典”病人。2003 年 2 月 8 日，“广州发生致命流感，春节以来在几家医院有数位患者死亡”的消息开始悄悄传播，手机短信和口耳相传是这个消息的主要传播渠道，此时恐惧开始滋生。这个时候，人们期待的官方信息始终没有出现。2 月 10 日上午，有媒体“模糊”地报道：近期广州患“感冒”和“肺炎”的病人增多。10 日中午，南方网谨慎地发布了官方信息：广东省部分地区先后发生部分“非典型性肺炎”病例，该病主要表现为“急性起病，以发热为首发症状，偶有畏寒，有明显的呼吸道症状，该病有一定的传染性”。预防措施包括：保持空气流通、醋熏、勤洗手和谨慎接触病人。掩藏的恐惧终于爆发。“买药了吗?”和“买醋了吗?”成了广州人的见面语。板蓝根和抗病毒药物成为人们的哄抢对象。从2月10日起，相同景象几乎同时出现在国内各大中城市，北京、武汉、长沙、海口……板蓝根、抗病毒药物、白醋热销。

2月11日，广州市政府和广东省卫生厅针对“非典”恐慌分别召开新闻发布会。会上主要说明的确有一种病毒引起了“非典型肺炎”，并且公布了患病人数，总共有305例，其中广州226例，医务人员感染发病的有105例。在新闻发布会上，政府官员和传染病专家承认，病源和病因还没有分离出来，病原鉴定工作尚未能做出确切的结论，而且到目前为止，还没有特效药可以治疗，临床上采纳的主要是对症治疗。另外，专家还介绍了一些预防措施和患病的特征、表现等。尽管这些信息并不算是好消息，但是通过这次电视直播的新闻发布会，广州市民对非典型肺炎的认识逐渐清晰起来。

资料来源：广东非典回顾之危情篇．搜狐网，2003－06－15.

### 案例点评

在现代民主制度下，人民有对社会生活及政府作为的知情权。政府有义务向人民报告自己的决策和行为，有效的行政管理需要公众的参与和支持。在完成政府职能、稳定社会秩序方面，公共关系的作用十分突出。政府公共关系的特征包括主体的权威性、客体的复杂性和传播的优越性。上述案例展示了典型危机中主流信息缺失的症状：公共媒体信息沟通不畅，导致市民不了解病情，才使得非正常渠道的信息在私下传播、交流，其中难免产生错误的诠释，甚至以讹传讹。而及时、充分的信息处理，对危机可以起到明显的化解作用。在数字化自媒体时代，政府主导的主流融媒体更要先人一步，及时准确传递真相，表达真诚，传播真理。

### 案例阅读3

## 《十面埋伏》首映阵势唬人，导演全方位解密

《十面埋伏》全球首映庆典，是在以演唱会为包装和载体的形式下举办的一次超大型晚会，它的核心是电影。在这个大的格局里有四个方面的创新，即形式、内容、包装和规模上的创新。

### 电视墙牡丹坊

形式上的创新。人们以往见到的电影首映礼，无外乎导演带着主创人员与观众见面，简单地回答一些问题，然后放映电影。而《十面埋伏》首映庆典却采用演唱会的形式包装。从时间上考虑，首映庆典放在7月10日，影片上映日期是7月16日，中间有一周的间隔。首映庆典就是让所有参与者对《十面埋伏》有一个大致的了解，从而引发观众观看影片的兴趣。《十面埋伏》首映庆典之所以选择演唱会的形式，还因为三位主演都多才多艺，他们不仅是演员，在其他艺术领域也有很高的造诣，通过首映庆典来展示他们表演之

外的艺术才能。相对于演唱会，创新在于它的核心是电影，要围绕《十面埋伏》做文章。在首映庆典上，不但把演员的服装、影片的道具做一个展示，同时也把电影中的重要场景“牡丹坊”整个复原到晚会现场，但并非简单地把原景照搬到舞台上，而是根据演出现场的具体条件和演唱会的要求重新设计，总体上达到一种恢宏的气势，比电影中的场景更辉煌。电影中的“牡丹坊”是写实的、平面的，而舞台上的“牡丹坊”是做成立体的，影壁也改造成“电视墙”，提供给观众一个可以展示各种信息的平台和变幻的空间。

绝密镜头

内容上的创新。庆典晚会的很多内容都是与《十面埋伏》紧密相连的，可以说是电影中某些场景的再现。创作人员对这些场景（包括武术、舞蹈、音乐）重新进行艺术加工。在庆典晚会上不会播放整部影片，但大家会看到很多电影以外却又跟电影相关的东西，比如许许多多的拍摄花絮，这在其他电影首映礼上是不会看到的，它是电影后面的东西，是一些绝密的内容，还有一些拍坏的镜头，一些拍得很好但被导演忍痛割爱剪掉的画面，只有参加庆典的人才可以看到，这就增加了神秘感。庆典活动不设主持人，而是通过表演嘉宾以及主创人员的对话，带出整个电影的相关内容。晚会最主要的是音乐部分，除了嘉宾歌手演唱自己的歌曲外，电影中的音乐贯穿整场晚会。庆典活动结束以后，观众不仅听到了他们熟悉的歌手演唱的歌曲，同时更会牢牢记住《十面埋伏》的主题音乐。在首映庆典的最后，将播放 10 分钟《十面埋伏》的精彩片段，而且采用的是 24 米×12 米的超大银幕放映，给观众带来了巨大的视觉冲击。

观众的红地毯

包装上的创新。北京工人体育馆曾经举办过很多的大型演唱会，而每一次观众都是进到场内欣赏。但这次的首映庆典却把整个体育馆从里到外都进行了包装，特别是它的北门（即正门）除了一个巨大的电视墙和巨幅海报外，还通过电脑灯绘制出蝴蝶戏牡丹等精彩画面，体育馆的上空还会打出探照灯编织的奇妙图案，使 7 月 10 日的北京工人体育馆成为全北京市、全国乃至全世界影迷瞩目的地方。走进北京工人体育馆内，观众会感觉进入了《十面埋伏》的缤纷世界，有很多的道具、很多的海报，营造出浓郁的氛围。尤其是延伸到大门口的红地毯，准备迎接来自四面八方的观众。

视听盛宴

规模上的创新。一般的演唱会观众最多 3 000 人，而《十面埋伏》首映庆典主会场达到 6 000 人，加上上海、广州、深圳、杭州、厦门等分会场，观众超过 3 万人。这一长达 3 小时 15 分钟的首映庆典，还通过各种媒介（如电视、广播、互联网等）传递到千家万户，规模空前。多名演员、中国爱乐乐团等，不仅组成了超强的演出阵容，而且也照顾到了各个年龄层的观众。灯光、音响、特效以及整个制作班子都是国际化的，如灯光是北京历届演唱会上数量最多、等级最高的，也是从来没有在国内舞台上使用过的。三套不同的音响，将工人体育馆打造成一个有5.1环绕声场的超大影院，让观众尽情享受这次视觉和听觉上的盛宴。

资料来源：《十面埋伏》首映阵势唬人，导演解密庆典. 北京青年报，2004-06-08.

**案例点评**

电影学者倪震曾撰文指出，从《英雄》到《十面埋伏》，是中国电影双重转轨的产物，也是“主流大片”向“商业大片”的转型，并评价《十面埋伏》所体现的生产力转型，“是中国电影产业化道路的一次跨越”。电影《十面埋伏》借用中国传统的琵琶名曲名称。为了渲染其效果，扩大票房收益，《十面埋伏》首映庆典晚会融合了演唱会和电影元素，展现了中国电影的形象。首映庆典晚会把影片中的“牡丹坊”场景再造于北京工人体育馆，并邀请诸多歌手演唱助阵，还在深圳、上海等大城市设立分会场。在“酒香也怕巷子深”的竞争激烈的信息时代，《十面埋伏》这种结合电影、电视、网络等多种电子传播手段进行娱乐宣传的创新手法，值得思考与借鉴。

## 阅读必备

**1. 个体自身的传播**

个体自身的传播又称“个人的自我交流”，即传递信息的主体和接收信息的客体是同一个体；或者说，信息交流的“双方”不是两个人而是同一个人。

**2. 人际传播沟通**

人际传播沟通又称“个人之间的沟通”，即人与人之间的交流、交往、联络、联系等，这是最常见、最普遍的一种传播方式。

**3. 小团体传播**

小团体（或称小群体）传播主要指介于人际传播和组织传播之间的一种传播形式，即群体内的人际沟通活动。这种小团体沟通不完全等同于人际关系。

**4. 组织传播**

组织传播又称“组织沟通”，主要指作为传播主体的组织与其成员以及环境之间的信息交流、沟通活动。公共关系是一种特殊的组织传播行为。

**5. 公众传播**

公众传播指传播主体向相对集中的较大公众群体进行传播，利用公众广泛参与的某种活动形式对公众实现多媒体的现场沟通。

**6. 大众传播**

大众传播即职业传播者（新闻单位、出版发行单位）通过大众传播媒介（报纸、杂志、广播、电视、书籍、电影等），将大量复制的信息传送给分散的大众。

**7. 自媒体**

传统的新闻媒体将传播者与受众分得很清，而播客式的自媒体打破了这种格局。新媒体不再有传者和受者的界限，每个人都是传者，每个人都能做新闻，“人人即媒体”。因此，在播客网站上，我们不再提及“受众”一词，而更习惯说“用户”。“用户”又称“公民媒体”或“个人媒体”，是指私人化、平民化、普泛化、自主化的传播者。具体来说，“用户”是对以现代化、电子化的手段，向不特定的大多数或者特定的单个人传递规范性及非规范性信息的新媒体的总称。自媒体平台包括博客、微博、微信、百度官方贴吧、论坛/BBS、抖音、微信视频号等网络社区。得益于数字科技的发展，我们都可以经营自己的“媒体”，信息能够迅速传播，时效性大大增强。作品从制作到发表，其速度与效率是传统的电视、报纸媒介所无法企及的。自媒体能够迅速传播信息并实时接受反馈，其强大的交互性是传统媒介望尘莫及的。

**8. 公关内部环境**

公关内部环境包括构成组织的各个部分、各种要素，如决策层、员工队伍、员工关系、经营状况、管理机制、文化氛围、精神面貌、设备设施、建筑风格、装潢布置等，是由有形的人、财、物与无形的信息、知识、管理、精神、文化等组成的微观环境系统，是组织赖以存在和正常运行的基本条件。

**9. 公关外部环境**

公关外部环境由自然环境和社会环境两大系统组成。前者指组织所在地区的地形、地理、气候、水、空气质量、天然景观等各种自然因素；后者指组织所面对的社会经济、政治、文化等状况。公关内部环境与外部环境的关系如图 1-1 所示。

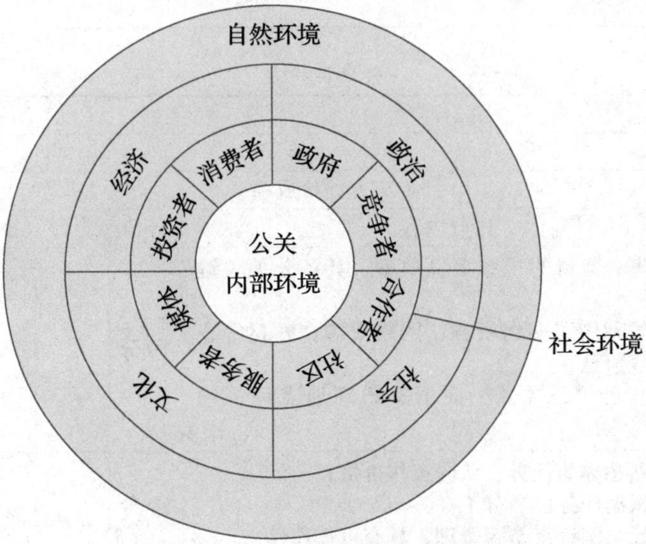


图 1-1　公关内部环境与外部环境

## 实训导引

1. 实训任务：搜寻网上资源，剪辑时长 3 分钟左右的典型公关活动视频，分小组点评分析视频案例中公关主体、公众、媒体、环境的运用与效果，时间 3 分钟左右，合成完成具有任务内涵和审美效果的完整的“案例＋点评”微视频。

2. 实训步骤：

（1）各小组代表商量并确立任务责任人，陈述基本分工：统筹策划人（可兼做）、收集资料人、视频制作人、点评分析并展示分享人、小组审核监督并评分人（可兼做）。

（2）小组课堂讨论、课外完成任务，课内进行展示分享和分析。

3. 实训评价和反思：

任务单

| 组名 | | 组员姓名 | |
|---|---|---|---|
| 工作程序指引及记录内容 | | | 完成的打“√” |
| 1. 确定小组长 | 小组长姓名： | | |
| 2. 小组集体收集恰当的资料 | / | | |
| 3. 明确任务 | / | | |
| 4. 组员任务分配 | / | | |
| 5. 创设不同内涵与风格的微视频 | / | | |
| 6. 根据小组分工，协同完成任务 | / | | |
| 7. 交流分享并自我分析 | 展示分享与分析人： | | |
| 8. 小组自我评价及反馈 | | | |
| 9. 个人加分点 | | | / |
| 写给老师的话 | | | |
| 指导教师评语 | | 签名 | |

任务评价表

| 课程名称 | | | | | |
|---|---|---|---|---|---|
| 实训任务名称 | | | | | |
| 三方评价成绩 | | | | | |
| 评分项目 | 评分内容 | 分值 | 自评 | 小组评分 | 教师确认 |
| 明确任务<br>获取信息 | 所收集、剪辑的视频案例典型，具备公关关键要素；<br>能有效利用图书馆资源、网络资源、教材等查找有效信息；<br>能用自己“公关式”话语有条理地点评视频案例 | 10 分 | | | |
| 感知任务<br>制订计划 | 是否熟悉你的任务、认同工作价值；<br>是否根据任务恰当分工；<br>小组计划制订得是否合理、具有可操作性 | 10 分 | | | |

续表

| | | | | | |
|---|---|---|---|---|---|
| 实施任务 | 与教师、组员是否相互尊重、理解；<br>与教师、组员是否能够保持多向、丰富、适宜的交流 | 10 分 | | | |
| | 探究学习、自主学习不流于形式，处理好合作学习和独立思考的关系，做到有效训练；<br>能提出有意义的问题或能发表个人见解；<br>能按要求正确操作；<br>能够倾听、协作分享 | 10 分 | | | |
| | 遵守实训任务要求，实训过程符合目标；<br>训练过程、出勤情况和完成任务情况较好；<br>善于多角度思考问题，能主动发现、提出有价值的问题，实现对知识的理解和运用 | 10 分 | | | |
| 展示成果 | 微视频质量（内容、创新、审美） | 25 分 | | | |
| | 展示分享状态和方式 | 10 分 | | | |
| 评定反馈 | 小组自我评价和反馈 | 15 分 | | | |
| 总分（100 分） | | | | | |
| 评语 | 自我整体评价 | | 学生签名 | | |
| | 小组整体评价 | | 组长签名 | | |
| | 教师整体评价 | | 教师签名 | | |

## 阅读链接

爱德华·L 伯内斯. 制造认同：伯内斯的公共关系学教材. 胡百精，赵锟冰，杨奕，译. 北京：中国传媒大学出版社，2018.

项目二

# 为何进行公共关系：组织公关形象塑造

公共关系在社会组织的形象塑造过程中有举足轻重的地位。进行商品生产和流通的企业都非常关注自己的公众形象。在现代市场经济大潮中，公共关系的根本目的就是通过深入细致、持之以恒的具体工作来塑造与发展企业的良好形象。企业形象是社会公众（包括企业员工）对企业的整体评价，它是公众对企业的发展史、管理人员、团体气氛、行为准则、物质条件、产品、服务等的总体认知，反映了公众对企业的整体特点、总的精神的了解和情感倾向。塑造良好的企业形象，建立良好的企业信誉，不但能够帮助企业为社会公众所理解和接受，进而赢得公众的信任和支持，而且能取得良好的经济效益，有效促进企业目标的实现。

## 任务一　组织公关形象塑造的标识 CIS

企业形象策划是实现企业形象战略、塑造企业良好公关形象的重要手段。CIS 是 Corporate Identity System 的缩写，译为企业形象识别系统或品牌形象识别系统。CIS 的重要功能是，通过统一的企业理念、行为模式和视觉识别，通过调动每个员工的主观能动性，通过一体化的符号形式来划分每个员工的权利、责任和义务，使企业员工能在适当的鼓励下，依据角色行动，并通过信息化的方式，让社会公众认同和关注企业，建立理想的企业形象，从而为企业带来更好的经营效益和良好的社会声誉。

## 案例阅读 1

### IBM 奏响 CIS 序曲

美国国际商业机器公司（International Business Machines Corporation）创建于1911年。开业伊始，公司就实行标准化管理，员工服饰也在统一之列。进入50年代，计算机新技术沉重地打击了公司的老产品，在市场和效益滑坡的危难之际，小托马斯·沃森于1955年接替父亲就任公司总裁。上任不久，小托马斯·沃森就制定和实施了一系列的战略性新决策：第一，集中公司人力、物力、财力，设计开发计算机的硬件系统。第二，推行全天候、全方位、全球性的限时维修服务，特别是全过程的联网化、系列化、伙伴化的潜在市场外发性服务。第三，把产品识别标志和企业识别标志统一起来，并且系统地应用于产品系列、时空环境、信息流程的方方面面和各个环节，也就是企业生产经营的整个过程之中。

该公司识别标志由几何图形造型的I、B、M三个大写字母并列组合构成，M的体量恰好是I、B两者的体量之和，名称、字体、图形三者合为一体。首先，IBM是公司全称International Business Machines Corporation的缩写，立足于企业。其次，突出M，实际上强调了计算机。最后，I、B、M三个字母并列组合，既象征了计算机产品系列及其联网技术，又使人联想到公司开发计算机的企业发展战略和提供优质服务的企业行为规范。以企业识别标志IBM为中心的企业识别系统，简洁明了、易读易写，让人一目了然。

小托马斯·沃森实施的三大战略抓住了公司发展的关键：第一条是企业的发展战略，规定了企业的经营性质和发展方向，这是企业生存发展的精神动力和智力支持。第二条是企业行为规划，以高素质的文化服务开发带动高科技的潜在市场开发，这是推行实现企业发展战略的必要途径和根本保证。第三条是企业识别标志，形象地传播和展示了既独特又统一的企业发展战略和企业行为规范。三者相辅相成、相互作用，使IBM公司成为美国公众信任的“蓝色巨人”，在美国计算机行业占据了非常显赫的霸主地位，而且IBM产品的识别标志也进入了世界十大驰名品牌识别标志的行列。

此后CIS成为很多企业创立品牌，并寻求可持续发展的基本战略。“中国特色的CIS”也在探索与形成之中。当前有国际影响力的中国企业如华为、格力、美的、海尔、阿里巴巴等，都形成了自己完整、独特、有丰富内涵的CIS标识。

资料来源：朱健强. 企业CI战略. 厦门：厦门大学出版社，1999.

## 案例点评

CIS主要是指企业形象的统一性策划，它包括理念识别系统（Mind Identity System，MIS）、行为识别系统（Behavior Identity System，BIS）、视觉识别系统（Visual Identity System，VIS）。

理念识别系统是指企业在长期的经营活动实践中形成的和其他企业不同的价值观、经营思想、经营方式、企业精神、道德准则等，它向人们说明企业是“如何想的”。行为识别系统是指企业区别于其他企业的各种具体的生产经营服务活动，如员工行为、公共关系、广告、人员推销、营业推广等，它向人们说明企业是“如何做事的”。视觉识别系统是指企业通过视觉传达给社会公众的专有化或个性化形象，包括很多视觉因素，如企业的名称、标志、口号及员工制服、办公用品等，它向人们展示的是企业“是个什么样子”。理念识别系统比较抽象，行为识别系统比较复杂，视觉识别系统比较直观。

理念识别系统、行为识别系统、视觉识别系统是企业形象塑造的三个不同层次，三者相互独立又相互作用，形成一个有机整体，共同构造一个完整统一的特定的企业形象组合体。没有精神理念，视觉传达只是简单的装饰品；没有视觉传达设计，精神理念也无法有效传达。企业行为和视觉识别均要在理念主导下展开。这种企业形象战略的策划和实施，对内产生凝聚力和激励力，对外提高知名度和美誉度，是企业的无形资产。IBM的CIS策划，有明确的企业理念做指导，形成企业独有的、鲜明的经营、管理、公共关系及视觉特色，突出企业个性，达到对内加强凝聚力、对外加强认知和识别的效果。

在IBM成功之后，CIS开始在欧美萌芽，20世纪70年代中晚期传入日本等国家和地区并发展成为一个系统化的工程，20世纪90年代之后成为发达国家及新型工业化国家和地区谋求发展的重要战略。

## 案例阅读2

### 星巴克独特的公关品牌形象

每一个星巴克店都是咖啡浓香、年轻随和的服务员、暖色调的装潢、慵懒的音乐、昏黄的灯光、大大的沙发、随处可拿的杂志。星巴克是全球著名的咖啡连锁店，星巴克旗下零售产品包括30多款全球顶级的咖啡豆、手工制作的浓缩咖啡和咖啡冷热饮料、新鲜美味的各种糕点食品以及丰富多样的咖啡机、咖啡杯等商品。对于品牌公关形象的塑造，自我定位是第一步，有了恰当的定位才能开始打造自身的魅力。星巴克从一开始的定位就是，高品质高享受，是“独立于家庭和工作的第三空间”，这个定位能让顾客感到放松、安全，有归属感。20世纪90年代兴起的网络浪潮也推动了星巴克“第三空间”的成长。于是星巴克在店内设置了无线上网的区域，为旅游者、商务移动办公人士提供服务。现在星巴克的无线热点已经发展成一项新的业务，它还建立了北美最大的 Wi-Fi 热点上网网络。在柔和的音乐、浓香的咖啡的环境下办公也成为一种休闲、一种情调的体现。“我不在星巴克，就在去星巴克的路上”，传递的是一种令人羡慕的“小资生活”，而这样的生活也许有人无法天天拥有，但没有人不希望“曾经拥有”。“第三空间”，其实是人人需要的一种品牌定位。星巴克的名字来源于梅尔维尔的小说《白鲸》里的一个嗜喝咖啡的处事冷静的大副。从命名开始，星巴克就注重打造自己小资的形象，梅尔维尔在美国文学史上的地位很高，了解他的基本上都是受过良好教育、生活品质较高的人，星巴克要让自己从名字开始就释放出品质的味道。既然营造雅皮的情调，小众的音乐是必不可少的，星巴克从 1999 年收购了唱片零售商 Hear Music，2004 年还发布了一个卫星电台，播放爵士、布鲁斯以及摇滚音乐。星巴克的音乐并不是为了要提高咖啡销量而是为了让人们发现他们在别的地方听不到的音乐，提供一种星巴克独有的体验。星巴克对咖啡的品质有近乎苛刻的要求，为了达到咖啡的好口感，要求一线员工在不借助辅助工具的情况下也能把握煮咖啡的时间和火候，鼓励员工倒掉不符合星巴克品质要求的咖啡，咖啡制作的设备材料都是从总公司运过来。在设计上星巴克也很注重自己的风格，星巴克有自己专属的设计团队，每一家新店由设计团队结合星巴克的风格和当地环境设计出既有明确的识别度，又和当地环境和谐搭配的店面。在各种产品包装设计上，星巴克也做到注重细节，每种产品都有不同的包装和独特的设计。星巴克从每一个细节出发，以求给顾客一个高品质的体验。在品牌传播上星巴克走了一条别具一格的道路，在数字化大众传媒发达的现代化社会星巴克有意识地不依靠庞大的广告开支而是凭借着口口相传这样古老而又直接的方式进行宣传。虽然简单却不低调，星巴克在全球的成功有力说明了这种传播方式的有效性。舒尔茨说，我们的店面就是最好的广告，店面的设计与店内的服务无不直观形象地体现着星巴克的文化魅力。忠诚的员工成了为消费者提供“星巴克体验”的主要动力，也成了“口口相传”的主要源头。征服自己的员工才能去征服消费者进而征服整个世界，这是星巴克奉行的发展原则。一些文艺的小说家的青睐无疑也促进了星巴克的宣传推广，一些小说里经常会出现“星巴克的下午”的桥段或者年轻帅气的公司领导人在下班后坐在星巴克喝一杯咖啡继续办公这样的场景。

资料来源：星巴克的品牌形象分析. 人人文库，2019-03-13.

### 案例点评

在 CIS 中，理念识别系统是整个系统的核心，它是得到社会公众普遍认同的、体现企业自身个性特征的、促使企业正常运作以及长期发展而构建的反映企业明确的经营意识的价值体系。没有明确的经营理念，行为识别和视觉识别就成为纯粹的技巧。没有理念指导的技巧，企业形象的塑造很容易被引入歧途。

星巴克在中国成了一个时尚的代名词。它所标志的已经不只是一杯咖啡，而是一个品牌和一种文化。在“独立于家庭和工作的第三空间”，“来一杯星巴克”替代“来一杯咖啡”体现了星巴克公司在数字化、快节奏时代的经营理念，表达了星巴克的经营哲学和方向。

## 案例阅读3

### 导入行为识别系统的麦当劳公司

麦当劳公司是世界上最大的快餐集团之一，它的成功主要归功于其明确的企业理念“Q. S. C+V”。

Q代表质量。麦当劳制定了一套严格的质量标准，使食品达到了标准化，做到了无论国内还是国外，所有分店的食品质量都一样。同时，麦当劳还规定了各种操作规程和细节。

S代表服务。麦当劳店铺位置的选择、营业时间的设定都尽力为顾客考虑，如为使美国大批出门的乘客有休息和吃饭的场所，麦当劳在高速公路两旁和郊区开设了许多分店，并在距离店铺不远的地方装上许多通话器，上面醒目地标着食品名称和价格，乘客只需要打开车门向通话器报上所需食品，车子开到店前面的小窗口就能一手交钱一手拿到食品，并可马上驱车赶路。微笑服务也是麦当劳的特色，所有的店员都面带微笑地和顾客交流、做事，让顾客感到亲切。

C代表清洁。麦当劳明文规定：男员工必须每天修胡子，修指甲，随时保持口腔清洁，经常洗澡；女员工要戴发网。餐厅内不许出售香烟和报纸，器具全部是不锈钢的。顾客一走，店员便要清理桌面；凡是丢落在地上的纸片，店员要马上捡起来。

V代表价值。有一段时间，麦当劳的企业理念只采用“Q. S. C”三字，后来才加上V。加上V是为了传达麦当劳“提供更有价值的高品质食品给顾客”的经营理念。

在“Q. S. C+V”企业理念的指导下，麦当劳导入行为识别系统（BIS），使其行动统一性达到了惊人的程度。无论顾客走进哪一家分店，他都能得到大小相同、口味相同的食品，享受到同样的服务。麦当劳公司何以能达到这个程度呢？麦当劳公司请专业人员制定出一本厚达385页的程序手册，把最细致的动作都描述出来。惯例化也用在人事管理方面。管理者、助理管理者、小组长和侍者都有严格规定的职责，都要遵守非常详细的规则。麦当劳甚至在芝加哥郊区办了一所名叫汉堡大学的学校，培训管理人员。麦当劳忠实地推行自己的企业理念，并将之渗透到整个集团内，运用到具体的行动中，这就是促成麦当劳BIS成功的秘诀。

资料来源：导入行为识别系统的麦当劳公司. 人人文库，2021－10－12.

## 案例点评

企业行为识别通过经营管理活动以及社会公益活动等来传播企业的经营理念，使之得到企业内部员工的认可和支持之后，为社会公众所接受，从而进一步强化企业品牌形象，树立一种美誉度极高的企业形象，创造更加有利于企业深化发展的内外部环境。

企业行为识别系统的一切活动必须在理念识别系统的指导之下，以理念识别系统为方向和灵魂，是理念识别系统的具体体现和落实。企业行为识别系统的最终目的是取得企业内外公众对理念识别系统的认同，塑造企业良好的动态形象。

麦当劳有一套准则来保证员工的行为规范，如营业训练手册、岗位检查手册、品质指导手册等，小到洗手消毒有程序，大到管理有手册，以保证“Q. S. C＋V”理念的贯彻。除此之外，麦当劳还很重视建立“麦当劳大家庭”的观念，如从经理到员工都互称名字，全体员工注重沟通与团队合作；每月开员工座谈会，邀请家属来餐厅参观和就餐；每年举行岗位明星大赛；每天公布过生日的员工名单，并以一定的形式对其表示祝贺。这一系列的行为活动，塑造了麦当劳良好的形象。

## 案例阅读 4

### 中国银行的标志

中国银行由孙中山先生批准，于 1912 年 2 月成立。中国银行的标志于 1986 年经中国银行总行批准正式使用。随着业务的发展和管理的改进，中国银行在 20 世纪 80 年代开始引进 CIS。

1980 年，中国银行香港分行推行电脑化联营，委托以靳埭强先生为首的“靳与刘设计顾问有限公司”设计标志。标志的外形是圆形方孔钱，寓意天方地圆、经济为本；铜钱孔与上下对称的竖线表现了中国的“中”字；标志采用了中国红，鲜艳夺目，非常具有中国风，有很强的识别性。这个标志作为中国银行 CIS 的重要组成部分，不仅单独使用，而且经常在银行的宣传单、户外广告等视觉传播物中使用。

资料来源：Logo 作品推荐官：中国银行 Logo. 标志情报局，2017 - 10 - 29.

### 案例点评

迄今为止，在CIS中，国内外企业开发最有成效的部分是视觉识别系统。该系统力图通过企业的名称、标志、品牌、标准字、标准色等来建立企业的凝聚力，形成企业的个性。就企业标志而言，它是通过造型简单、意义明确的统一标准的视觉符号，将经营理念、企业文化、经营内容、企业规模、产品特性等要素传递给社会公众，使之识别和认同企业的图案和文字。

中国银行的标志具备了原创性、识别性、领导性三个基本要求。第一，原创性。标志的设计要做到不抄袭、不模仿。中国银行的标志从题材到形式都令人耳目一新，是十分典型的原创设计，因此成为很多机构学习的对象。第二，识别性。识别性是企业标志的基本功能。企业借助独具个性的标志，以区别于其他企业及其产品。世界各地银行的标志，设计理念与造型类似的很多，但是中国银行的标志与众不同，容易识别，有独特的个性。第三，领导性。中国银行的标志符合特定机构的身份，造型美观大方，符合国家银行的身份，也体现出具有中国民族特色的企业文化。

在企业视觉传达要素中，企业标志是核心，也是企业进行信息传达的主导力量。标志是企业经营理念和经营活动的集中表现，贯穿和应用于企业的所有相关活动中，其他视觉要素都以标志为中心展开。当然，要塑造一个良好的企业形象，必须有企业理念、行为和视觉形象三方面的配合，三者缺一不可，现代组织常常把这三者通过具有传播力的Logo来表达。

### 案例阅读5

## “金利来”创名牌

“金利来，男人的世界!”动人的广告词，让金利来家喻户晓。然而，金利来如何创出名牌的故事历来鲜为人知。

曾宪梓和太太是以一把尺子、一把剪刀及一台国产蝴蝶牌缝纫机起家的。最早他们一家6口人挤在一间60平方米的屋子里，生活相当窘迫。当时香港人设计的时装都用外国名字，可曾宪梓却将自己生产的领带取了一个中国名字——“金狮牌”。一个新牌子要挤进市场实属不易，虽然曾宪梓做了许多努力，但领带销量仍然不理想。过年时他送了几条领带给一位亲戚，不料那位亲戚不仅没有谢意，反而不高兴地说：“我才不用你的领带呢，金狮金狮——什么都输掉了。”原来粤语的“狮”与“输”读音相近。因为这件事，曾宪梓决心更换领带的名称。琢磨了大半夜，终于获得灵感，决定将“金狮”的英文单词goldlion中的“gold”意译为金，“lion”音译为“来”，如果在中间加一个人们都喜欢的“利”字，将是一个非常吉利的名字，世界上有什么人不喜欢“金”“利”来呢？

有了好的产品、好的名称，怎样提高它的知名度呢？1971 年，适逢取得世界冠军的中国乒乓球队访问香港，一位在香港无线电台工作的朋友建议曾宪梓购买电视台转播乒乓球表演赛的赞助权，在比赛中穿插播放金利来领带广告。通过分期付款的方式缴齐广告费后，曾宪梓又开始思索：如何选择朗朗上口又能吸引人的广告词呢？曾宪梓决定自己动手撰写。他精心推敲出一句句精练的广告词：“金利来，男人的世界”“方格——热情慷慨；斜纹——勇敢决断，圆点——爱慕关怀；细花——体贴温馨。”果然，出色的广告，使金利来一炮打响。乒乓球表演赛结束后，金利来的订单像雪片一样飞来，金利来出名了。

对此，曾宪梓深感欣慰。他不相信只有外国商标才能创造名牌，他坚持创造中国自己的名牌的愿望终于实现了。

资料来源：边一民. 公共关系案例评析. 杭州：浙江大学出版社，2004.

Goldlion®

## 案例点评

“金利来”创名牌的故事告诉我们，一个企业、一种产品要扬名四海，仅仅靠过硬的质量是不够的，现在“酒香不怕巷子深”的观念已经行不通了。

无论是企业还是企业的产品，都应有一个好的名字。具有高度概括力和强烈吸引力的名称，对大众的视觉和心理等各方面都会产生影响。从“金狮”到“金利来”的过程说明，并非只有外文商标才能创名牌，中文品牌同样能够打响，关键是既要适合目标市场的文化传统、风俗习惯，又要有自己的特色。一般来说，企业及其产品的名称应具备亲和力、简洁性。

从 CIS 的角度看，广告是实现视觉识别、树立企业形象的重要途径，它通过反复利用各种媒介，将企业或产品的信息向社会公众传达，提升企业的形象。值得注意的是，做广告必须选择时机、抓住机遇，而且做广告必须设计好广告形式。

## 阅读必备

**1. 企业形象**

企业形象也叫企业形象识别系统、企业识别系统，由理念识别系统（MIS）、行为识别系统（BIS）、视觉识别系统（VIS）三部分构成。MIS是核心和灵魂，BIS是MIS的动态表现，VIS是MIS的静态表现。MIS、BIS、VIS是有机整体，三者必须保持和谐统一。

**2. 企业形象策划**

企业形象策划是指企业通过创造性思维，巧妙地利用可用资源，设计和传播企业特定的理念、行为和视觉特征，塑造个性化形象的决策活动。企业形象策划要满足以下要求：新颖性、系统性地利用可用的资源、同一性、稳定性、有效地进行传播、可操作性。

**3. 理念识别系统**

理念识别系统是能得到社会公众普遍认同的，可体现企业自身个性特征的，为促使并保持企业正常运作以及长期发展而构建的、反映企业明确的经营意识的价值体系。一般来说，一个企业的理念识别系统主要由企业哲学、企业精神、企业道德、企业目标、企业宗旨、企业作风等构成。

**4. 企业行为识别系统的构成**

企业行为识别系统基本上由两大部分构成：一是企业内部识别系统，具体包括企业管理、员工工作环境、员工教育培训、员工行为规范化等内容；二是企业外部识别系统，具体包括企业市场调查、服务水平、营销活动、广告活动、公关活动和公益性活动等。企业行为识别的意义在于将企业的内部组织机构与员工的行为都理解为一种传播符号，通过这些因素传达企业理念、塑造企业形象。

**5. 企业视觉识别设计**

企业视觉识别设计根据基础要素和应用要素两大系统，分为基础要素设计和应用要素设计。基础要素设计包括企业标志设计、企业标准字体设计、标准色、企业造型及象征图案要素设计；应用要素设计包括事务用品类、旗帜规划类、员工制服类、广告媒体类、室内外指示类、环境风格类、交通运输类、展示风格类、专卖店风格类等。

## 实训导引

1. 实训任务：小组收集三个以上中国知名企业的CIS公关系统的具体内容并以PPT的形式与大家阐释分享。

2. 实训目标：

（1）认知企业发展所需要的公关形象；

（2）了解企业如何通过 CIS 公关系统呈现自己的公关形象；

（3）培养学生分析企业形象识别系统符号的能力。

3. 实训步骤：

（1）小组讨论协作完成实训任务。

（2）小组代表陈述小组基本分工：统筹策划人（可兼做）、收集资料人、PPT（包括视频）制作人、阐释分享人、修改审定人、小组评分人（可兼做）。

（3）优秀小组代表 3 分钟阐释分享。

**任务单**

| 组名 | | 组员姓名 | |
|---|---|---|---|
| 工作程序指引及记录内容 | | | 完成的打“√” |
| 1. 确定小组长 | 小组长姓名： | | |
| 2. 小组集体查阅资料 | / | | |
| 3. 明确任务 | / | | |
| 4. 组员任务分配 | / | | |
| 5. 设计 PPT 及准备视频 | / | | |
| 6. 根据小组分工，完成自己的任务 | / | | |
| 7. 班级交流 | 展示人： | | |
| 8. 小组自我评价及反馈 | | | |
| 9. 个人加分点 | | | / |
| 写给老师的话 | | | |
| 指导教师评语 | | 签名 | |

**任务评价表**

| 课程名称 | | | | | |
|---|---|---|---|---|---|
| 实训任务名称 | | | | | |
| 三方评价成绩 | | | | | |
| 评分项目 | 评分内容 | 分值 | 自评 | 小组评分 | 教师确认 |
| 明确任务<br>获取信息 | 能有效利用图书馆资源、网络资源、教材等查找有效信息；<br>能有条理地去阐释分享的内容；<br>能将查找到的信息有效运用到工作任务中 | 10 分 | | | |

续表

| | | | | | |
|---|---|---|---|---|---|
| 感知任务<br>制订计划 | 是否熟悉你的任务、认同工作价值；<br>是否具有执行力；<br>小组计划制订得是否合理、具有可操作性 | 10 分 | | | |
| 实施任务 | 与教师、组员之间是否相互尊重、理解；<br>与教师、组员之间是否能够保持多向、丰富、适宜的信息交流 | 10 分 | | | |
| | 探究学习、自主学习不流于形式，处理好合作学习和独立思考的关系，做到有效训练；<br>能提出有意义的问题或能发表个人见解；<br>能按要求正确操作；<br>能够倾听、协作、分享 | 10 分 | | | |
| | 遵守实训任务要求，实训过程符合目标；<br>训练过程、出勤情况和完成工作任务情况较好；<br>善于多角度思考问题，能主动发现、提出有价值的问题 | 20 分 | | | |
| 展示成果 | 在展示成果中考核小组工作计划、训练技能是否符合目标与要求；<br>是否获得了进一步发展的能力和创新能力；<br>是否有良好的语言表达能力 | 10 分 | | | |
| | 在展示成果中评判学习者是否有发现问题、提出问题、分析问题、解决问题的能力 | 15 分 | | | |
| 评定反馈 | 按时按质完成实训任务，体现一定的职业精神；<br>较好地掌握专业知识点；<br>具有较强的信息分析能力和理解能力；<br>具有较为全面严谨的思维能力，并能条理明晰地表述 | 15 分 | | | |
| 总分（100 分） | | | | | |
| 评语 | 自我整体评价 | | 学生签名 | | |
| | 小组整体评价 | | 组长签名 | | |
| | 教师整体评价 | | 教师签名 | | |

## 阅读链接

1. 从松下看日本公司企业文化. 360Doc 个人图书馆.
2. 麦当劳 CIS 分析. 百度文库.

# 任务二 组织公关形象标识的设计和运用

激烈的市场竞争，迫使企业不断寻求克敌制胜的“利器”。提升企业公关形象，刷新企业面貌，积累无形资产，创造整体效益，已经成为企业走向成功的法宝。过去，企业界对企业形象的设计往往是通过推销、广告以及其他宣传方式进行的。CIS 自从被开发和引入后，逐渐成为一种强化企业形象的系统方法。如今，负责、协助企业设计和运用 CIS 成为企业公共关系工作中的一项新内容。

## 案例阅读 1

### 太阳神集团公司——中国特色的 CIS 经典

现代很多知名企业及其他组织都非常注重自己的公关形象打造，公关形象是系统工程。曾经很红火的太阳神集团公司的前身是靠 5 万元起家的东莞黄岗保健饮料公司。创业初期，公司试图用“万事达”商标注册，打开全国的市场，但推广失败。之后改用“生物键”作为产品与企业名称，在广东获得了一点点名气。随着经营格局的集团化、多元化，产品开始进入省外。这时，经营者发现“生物键”这个名称内涵浅薄，外延狭窄，传播效应零碎，难以达到最佳效果，于是决定委托广东新境界设计群负责总体策划，全面导入 CIS，对企业进行改造。

1. 启用全新的企业名称。公司决定用“太阳神”命名新成立的集团公司，用企业名称涵盖产品特性，实施企业名称、商标、品牌“三位一体”的 CIS 战略。起初，公司内部人员担心推广失败，反对这样的做法。总经理说服全体员工，要求各方面协调配合全面实施这一战略。他们采用先在上海等省外市场推广，改“生物键”为“太阳神”，成功后再转回广东推广的战略。

2. 在 CIS 中融入企业文化，成为太阳神的企业理念系统。企业的最高宗旨：振兴民族工业，提高中华民族的健康水准；经营理念：以市场为导向，以科技为依托；管理理念：以人为中心；发展理念：以专业经营为中心，市场专业化，科研专业化；企业精神：真情理解，合作进取。

3. 设计最具特色的企业标志。“太阳神”标志具有强烈的视觉冲击力，强烈地刺激着消费者的视觉神经。该标志以圆形与三角形为基本构成，圆形是太阳的象征，代表着健康、美味的商品功能与企业经营宗旨；三角形是“APOLLO”（古希腊太阳神）首字母 A 的抽象化，它的人字造型体现出企业团结如一人，代表着向上升腾的意境和以“人”为中心的服务与经营理念；标志采用红、黑、白三色，形成强烈的色彩反差，体现了企业不甘现状、奋斗开拓的精神。以该标志为核心的系列企业形象战略在包装、广告、产品开发上层层展开。导入 CIS 后，“太阳神”以崭新的形象出现在市场上，迅速获得了消费者的认同，成功开启市场大门。

4. 从企业形象入手的营销策略。太阳神在推销自己的产品时，并不匆忙地销售产品，而是采取了从企业形象入手的三步到位的营销策略。第一步，在市场所在地开展全面的公益活动，如通过赞助教育、文化、体育事业等活动，来加强与消费者的感情联系，把太阳神的企业形象介绍给广大消费者，让消费者从心理和情感上接受“太阳神”。第二步，邀请当地的保健、营养、儿科等方面的专家教授开展咨询服务，把“太阳神”介绍给广大消费者，让消费者认识“太阳神”，培养消费者对“太阳神”的好感。第三步，在太阳神的品牌逐渐深入消费者心中的时候，开始销售产品。

5. 广告不言“太阳神”。“当太阳升起的时候，我们的爱天长地久……”这是著名的“太阳神”广告歌词。伴随着雄壮、悠扬、充满活力的歌声，一轮象征生命、健康、力量的朝阳，被一个艺术化了的“人”字托起。在这一广告口号中，只字未提“太阳神”的产品，而是以“太阳神”标志巨大的视觉冲击力去影响消费者。这种广告高层次地体现出企业独特的经营风格，通过企业、商标、产品形象三位一体的整体形象，起到了其他广告所不能起到的作用。

资料来源：曾坤生. 形象设计绝招. 南宁：广西人民出版社，1995.

### 案例点评

良好的公关形象具有社会、经济、文化、教育等多重价值，太阳神集团公司导入 CIS 的探索，被理论界称赞为“中国特色的 CIS 经典”。在导入 CIS 之前，太阳神 1988 年年产值才 520 万元。导入 CIS 之后，1990 年年产值增至 4 000 多万元，1991 年竟达到 8 亿元，1992 年达到 12 亿元。“太阳神”CIS 导入的成功，为众多的企业家、行销管理人员、工艺美术设计师、广告人展示了一条具有中国特色的 CIS 道路，为探索中国全面推广 CIS 提供了一个成功的范例。

### 案例阅读 2

## 让美渗透每一空间的“美的”集团

“美的”导入 CIS，是为了进一步提升企业形象，“让美渗透每一空间”，给社会公众和消费者亲切感和愉悦感。

1. “美的”的 MI。众所周知，世界上并没有真正完美的东西。而“美的”人却以“创造完美”作为“美的”MI的核心，作为“美的”的企业精神、经营理念、行为准则。这一理念，表达了“美的”人的思想境界与追求目标。按照这一经营哲学，公司要求每一个“美的”人在自己的岗位上，以高度的责任感和一丝不苟的工作精神，充分发挥聪明才智，团结拼搏，创造出内外兼修的“美的”产品，给消费者带来美的享受。

2. “美的”的BI。一个企业能否成为知名度高的企业，就在于它如何借助各种传播媒体向公众传达企业的各种信息。“美的”把CIS作为企业现代营销的一种策略，在其广告定位和促销活动中，注重塑造高品位、高品质的产品形象和企业形象。

3. “美的”的VI。“美的”以蓝、白两色为企业的标准色。通过该标准色，人们会联想到蓝天白云，也会联想到大海，联想到天的无边无际和海的宽广无边。“美的”集团把标准色贯彻到了“美的”的一切应用系统，“美的”工业城的现代化建筑群、写字间、标牌、名片、办公用具、运输工具、包装、餐桌乃至卫生间内的一切（如肥皂盒等），都是一体的蓝白相间的色调，同“美的风扇”“美的空调”产品相协调，给人清凉优雅的感觉。

“美的”CIS渗透到了“美的”的每一空间，贯穿于全员的行动中。最终，“美的风扇”“美的空调”两大拳头产品不仅受到国内消费者的喜爱，而且获得了QC、CSA、GS等国际认证，远销海外。截止到2023年年初，美的集团自主研发专利1 000多个，主要产品有家用空调、商用空调、大型中央空调、冰箱、洗衣机、电饭煲、饮水机、微波炉、洗碗机、电磁炉、风扇、电暖器、热水器、灶具、吸油烟机、消毒柜、电火锅、电烤箱、吸尘器等家用电器产品和压缩机、电机、磁控管、变压器等家用电器配件产品，拥有中国最大最完整的空调产业链和微波炉产业链，拥有中国最大最完整的小家用电器产品群和厨房家用电器产品群。

资料来源：曾坤生. 形象设计绝招. 南宁：广西人民出版社，1995.

### 案例点评

企业导入CIS，本身就是为了树立起企业与其他企业形象的差异性，导入CIS的方式与方法理应同样具有某种差异性，这就更能突出本企业与其他企业的形象差异性，更好地树立起自己的企业形象。广东美的集团股份有限公司导入CIS就明显地表现出了这一点。一般来说，大部分企业运作CIS时，先有CI手册，然后才开始CI行动，而“美的”则先有CI实践，再有CI手册。“美的”运作CI五六年后，直到1994年，美的集团的《企业形象手册》才正式印刷出版。这成了我国企业导入CI的一种模式，被称为“美的模式”。如今美的集团展厅、办公楼、车间、售后等标识鲜明而统一，“美的模式”表明CI运作应该是表里如一的。

案例阅读3

## 太湖宝岛花园导入CIS

太湖宝岛花园地处苏州太湖风景区中心的长沙岛上，地理位置绝佳。它由一家五星级酒店和百幢别墅构成。五星级酒店设计的会所，提供客房、餐饮、会议、商务、游泳、网球、美容、健身、健美、保龄球、溜冰、棋牌、游艺、歌舞、台球等服务。绿树掩映中，风格各异的百幢别墅点缀其间。太湖宝岛花园从整体到局部，均出自大家手笔，设计也融合了传统与现代建筑设计理念，荟萃中西建筑文化精华。不过，太湖宝岛花园虽然具有良好的自然生态环境、浓郁的文化气息，但也存在地理位置离苏州较远、人流量较少、对外认知度较差等缺点。因此，在太湖宝岛花园建设过程中，有必要导入CIS来传播企业形象信息，扩大认知度，吸引购房客与游客。

1. VI设计。VI是CIS的静态识别符号，是具体化、视觉化的传达方式，是在企业经营理念的确定和战略范围、经营目标的制定基础上，运用视觉传达设计的方法，根据传播媒体的个性要求，开发视觉符号的设计系统来传达企业的精神理念。它所包含的内容、项目最多，传达层面最广，获得的效果最直接，目的是刻画企业个性，突出企业精神，凸显企业特征，使得企业内部、社会各界和消费者对企业产生一致的认同感。苏州太湖宝岛花园依山傍水，绿化率超过45%，一年四季好景相伴，而且物产丰富，银鱼、虾蟹堪称一绝，珍珠中外驰名，碧螺春茶享誉世界。通过反复总结提炼太湖宝岛花园的个性特征，将标志采用绿、蓝两种主色，在椭圆形的空间展示出绿水蓝天相连，一弯明月悬于水面，将人们带到了诗情画意的境地，给人们强烈的视觉冲击力和广阔的想象空间。

2. BI设计。BI设计是企业具体可感的动态识别形式。它以理念识别为基础和原动力，直接规范着企业内部的管理、教育以及企业对社会的一切活动，是塑造企业形象的重要支柱之一，在企业形象塑造中具有其他识别系统无可比拟的巨大功能。太湖宝岛花园的BI系统分为内部系统和外部系统两个方面，以基本规则和规章制度来规范员工的行为，进而塑造太湖宝岛花园良好的动态形象。结合酒店和高档住宅小区的特色，内部系统围绕干部教育、员工教育、敬业精神、礼仪规范、企业环境、职业道德、企业文化、环保对策等八个方面展开；外部系统围绕市场调查、公共关系、广告宣传、促销活动、公益活动、项目开发等六个方面进行。

3. MI设计。MI是CIS的核心和最高层面。在整体形象设计中，太湖宝岛花园的决策者将MI视为企业的内在灵魂和生存、发展、强盛的活力源泉与精神支柱，着重围绕企业经营理念、经营哲学、企业精神、发展战略目标、企业形象定位进行了精心设计。

（1）提出“营造诗意的居住意境，倡导全新的生活理性”的经营理念。这一经营理念，向各界公众昭示：高品质的生活环境是人们梦寐以求的；科学的消费方式是时代发展的要求；使人获得全身心的发展，是社会进步的目的。

（2）总结出“以诚创造价值，以美装点生活”的经营哲学。这一经营哲学对外展示：太湖宝岛花园的旗帜上始终铭刻着两个闪光的大字“诚”与“美”。诚实守信是中华民族代代相传的祖训，也是现代企业必须信守的基本职业道德准则。崇尚美和追求美是人们参与社会实践活动的强烈精神需求。

（3）提出“刚柔相济，百折不挠。柔似太湖水，刚如太湖石”的“水石精神”。这一企业精神表明：对公众和社会，太湖宝岛花园有博大的胸怀和满腔柔情；对事业，太湖宝岛花园有顽强而执着的追求精神。

（4）发展战略目标。通过努力，成为独具风格的现代高品质魅力生活园区，富有魅力的国内外旅游基地，以及国内一流的康复保健中心、培训教育中心、度假商贸会务中心、吴文化展示中心。

太湖宝岛花园导入 CIS 后不到半年，百幢别墅便销售一空，酒店尚未开张营业便有人预订。慕名而去的人络绎不绝，他们在观赏太湖美景时，又把这一美丽的生活园区作为一个景点加以观赏。

资料来源：边一民．公共关系案例评析．杭州：浙江大学出版社，2004.

## 案例点评

太湖宝岛花园全面导入 CIS，取得了很大的成功。首先，CIS 导入的前提条件是要对企业自身和市场实际进行深入调查，因为企业形象要得到公众的认可，符合经济发展的大势，就必须在公众面前和市场中界定自身的坐标。只有认真周详地进行市场调查，充分掌握企业自身的情况和市场发展的前景，才能认定企业的市场定位和产品方向，做出切实可行的、符合企业发展状况的客观规划，确定企业的独特个性。只有这样设计企业形象，企业形象塑造才有坚实的根基。基于这样的认识，苏州太湖宝岛花园导入 CIS 之前，反复进行市场和企业调查，并在此基础上制定了 CIS 的整体方案。其次，从 VI 上看，水天一色之间一弯明月的企业标志，通过太湖宝岛花园的用品设计、广告媒体设计、交通运输工具设计、制服设计、包装设计等，全面表达了企业的基本精神和独特的个性，有巨大的传播力和感染力。再次，太湖宝岛花园的 BI 使企业理念从抽象和间接的层面转化为具体的直接员工行为，又通过员工行为反映企业形象。BI 在企业实施后，对企业员工的行为起了十分强烈的规范作用。最后，MI 是一整套理念体系，可以在企业具体的活动过程中起到整体统一的指导作用，使员工在思想情感和言行举止等多方面与企业保持协调，做到与企业同呼吸、共命运。

当然，一个优秀的CIS策划案，不但能帮助一个社会组织达成形象目标，而且可以给人以回味无穷的感受。本案例就具有这样的特点。

第一，明确的策划主题。通常，策划主题需要考虑两个方面的要素：策划目标和信息个性。策划目标指某一策划方案实施后能给组织带来什么样的结果，解决什么样的问题，它与一个组织的宗旨、行动方式、社会角色设定等因素有关。策划主题只有服从和服务于策划目标，才能使策划做到有的放矢。信息个性是指一个组织区别于其他组织、一种产品区别于其他产品的个性特点。只有根据企业的独特个性设计出来的企业形象才是有效形象。太湖宝岛花园把企业形象定位于“创造高品质的生活文化环境”，这实际上已经成为整个策划的总主题。而这一主导信息是与企业的发展战略目标相吻合并为之服务的。同时，极具个性化的视觉符号设计、行为识别系统设计和理念设计，三者环环相扣，进一步展现这一主题，对公众产生强烈的心理震撼力。

第二，独特的创意。在本案例中，策划者凭借丰富的想象力、敏锐的洞察力和深厚的文化功底，将一些看似不相关联的事物经过有序的思维碰撞形成独特的创意。例如，由时代的发展、社会的进步联想到人们需要高品质的生活环境和身心的健康发展，从而为人们创造一个远离都市喧嚣、回归大自然怀抱、诗意般地栖居的美好生活意境，并提炼出“营造诗意的居住意境，倡导全新的生活理性”的经营理念。由太湖山水桥岛的自然美、独特风格的建筑美、企业文化的内在美、企业形象的整体美，联想到要充当美的使者，进而提炼出“以诚创造价值，以美装点生活”的经营哲学。由太湖的水、太湖的石联想到吴文化、儒家文化和民族文化，进而提炼出太湖宝岛花园的“水石精神”。

## 阅读必备

**1. 企业理念形成的主要途径**

（1）吸取民族传统文化的精华。“古为今用”是吸取民族传统文化精华的重要原则，如中华民族五千年的历史里诞生了孔子、孟子、庄子、墨子等无数伟大的思想家，他们的很多思想在今天仍然很有价值。除此之外，还要结合时代精神赋予企业理念新的内涵，丰富其内容。

（2）继承本企业的优良传统。企业的优良传统是经过企业实践所积累的宝贵经验，在设计企业理念识别系统时，应发扬光大，并形成本企业更为完善的企业理念。

（3）体现企业独特的个性。每个企业都有自己独特的个性，主要体现在企业员工的群体价值观、经营管理方针、思考和处理问题的方式方法、团体风气等方面。

**2. 企业行为识别系统建立的原则**

企业行为识别系统包含的内容非常庞杂，涉及市场营销学、广告学、公关学、传播学、管理学等，但企业行为系统并不是对这些内容的全盘照搬。建立企业行为系统应在总体目标的要求下，综合运用相关学科的思想与技巧，加以整体策划。企业行为识别系统的规划、设计与建立是一项系统工程，应遵循以下原则：

（1）立足长远。要有目的、有步骤、有组织地开展各种有利于树立企业形象的活动，并持之以恒。

（2）以诚取信。企业开展的任何活动都要讲诚信，不能哗众取宠、夸大其词、弄虚作假。

（3）内外兼顾。企业开展的活动，既要考虑内部员工的需要，又要估计社会公众对企业的总体印象和评价。

（4）广泛传播。企业举办的活动要取得良好的效果，除了精心设计以外，重要的是把活动信息广泛地传播给大众，取得大众传播媒体的配合。

（5）防微杜渐。防止企业形象发生危机是树立、保证和维护企业形象的重要原则之一。一旦活动中出现形象危机，就应该采取有效对策，重新赢得公众的理解和支持。

**3. 企业视觉识别系统设计的原则**

（1）个性化原则。这包括行业个性化、企业个性化、竞争者个性化。

（2）民族化原则。企业视觉识别系统的设计必须充分考虑民族情趣和民族心理。

（3）社会化原则。企业视觉识别系统的建立目的是得到社会大众的认可。

（4）标准化原则。即在标志、标准字、标准色等视觉形象基本要素的设计和传达上要保持一致性。

（5）可实施性原则。企业视觉识别系统不是设计人员的异想天开，而要具有可实施性、可操作性。

（6）严格管理原则。企业视觉识别系统在实施过程中，要充分注意各实施部门或人员的执行情况。

## 实训导引

1. 实训任务：选择下列企业中的一个，设计一套企业理念识别系统，并以 PPT 的形式向大家展示。

（1）一家广州本地的礼品生产企业，主要经营出口业务，年出口礼品量约占广州市场出口礼品总量的 1/5，近期准备进军东欧、北欧市场。

（2）一家在珠海新成立的网络公司，旨在打造中国市场领先的网络企业。公司产品主要为网络商务平台。

（3）一家浙江本地的保健品生产企业，生产包括铁皮石斛等浙江特产的保健品。

2. 实训目标：掌握企业理念形成的主要途径和设计范畴。

3. 实训步骤：

（1）分组讨论后选定一个企业完成实训任务。

（2）小组代表陈述小组基本分工：统筹策划人（可兼做）、收集资料人、PPT（包括视频）制作人、展示分享人、展示资料修改审定人、小组评分人（可兼做）。

（3）小组成员分工合作，开展收集资料、讨论及相关文案的撰写。

（4）小组成员确定本组文案，并制作 PPT。

（5）课堂上展示分享，时间为 10 分钟左右。

（6）教师现场点评。

4. 实训成果：PPT。

5. 实训评价和反思：

任务单

| 组名 | | 组员姓名 | |
|---|---|---|---|
| 工作程序指引及记录内容 | | 完成的打“√” | |
| 1. 确定小组长 | 小组长姓名： | | |
| 2. 小组集体查阅资料 | / | | |
| 3. 明确任务 | / | | |
| 4. 组员任务分配 | / | | |
| 5. 设计 PPT 及准备视频 | / | | |
| 6. 根据小组分工，完成自己的任务 | / | | |
| 7. 班级交流 | 展示人： | | |
| 8. 小组自我评价及反馈 | | | |
| 9. 个人加分点 | | / | |
| 写给老师的话 | | | |
| 指导教师评语 | | 签名 | |

任务评价表

| 课程名称 | | | | | |
|---|---|---|---|---|---|
| 实训任务名称 | | | | | |
| 三方评价成绩 | | | | | |
| 评分项目 | 评分内容 | 分值 | 自评 | 小组评分 | 教师确认 |
| 明确任务<br>获取信息 | 能有效利用图书馆资源、网络资源、教材等查找有效信息；<br>能用自己的语言有条理地去解释、表述所学内容；<br>能将查找到的信息有效运用到工作任务中 | 10 分 | | | |
| 感知任务<br>制订计划 | 是否熟悉你的任务、认同工作价值；<br>是否具有执行力；<br>小组计划制订得是否合理、具有可操作性 | 10 分 | | | |

续表

| | | | | | |
|---|---|---|---|---|---|
| 实施任务 | 与教师、组员之间是否相互尊重、理解；<br>与教师、组员之间是否能够保持多向、丰富、适宜的信息交流 | 10 分 | | | |
| | 探究学习、自主学习不流于形式，处理好合作学习和独立思考的关系，做到有效训练；<br>能提出有意义的问题或能发表个人见解；<br>能按要求正确操作；<br>能够倾听、协作、分享 | 10 分 | | | |
| | 遵守实训任务要求，实训过程符合目标；<br>训练过程、出勤情况和完成工作任务情况较好；<br>善于多角度思考问题，能主动发现、提出有价值的问题 | 20 分 | | | |
| 展示成果 | 在展示成果中考核小组工作计划、技能训练是否符合目标与要求；<br>是否获得了进一步发展的能力和创新能力；<br>是否有良好的语言表达能力 | 10 分 | | | |
| | 在展示成果中评判学习者是否有发现问题、提出问题、分析问题、解决问题的能力 | 15 分 | | | |
| 评定反馈 | 按时按质完成实训任务；<br>较好地掌握专业知识点；<br>具有较强的信息分析能力和理解能力；<br>具有较为全面严谨的思维能力，并能条理明晰地表述 | 15 分 | | | |
| 总分（100 分） | | | | | |
| 评语 | 自我整体评价 | | 学生签名 | | |
| | 小组整体评价 | | 组长签名 | | |
| | 教师整体评价 | | 教师签名 | | |

## 阅读链接

1. 中国策划学院网 .
2. CIS 网创意作品站 .

项目三

# 公共关系工作程序

数字化背景下，很多领域更趋向“联手”和“跨界”。公共关系跨界合作越来越重要，并且无处不在。“公共关系工作程序”是公共关系工作的具体实操环节，整个工作程序需要开放包容的姿态、服务协作的意识、严谨的态度、专业的技术、完善的流程、不懈的努力和团结一致的精神。公共关系工作程序包括公关调查、策划、实施、评估四阶段，调查是前提和基础，要求全面准确；策划是核心和重点，要求有效独特；实施是主体和难点，要求到位高效；评估是保障和升华，要求及时和简洁。

## 任务一 公关调查

在现代社会，人们要有效地开展公共关系工作，就必须准确地把握社会组织的公共关系状态，把握与企业活动和政策相关的认知观点、态度和行为，掌握与之相关的公共关系信息，这些需要通过公关调查来实现。公共关系调查是公关工作程序的第一步，包括调查什么、怎么调查、调查的程序、调查的结果，即明确公关调查的内容、方法和过程。建立详细的调查模式、调查数据库、调查模型等，为高效的公关策划和实施提供坚实的基础。

### 案例阅读 1

**“先搞清这些问题”**

有一家宾馆新设了一个公共关系部。创办伊始，公共关系部就配备了豪华的办公室、现代化的通信设备……但该部部长却发现无事可做。后来，这个部长请来了一位公共关系顾问，向他请教“怎么办”。于是，这位顾问一连问了以下几个问题：

“本地共有多少宾馆？总房间有多少？”

“旅游旺季时，外国游客每月有多少，国内的外地游客有多少？”

“贵宾馆的‘知名度’如何？在过去三年中，花在宣传上的经费共多少？”

“贵宾馆最大的竞争对手是谁？贵宾馆潜在的竞争对手是谁？”

“去年一年中因服务不周引起房客不满的事件有多少起？服务不周的症结何在？”

对这些看似普通却又极为重要的问题，这位公共关系部部长竟张口结舌，无以应答。于是，那位被请来的公共关系顾问这样说道：“先搞清楚这些问题，然后开始你们的公共关系工作。”

资料来源：案例：公关调查“先搞清这些问题”. 新浪网，2019-06-09.

**案例点评**

对于公共关系工作者来讲，开展公关工作并不只是传统意义上的先打造一个光鲜亮丽的公关工作环境，而是要展开科学合理的公关调查。而且，要有明确的调查方向、目的和方式方法等。只有基于科学的数据，借助大量的走访调研和实事求是的工作态度，才能为后面一系列公关工作的开展做好铺垫。

**案例阅读 2**

## 比亚迪与本田的眼光

随着绿色生态理念深入人心，各个行业争相进行节能创新，汽车行业体现得尤为明显。新能源汽车最吸引公众的眼球，世界各大品牌的汽车厂商闻风而动，相继开发了节能环保的电动汽车。比亚迪汽车洞察和分析绿色生态发展形势，最先在电动汽车上踔厉奋发，先人一步。从 2022 年 12 月销售榜单来看，比亚迪在中国的销售量遥遥领先于特斯拉等。

日本本田汽车也发生过类似的故事。按照传统观念，美国的环保运动与日本的工业是没有什么关系的。当年几个美国环保主义者到日本去谈论汽车废气问题时，就受到了日产、丰田这些大汽车公司的冷落。但是，才开始生产第一批汽车不久的本田公司，其总裁却独具慧眼，他从这些人的活动中发现了有用的信息。本田公司派人把这些人请到公司，热情款待，奉为上宾，并请他们给设计人员讲解环保主义者的要求及美国国会刚刚通过的《净化空气法案》的内容。在这一基础上，本田公司开始了新型汽车的设计，确定的设计目标是突出“减少排废”和“节省汽油”两个优势。本田的新产品汽车面世一个月后，就遇上了第一次石油危机，其凭借排废少、省汽油的优势，一举打进美国市场。

资料来源：公关案例分析1：本田的眼光. 豆丁网，2014-10-13.

### 案例点评

比亚迪在国内领先研发新能源汽车，正如本田公司深知环保主义者的要求及美国国会当时通过的《净化空气法案》的内容的重要性，并抓住机会进行全面深入的调查。这种坚持以市场调研作为公司项目开发依据的做法，显然是公共关系中建立品牌、赢得社会认可、获得未来发展方向的主要原因。比亚迪与本田的成功案例说明，只有依托社会发展形势与市场，企业才有发展前景。而对于社会发展趋势及市场的了解和分析则离不开对形势与市场的调研、对数据的收集、对信息的处理，这些也是公共关系工作程序的基石。

### 案例阅读3

## 艾伦·路易斯综合医院的定位调研

我国城镇化发展的步伐近年一直在向前走，2023年1月17日，国家统计局披露，2022年年末全国城镇人口占全国人口比重（城镇化率）为65.22%，比2021年年末提高0.50个百分点。城镇化发展意味着规模配套的学校、医院、商超等要做好布局，无论是已有的需要扩大规模和提升质量，还是新建的规模定位，都需要做好公关调查工作。以下案例正好能说明这个问题。

概况：艾伦·路易斯综合医院（以下简称艾伦医院）位于美国缅因州班戈地区，经营者为史文·雷普克恩，医院规模偏小。

公关调研过程：第一步，史文与本院的医生和病人进行交谈，收集他们对于医院看法的资料。第二步，史文开始对医疗行业的重要特性进行测试，通过调查问卷，要求被调查者对8个选项以重要性为序进行排列，同时对每个选项进行评分。这8个选项分别为：（1）外科护理；（2）医疗设备；（3）心脏护理；（4）急诊服务；（5）医疗服务的种类；（6）友善的护士；（7）适中的费用；（8）地理位置。第三步，把结果统计列表。

调研结论：首先，艾伦医院在地方医院中仍然是排位第一的；其次，根据艾伦医院病人的看法，艾伦医院在很多特性上的确是排在首位或者接近首位的；最后，艾伦医院病人对医院的评价和当地居民对医院的评价存在巨大的反差。

资料来源：陈盼盼. 2022年中国城镇化率65.22%. 搜狐网，2023-01-17；公共关系调查. 道客巴巴，2015-11-07.

### 案例点评

这个案例有两个值得关注的要点：一是坚持调研作为公关工作的基石，是一切公关活动的基础和前提。公关活动不是靠臆想，不是凭经验，也不是靠对书本模式的死搬硬套，而是要根据实际情况灵活应对，根据当时当地的各项调研数据做出合理科学的分析，然后有针对性地开展活动。二是调研内容翔实，步骤完整，数据真实有效。在这个工作环节中，公关调研者要克服诸多困难，坚持实事求是的原则，讲求精益求精的作风，当下可以借助一定的数字化技术与模型进行数据收集与分析，这样才能得出精准的结论，对下一步工作起到积极的引导作用。

### 案例阅读 4

## "人民需要什么，五菱就造什么"

对于"五菱"这个汽车品牌，可能大部分网友都停留在"秋名山车神"这个网梗上。上汽通用五菱的定位就是廉价车，此前的五菱宏光也是四五线城市首选，本身非常"接地气"。2020 年，五菱凭实力再次出圈。

2020 年年初突发疫情，口罩一时间成为紧缺物资。上汽通用五菱迅速抓获这一看似"小"却市场巨大的商机，于 2 月开始改造生产线转产医用口罩，并且打出了"人民需要什么，五菱就造什么"的旗号。上汽通用五菱生产口罩一事，瞬间在社交媒体发酵，并登上社交媒体热搜榜。

2 月 15 日，央视新闻联播报道《战疫情 中国制造跑出中国速度》，点赞上汽通用五菱仅用了三天时间就完成了 10 万级无尘车间改造、设备安装调试等一系列工作，并取得了民用防护口罩的研发、生产、销售资质。

5 月开始，地摊经济逐渐火热，甚至掀起一股全民摆摊的风潮。五菱再次看到了商机，6 月 2 日五菱专用车公众号发布文章《五菱翼开启售货车——地摊经济的正规主力军！》，推出"地摊神器"五菱荣光小卡翼开启和五菱荣光新卡翼开启两款车型，一上线就销量火爆，订单甚至排到一个月后。网友对此评价"真就人民需要什么，五菱就造什么"。6 月 3 日，港股五菱汽车午后大幅拉升，最高涨幅达 126.13%，报 0.45 港元/股。

资料来源：2020 年最新十大经典成功公关案例解读（技巧篇）. 识微科技网，2021－01－27.

### 案例点评

在市场经济中，信息已成为一项宝贵的资源，是提高竞争力和创造经济价值的关键性因素，是企业无形的财富，这已成为当今社会的共识。

上汽通用五菱的成功之处在于：第一，注重市场信息。公共关系的职能之一，就是守望和监视环境。从这个意义上说，公共关系扮演着“耳目”与“哨兵”的角色，对于信息具有职业的敏感性。可以说，上汽通用五菱正是把握了信息，才把握了市场，进而把握了竞争的主动权。第二，信息处理迅速。信息的显著特点之一是时效性，即信息的功能效用、效益与时间成反比，在此时信息可能价值千金，在彼时信息可能一钱不值。上汽通用五菱以最快的速度对所获信息进行分析和处理后，迅速集中研发出适合市场需求并品质优良的产品。迅速将信息转化为生产能力，是上汽通用五菱的高明之举，更是其成功利用信息的关键所在。

公关调查的主体即品牌需要时刻关注自身的形象，如品牌“人设”是否受到认可？在消费者眼中的形象是否等同于品牌想要传达的形象？品牌是否有负面信息？一般通过舆情监测就可以获得以上问题的答案。五菱的口罩、地摊车都在践行“人民需要什么就造什么”这个口号。互联网时代，信息传播的速度非常快，负面信息传播的速度更快，公关调查需要全面洞察与应变。

### 案例阅读 5

## 美国亨氏集团的母亲座谈会

美国亨氏集团与我国合资在广州建立婴幼儿食品厂。但是，生产什么样的食品来开拓广阔的中国市场呢？在筹建食品厂的初期，亨氏集团做了大量线上线下调查工作，特别是多次召开“母亲座谈会”，充分听取公众的意见，广泛了解消费者的需求，摸清各类食品在婴儿哺养中的利弊。之后进行综合比较、分析研究，根据消费者提出的意见，试制了样品，免费提供给一些托幼单位试用；收集征求社会各界对产品的意见、要求，相应地调整原料配比。此外，还针对中国儿童食物缺少微量元素导致儿童营养不平衡及影响身体发育的现状，在食品中加进一定量的微量元素，如锌、钙和铁等，食品配方更趋合理，使产品具有极大的吸引力，受到中国母亲的青睐。于是，亨氏婴儿营养米粉等系列产品迅速走进千千万万中国家庭。

资料来源：美国亨氏集团的母亲座谈会. 道客巴巴，2018-03-03.

### 案例点评

企业公共关系中要确立产品定位。产品定位就是在潜在消费者的心目中为自己的产品设置一个特定的位置，这个位置只为自己的产品独占而其他同类产品则不能拥有。产品定位的客观依据有：关于产品的调查研究；竞争对手的调查研究；传播媒体的调查研究；流通领域情况的调查研究。

本案例侧重的是对消费者的调查研究，通过对消费者的调查去发现消费者和潜在的消费者群。亨氏集团多次召开“母亲座谈会”，充分听取公众的意见，广泛了解消费者的需求，征求公众对婴儿产品的建议，摸清了各类食品对婴儿哺养的利弊，获得产品定位的相关信息，从而一举成功。

## 阅读必备

公关调研即公共关系部门就社会公众对与组织形象有关的某议题的认知、态度、行为等相关因素进行统计分析，用数据、文字或者其他形式（如图表）来显示被调查者的整体意向，以及就某项具体的公共关系活动条件进行实际考察的过程。

调研原则：客观性、科学性、系统性。

调研内容：

（1）组织形象的调研。

1）组织自我期望形象调研：领导层的公关目标和要求、员工的要求和评价、组织的实际状态和基本条件。

2）组织实际形象调研：公众网络分析、形象地位测量、形象要素分析。

3）形象差距的比较分析。

知名度的计算公式如下：

知名度＝知晓人数÷调查人数×100％

美誉度的计算公式如下：

美誉度＝赞美人数÷知晓人数×100％

根据知名度和美誉度在现实状况中的不同构成，可以将组织的实际形象区分为四种状态，如图3－1所示。

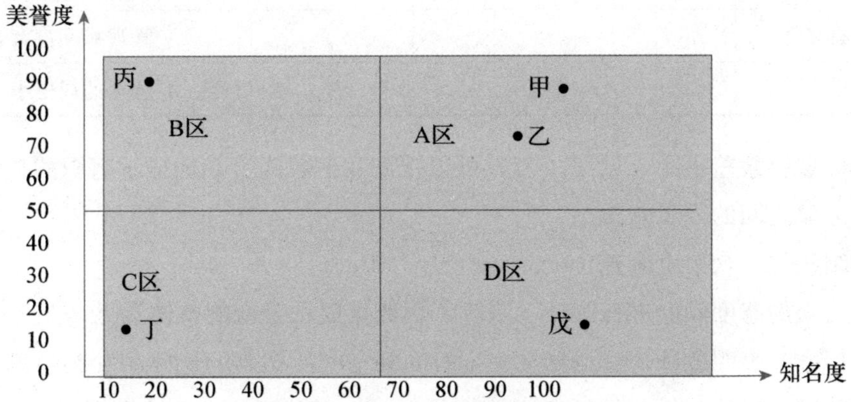


图3－1　组织实际形象的四种状态

A区高知名度/高美誉度，处于这种形象地位，属最佳的公共关系状态。但同时要注意，知名度越高，美誉度的压力就越大。因为在公众高度注目的情况下，公众对美誉度的要求会变得更加严格和苛刻，即使出现微小的失误，都有可能造成较大的片面影响。因此，应该特别细心、谨慎地维护组织的信誉。如果知名度超过了美誉度，就更应该警觉，以防美誉度跟不上而造成知名度方面的负面压力。

B区高美誉度/低知名度，处于这个形象地位，属于较为稳定、安全的一种公共关系状态。由于美誉度是形象的客观基础，因此这种状态具有良好的形象推广基础，其缺陷是知名度偏低。公关工作的重点是在扩大美誉度的基础上提高知名度。

C区低知名度/低美誉度，处于这种形象地位，公共关系处于不良状态，既没有名气，公众评价也不好。但因为知名度低，公众不良印象和评价的影响面也比较窄，负面作用相对比较小。在这种情况下，公关传播工作应保持低姿态，甚至从“零”开始，首先努力完善自己的素质，提高信誉，争取改善美誉度，然后再考虑提高知名度。

D区低美誉度/高知名度，处于这种形象地位，公共关系处于“臭名远扬”的恶劣状态：不仅信誉差，而且知之者众多。应设法降低负面知名度，努力挽救信誉，为重塑形象打基础。或者在特殊的情况下，利用已有的“公众知名度”，大刀阔斧地改善信誉，将坏名声变为好名声，直接向A区跳跃。

组织形象要素调查表见表3-1。

**表3-1　组织形象要素调查表**

| 调研项目 | 非常 | 相当 | 稍微 | 中 | 稍微 | 相当 | 非常 | 调研项目 |
|---|---|---|---|---|---|---|---|---|
| 经营方针恰当 | | | | | | | | 经营方针不恰当 |
| 办事效率高 | | | | | | | | 办事效率低 |
| 服务态度诚恳 | | | | | | | | 服务态度恶劣 |
| 业务水平有创新 | | | | | | | | 业务水平缺乏创新 |
| 管理顾问有名气 | | | | | | | | 管理顾问没有名气 |
| 公司的规模大 | | | | | | | | 公司的规模小 |

组织形象要素差距图（见图3-2）可以帮助我们较为直观地显示组织的自我期望形象和实际形象之间的现实差距。

（2）组织的公众舆论调查。

即对公众的态度倾向进行统计、测算，用数据显示公众的整体意见。

舆论标志：表明各种公众意见在一定时间和空间所达到的规模和发展趋势，它揭示各类舆论的综合对比关系，是对舆论总体趋向的一种描述，分为主导舆论、分支舆论、

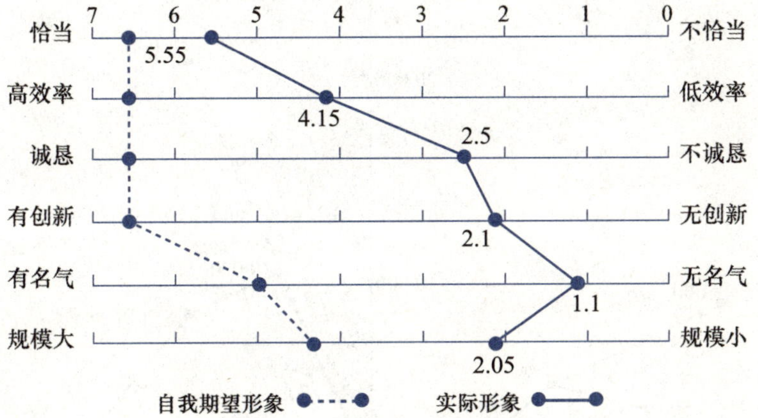


图 3－2　组织形象要素差距图

次舆论和微舆论四个等级。

量度指标不能反映出持肯定意见与持否定意见的比例，所以，用 $k$ 表示持肯定意见的人数，用 $f$ 表示持否定意见的人数，用 $Lk$ 表示肯定意见的量度指标，用 $Lf$ 表示否定意见的量度指标，用 $Ls$ 表示持两种意见公众人数之和。

例如，某个组织就某项制度对内部公众进行舆论调查，选择 500 人，其中 350 人持肯定意见，100 人持否定意见，50 人未表态，则得出：

$Lk=k/Ls\times100\%=k/(k+f)\times100\%=350/(350+100)\times100\%$

$=77.78\%$（主导舆论，处支配地位）

$Lf=f/Ls\times100\%=f/(k+f)\times100\%=100/(350+100)\times100\%$

$=22.22\%$（次舆论，处从属地位）

舆论强度指标 $Q$，用来测量公众意见和态度的强烈程度，可以更为确切地说明公众所持肯定意见、态度和否定意见、态度的层次差别。如：

| | | | | | | |
|---|---|---|---|---|---|---|
| 50 | 100 | 150 | 100 | 300 | 200 | 100 |
| －D | －C | －B | A | B | C | D |
| 极不赞成 | 不赞成 | 不够赞成 | 无所谓 | 比较赞成 | 赞成 | 十分赞成 |

$Qk\cdot D=D/Ls\times100\%=100/(600+300)\times100\%=11.11\%$；

$Qf\cdot -D=-D/Ls\times100\%=50/(600+300)\times100\%=5.56\%$

舆论测量模型能清晰地反映舆论现有状态和趋势，公关人员可通过指标测定、编制坐标和描绘曲线三个步骤，将调查统计得到的数据绘制成一张舆论模型图，如图 3－3 所示。

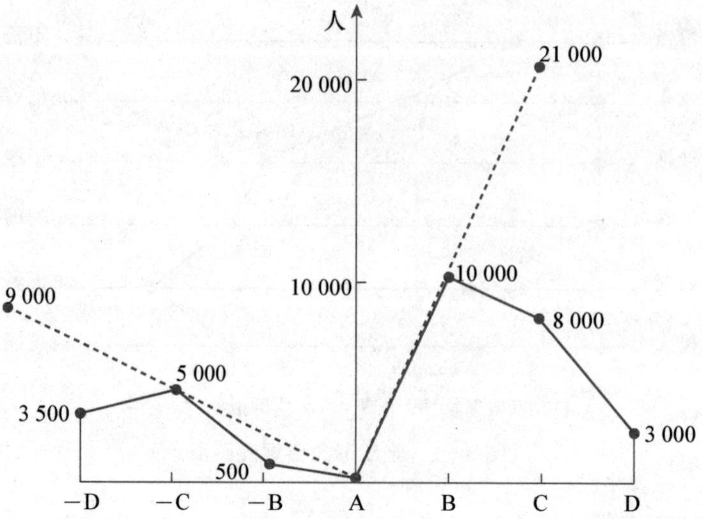


图 3－3　舆论模型图

（3）开展公关活动条件的调研。

公关活动主体情况调研：人力和财力。

公关活动客观环境调研：宏观环境和微观环境。

调研方法：访谈法、问卷法、抽样法、引证分析法。

调查过程：确定任务；制定方案；收集资料；处理结果。

## 实训导引

1. 实训任务：

（1）从公共关系角度开展一项学校某饭堂满意度的调研。

（2）从公共关系角度对所在专业教风、学风进行调研并针对性提出改进的举措。

2. 实训要求：

（1）小组分工合作，选择上述其中一项任务。

（2）制定详尽的公关调研策划书，写成简略的公关调研报告，调研报告要有相关数据和模型。

（3）制作 PPT 并进行汇报。

3. 完成时间：两周。

小组评分表

| 组别 | 调查方案（10 分） | 调查问卷（10 分） | 访谈提纲（10 分） | 调查资料（10 分） | 调查报告（20 分） | PPT 制作（20 分） | 汇报分享（20 分） | 总分（100 分） |
|---|---|---|---|---|---|---|---|---|
| | | | | | | | | |

评委签名：　　　　　　　　　　　　　评定时间：

组长评分表

<table>
<tr><td>组别</td><td colspan="3"></td></tr>
<tr><td rowspan="10">要求：<br>1. 满分为 10 分。<br>2. 根据小组成员的实训态度、任务完成情况以及与其他成员的配合程度客观公正地打分。</td><td>身份</td><td>姓名</td><td>得分</td></tr>
<tr><td>组长</td><td></td><td></td></tr>
<tr><td>组员 1</td><td></td><td></td></tr>
<tr><td>组员 2</td><td></td><td></td></tr>
<tr><td>组员 3</td><td></td><td></td></tr>
<tr><td>组员 4</td><td></td><td></td></tr>
<tr><td>组员 5</td><td></td><td></td></tr>
<tr><td>组员 6</td><td></td><td></td></tr>
<tr><td>组员 7</td><td></td><td></td></tr>
<tr><td>组员 8</td><td></td><td></td></tr>
</table>

组长签名：　　　　　　　　　　　　评定时间：

## 阅读链接

1. 中国国际公共关系协会. 最佳公共关系案例. 北京：中国市场出版社，2015.
2. 中国公关网.

# 任务二 公关策划的内容和步骤

### 案例阅读 1

## 钉钉“求饶”事件

为了响应教育部延期开学以及“停课不停学”的号召，钉钉从一个协助在线办公的应用摇身一变“兼职”成了网课平台。钉钉初步调查了网课老师的需求，却忽视了网课学生的心理，因需要多次签到、打卡等，让学生感觉到时刻都在被“监控”。不喜欢被“死盯”的学生们表示很不满。网上有传言低于一星的应用将会被商店下架，于是钉钉的评论区成为学生们的发泄之地，大家组团去各大应用商店刷一星“好评”（行业通行 5 星打分规则，每位用户的最低评分都是 1 分，无 0 分选项，因此评分低于 1 分不可能实现）。

钉钉评分从 4.7 分一度掉到 1.3 分。在此情况之下，2 月 16 日晚上 8 点，“钉钉 DingTalk”在哔哩哔哩（B 站）发布了一个名为“钉钉本钉，在线求饶”的视频作品，用卖萌、可怜的形象向对钉钉恶意刷一星的用户求好评。该视频发布后钉钉在应用商店的评分及网络好感度均有所回升（见图 3-4）。该视频甚至还挤入 B 站当时热门视频 TOP10 榜单。

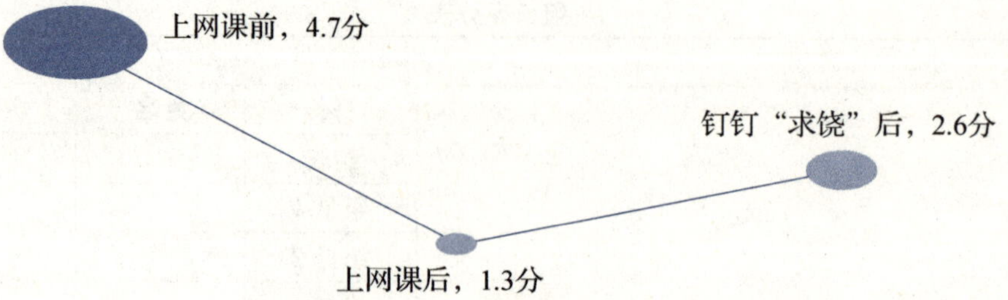


图 3-4　钉钉评分变化

资料来源：2020 年最新十大经典成功公关案例解读（技巧篇）. 识微科技网，2021-01-27.

### 案例点评

公共关系不是一种盲目的、随意性的活动，而是有意识、有计划的行为。案例中钉钉平台在转型直播网课平台的过程中存在以下疏漏：

第一，在调查阶段，钉钉平台没有做好项目调查，不了解用户公众中的种类，导致学生用户的不满，只知其一不知其二，缺乏针对性。

钉钉在转型之前，应做好充分的调查工作，了解目标人群及各类用户的心理，并提高目标人群对平台的满意度。

第二，在策划阶段，适应了形势变化，忽视了可能出现的负面效应，没有事先准备多个预案。

第三，在实施阶段，发现苗头不对，没有及时应对与解决。好在后面进行了“求饶”式危机公关。

对于公关的对象，需要细致了解，如他们是谁、处于哪个年龄层、活跃于哪些媒体平台、有什么兴趣爱好、喜欢怎样的沟通方式等。钉钉在 B 站的求饶视频，针对的就是打差评的学生。当你已经知道要跟谁沟通，使用怎样沟通的方式更好（对应“手段”），才能制定出更合适有效的公关方案。

### 案例阅读 2

## “富亚涂料”，喝出来的知名度

建筑涂料市场广阔，生态环保是公认的高品质要求之一。某年的元旦假日期间，富亚公司在《北京晚报》上打出一则通栏广告：10 月 10 日上午，在北京市建筑展览馆门前开展“真猫真狗喝涂料”活动，以证明该公司生产的涂料无毒无害。由于这一活动的新奇性，加上近年来“动物保护”意识已深入人心，因此广告一刊出，即在社会上引起轩然大波。

10 月 10 日上午，北京建筑展览馆门前挂起了“真猫真狗喝涂料　富亚涂料安全大检验”的横幅，一猫三狗准备就绪，富亚公司请来的公证员也已到位。而展台前则挤满了观众，其中几位愤怒的动物保护协会成员宣称要阻挠此事，另外还有不少跑来“抢新闻”的媒体记者。

上午9时，富亚公司总经理开始向围观者介绍：中国预防医学科学院曾用小白鼠为富亚牌涂料做过无毒实验，结论是：“实际无毒级”。开展这次活动，是请大家亲眼见证一下，毕竟“耳听为虚，眼见为实”。他的解释没能说服特意赶到现场来制止这一事件的动物保护主义者。北京市海淀区环保协会动物救助分会会长吴××向在场的观众和媒体发表了自己的看法：“我认为这种做法是错误的，伤害了人类的朋友——动物。”她认为，涂料一定会损伤动物的肠胃功能。

北京市保护小动物协会副秘书长赵×和国际爱护动物基金会的吴××也是反应激烈，他们与同伴一起在现场举起标语：“请不要虐待动物，孩子们看了怎样想?”要求立即停止动物喝涂料的实验，并几次强行要把正准备喝涂料的小动物带走。

现场秩序很乱，围观者越聚越多，眼见“真猫真狗喝涂料”活动就要泡汤，富亚公司总经理宣布：考虑到群众情绪，决定不让猫狗喝，改为人喝涂料，他亲自喝。

话音刚落，场内顿时鸦雀无声。在两名公证员的监督下，他打开一桶涂料，倒了半杯，又兑了点矿泉水，举在眼前顿了顿。在四周观众的注视下，他咕咚咕咚喝下手中一大杯。喝完后一擦嘴，还面带笑容。

富亚公司总经理这一“悲壮”的行为赢得了极大的新闻效应。当时，新华社播发了一篇700字的通稿《为做无毒广告，经理竟喝涂料》，此后媒体纷纷跟进，“老板喝涂料”的离奇新闻开始像野火一样蔓延。不仅北京市的各大媒体竞相报道，全国各地的媒体也纷纷转载。有个细节可说明这一事件的影响力：北京电视台评选的10月份十大经济新闻，“老板喝涂料”赫然跻身其中，与“悉尼奥运会”等同列，堪比当下的头条新闻。

有人事后做过一个统计，全国有200多家媒体报道或转载了这则消息。就在这样高密度的报道过程中，富亚的知名度越来越高。

资料来源：富亚涂料：一喝成名天下知．腾讯网，2020-08-10.

### 案例点评

这真的是一个突发的经济新闻吗？非也，这是一次精心策划的公关活动。事后，富亚公司总经理在接受媒体采访时表示，在激烈的涂料市场上要想与国内外大品牌抗衡，就必须打响自己的品牌，但他们根本没有大力宣传的资金，于是在北京一个著名策划人的帮助下，想出了“老板喝涂料”这一怪招。用人喝的方式来“鉴定”涂料的环保与无毒，确实是一个大胆而富有创造力的策划，其成功之处在于：新闻“制造”得不留痕迹，因为事件本身的离奇性已经足够构成一个新闻题材。

## 案例阅读3

### “续集”：请猫狗作证

在《为做无毒广告，经理竟喝涂料》媒体报道一年后，《中国青年报》《北京晨报》等众多官方媒体不约而同地报道了一则消息：因“老板喝涂料”而名声大振的富亚公司，将请猫狗做该企业形象大使。下面请看当时《北京晨报》的报道：

**去年老总喝涂料　今年请猫狗做广告**

为了推广环保涂料，曾因为“老总替猫狗喝涂料”出名的富亚公司和“冤家”——北京市保护小动物协会握手言欢：双方共同发出倡议全社会使用绿色环保涂料。“一喝成名”的总经理还当众宣布准备请猫狗做该企业形象大使。

富亚公司称，他们准备用让猫狗喝涂料的方法检验该公司所产涂料的环保性能，结果招来了动物保护组织的强烈抵制。这起策划最终以“总经理无奈喝涂料”的“闹剧”收场。尽管对这种宣传形式众多媒体褒贬不一，但该公司的知名度和产品销量却迅速攀升。

公司效益越来越好了，为洗脱“虐待猫狗”的嫌疑，公司决定与动物保护部门合作推广环保涂料。在发布会上，富亚公司接受北京市保护小动物协会的建议——征集健康、活泼的猫狗各一只作为富亚涂料的形象大使。富亚公司还将向正在建设中的小动物救助基地捐赠一批涂料，用于该基地的外墙和动物窝舍的美化。

资料来源：富亚涂料：一喝成名天下知. 腾讯网，2020-08-10.

## 案例点评

这当然又是一次公关策划，而且是上一年“喝涂料”活动策划的续集。

在上一次公关策划中，“老总喝涂料”虽然为企业赢得了不小的知名度，却也留下了一个“不爱护动物”的恶名。不过对于优秀的公关策划人来说，这并不是一件坏事——因为好的电影剧本，总会留下一个悬念，让你有机会再拍续集。

富亚公司这次的设想是：通过“寻找形象代言猫、形象代言狗”的活动，力争与动物保护组织尽释前嫌，以树立一个“亲近动物、充满温情”的良好的企业形象。因为富亚公司生产的是环保涂料，而爱护动物也是环保的一个方面，这两者之间有着很强的结合点。而且在国内众多厂商争先恐后地邀请演员作形象代言人的时候，独辟蹊径地为产品首次寻找“动物形象代言”，也是不错的创意。“人来代言不是新闻，猫狗来代言才是新闻。”况且，请猫狗来代言，费用方面要比请演员省多了。

富亚公司先是与北京市保护小动物协会协调好关系，然后在北京当地知名媒体上打广告，把这一事件好好地进行了一番预热，最后达成协议：由北京市保护小动物协会及其爱猫分会、北美洲工作犬会驯犬师、中国农业大学兽医专家组成评判团，根据市民推荐的宠物健康状况、步态、技能和热心参与者的投票进行综合评定，最后选出富亚涂料形象代言猫、形象代言狗。当然，作为富亚公司的形象代表，选出来的猫狗还将为企业做广告。

之前，北京市保护小动物协会副秘书长赵×专门赶去制止富亚公司让动物喝涂料的行为，而此次她则忙不迭地称赞富亚公司“此举可以唤醒其他涂料生产企业的环保意识”。由此可以看出，富亚公司这次公关策划的目的又基本达到了。

## 案例阅读 4

### 星巴克气氛组

2020 年 12 月下旬，网友在社交平台上公开询问，“那些在星巴克里拿个笔记本电脑一坐就是一下午的人都是什么职业?”。立马就有人回复，“星巴克气氛组”。显然一开始，这只是调侃一下。

随后，星巴克官方接梗，还发布了一则招募通知：立即招募官方气氛组 30 人，招募时间在 12 月 21 日—27 日，顺势做了一波营销宣传。“原来星巴克还有气氛组”这一话题发布后 24 小时阅读 2.3 亿次、讨论 2.5 万条，迅速引起了广大网友的围观。

资料来源：2020 年最新十大经典成功公关案例解读（技巧篇）. 识微科技网，2021 - 01 - 27.

### 案例点评

互联网就像一片“瓜田”，每天都有新的“瓜”——热点诞生，但这“瓜”能不能吃到、好不好吃就要考验品牌公关策划的能力了。想抓住热点首先需要考虑和品牌形象、定位的契合度，其次是能否很好地融合到自身的产品或服务上。

星巴克在当时或多或少面临着一些质疑声，被质疑造假（气氛造假）。星巴克没有着急地去撇清“气氛组”的关系，而是用同样略带调侃的“招聘气氛组”化解了一波负面舆论。既对星巴克“找托”这件事进行了回应，还借势火了一把，大大提升了品牌曝光度。

策划者有效地利用了数字媒体公众关注点，机智地策划一个似有若无的“招聘”，收到了彰显品牌影响力的效果。此公关策划最大的成功之处是审时度势，顺势而为，大胆创新。

## 阅读必备

### 一、公共关系策划

公共关系策划是指以分析预测为基础，根据组织形象的现状和目标要求，确定公共关系活动的战略与策略，并制定出最佳行动方案的过程。

二、公共关系策划三阶段

**1. 收集与分析信息、确定目标的准备阶段**

（1）收集与分析信息。

从公共关系的角度看信息是否具备价值性、有效性、经济性。信息收集的范围包括内部信息和外部信息。

内部信息主要包括组织的基本情况、员工的基本情况和干部情况。组织的基本情况包括：组织的历史、重要人物、重大历史事件以及重大人物、事件对组织的影响；组织目标是否恰当、做过哪些调整、原因和后果如何；组织的政策和措施；组织的运营情况，子系统之间的协调情况；等等。员工基本情况主要包括：员工的构成、来源、年龄、文化程度、性别；员工的需求和态度；等等。干部情况主要包括：干部基本素质和干部管理能力；团队工作角色、职业价值观；等等。

外部信息主要包括外部公众信息、环境背景信息和主要竞争对手信息等。其中外部公众信息主要包括公众的构成、需求、态度，企业在他们心目中的知名度、美誉度。环境背景信息包括政治、经济、文化和自然等社会环境信息，还包括行业现状、发展情况等行业环境信息。主要竞争对手信息包括对手的历史、现状、竞争能力等。

（2）确定目标。

目标是指在一定的环境和条件下，通过公共关系方案策划及方案的实施所希望达到的理想结果，即明确要做什么、达到什么程度或什么状态。公共关系实务工作的过程，实际上也是公关目标管理的过程。目标一旦确立，决策问题就解决了一半。公关策划目标可分为最基本的传播信息目标、联络感情目标、改变态度目标和引起行为目标等。此外，还可从时间上分为短期目标、中期目标和长期目标；从过程上分为有效目标、备用目标和追踪目标。目标设计要具体、明确，具有可行性和可控性。

**2. 分析公众、设计主题、制定策略与技术、选择时机与地点、确定进度、进行预算、预设评估标准、审定方案的策划阶段**

（1）分析公众。

就是要界定他们是谁（顾客市场定位），他们有多少（市场潜力研究与策划），他们在哪儿（顾客分布研究与策划），他们想什么（顾客消费心理与行为），他们要什么（需求分析），以及他们的态度是怎样的。

（2）设计主题。

公关主题指围绕实现公关目标，针对特定公众对象，对整个公关活动的策划和操作起指导、规范作用的中心思想。公关主题具有高境界、责任感、形象性、社会性、人情性、思想性、哲学性、文化性、冲击性、导向性等特征。设计主题一般要经过从主题描述到主题提炼的过程。

（3）制定策略与技术。

公关策略是公关策划者在公关活动过程中，为实现组织的公关目标所采取的对策、应用的方式方法以及特殊手段，它可以是一种形式、一种创意、一个点子、一种思路、一种模式。策略策划是公关策划过程中最具难度、最需智慧、最费时间、最具挑战性和专业性的一个环节，整个策划的质量和价值主要取决于这一步。策略策划要求符合需要、针对性强、集思广益、具有可操作性。同时，要有备选策略。公关技术策划是对公关策略实施与操作的设计，是对公关策略的具体落实，包括媒体的选择、实现的手段和方法的选择、程序的设计。公关技术要针对性强、影响大、成本低、易操作，这样有利于增加实现公关策略的可能性。

（4）选择时机与地点。

公关时机策划是指对何时实施公关策略才能取得最佳效果的决策，包括开始时机和结束时机的决策，即公关工作的时间表。公关时机策划有两种情况：一是抓住某种时机进行公关策划和操作，这是先有时机后有策略及实施活动；二是先谋划了一种策略，然后寻找一个实施的时机，先有策略后寻时机。公关地点策划就是将每次活动的地点安排好。考虑的问题包括：什么样的场地、多大的空间（这是由目标公众的活动空间来决定的）；室内进行还是室外进行（这是由项目内容决定的）；活动范围、场地的档次（这是由经济条件决定的）。

（5）确定进度。

公关进度策划是指在确定公关时机后，对活动实施全过程的时间进度所进行的安排，即把策略、技术、时机的策划落实到每天、每时，保证在最佳开始时机和结束时机完成各种策略执行和技术操作工作。安排时间进度的方法一般有两种：时间进度网络图（见图3－5）和时间进度表。

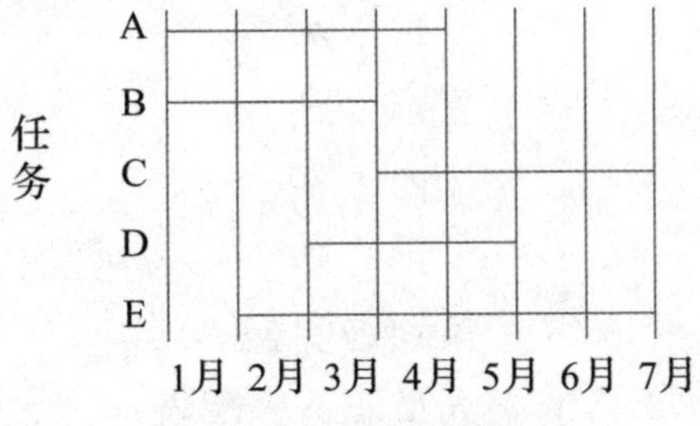


**图3－5　时间进度网络图**

（6）进行预算。

公共关系经费预算是为保证公关策略和技术的顺利实施，对所需的人、财、物的估算与安排。包括人力计划：需要什么样的人，多少人，何时需要，谁来负责；财力计划：需要多少钱，何时需要；物力计划：需要什么物质条件（如摄像机、汽车、照相机等），何时需要。

（7）预设评估标准。

预设评估标准是指在公关活动策划环节对活动效果进行预先估计，并根据活动目标设定评估标准。主要包括：预计参加人数；媒介有关活动报道的预计篇（次）数；活动信息可能的覆盖率；活动现场执行者是否会出现明显失误；活动经费使用情况，能否严格控制在预算之内；对活动后公司知名度提高率和活动后公司美誉度提升率的预估。

（8）审定方案。

审定方案是对公关方案（策划要素）进行可行性分析，包括对方案的可操作性、风险性、经济性、社会性、科学性和合法性进行综合分析和论证，从而确定方案的过程。审定的方法包括实验法、专家法、答辩法和调查法等。

**3. 撰写策划书的完成阶段**

策划书通常由 5W2H1E 共八个要素构成。What（什么）指策划的目的、内容；Who（谁）指策划相关人员；Where（何处）指策划实施场所；When（何时）指策划与实施的时间；Why（为什么）指策划的原因、背景；How（如何）指策划的策略和操作实施；How much（多少）指策划预算；Effect（效果）指预测策划实施的效果。

策划书写作的几个注意事项：深刻解读题意，根据预算设计；策划前要完成市场调研，不能仅凭经验和想象设计；方案的目标要清晰且精准；方案结构要完整，细节要考虑周全；方案要有创意，同时要具有可操作性。

策划书构成要素如图 3－6 所示。

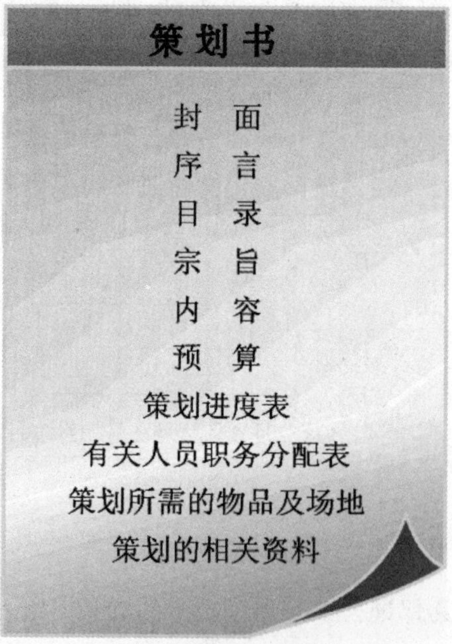


**图 3－6　策划书构成要素**

## 实训导引

1. 实训内容：

（1）策划创意“热身”：利用下列两个三角形、两个圆形和两条直线进行有意义的组合，看每一组能够组合多少个有意义的图案。

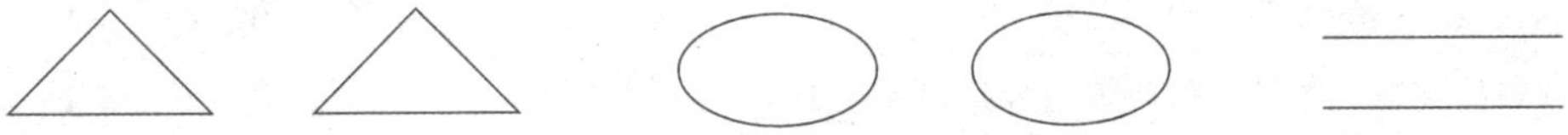

（2）选择一家小企业，如小餐馆、小书店、理发店、小超市、小旅店等，为其（或其某一种产品）设计一个公关策划方案并制作 PPT 予以陈述展示。组成 3～5 人的答辩小组，对实训小组的陈述展示打分。

2. 陈述展示：

（1）方案内容：公关环境分析全面；目标选择准确；公关调查结论可靠；活动方案具有可操作性；公关传播活动对公关促进作用明显；公关费用预算合理，投入产出比较高；公关实施过程控制考虑周全。

（2）创意水平：策划主题、活动形式、活动内容、文案表达新颖；策划思路连贯，各项活动巧妙组合并相互促进。

（3）推广价值：方案嵌入性较好，与所述企业的品牌良好结合，能够形成企业和产品的独特竞争优势。

3. 回答提问：

（1）正确理解评委提问：对评委问题的要点有准确的理解，回答具有针对性而不是泛泛而谈。

（2）及时流畅做出回答：能在评委提问结束后迅速做出回答，回答内容连贯、条理清楚。

（3）回答内容准确可信：回答内容建立在准确的事实和可信的逻辑推理上。

（4）特定方面阐述充分：对评委特别指出的方面能做出充分的说明和解释。

4. 整体表现：

（1）整体答辩的逻辑性及清晰程度：陈述和回答提问的内容具有整体一致性，语言清晰明了。

（2）团队成员协作配合：团队成员在陈述时有较好的配合，能协调合作，彼此互补，对相关领域的问题能阐述清楚。

（3）在规定时间内有效回答：在规定时间内回答评委提问，无拖延时间的行为。

注：公开答辩分为正式陈述和回答提问两个部分，每个小组用时不得超过 20 分钟。

**答辩评审细则**

评分等级：极差＝0　很差＝1　较差＝2　一般＝3　较好＝4　出色＝5

正式陈述打分表

| | |
|---|---|
| A. 问题分析全面透彻，目标市场选择准确 | 0 1 2 3 4 5 |
| B. 市场调查结论可靠，活动方案有可操作性 | 0 1 2 3 4 5 |
| C. 公关费用预算合理，投入产出比较高 | 0 1 2 3 4 5 |
| D. 过程控制考虑周全 | 0 1 2 3 4 5 |
| E. 策划主题、活动形式与内容新颖 | 0 1 2 3 4 5 |
| F. 策划思路连贯，各项活动巧妙组合并相互促进 | 0 1 2 3 4 5 |
| G. 方案嵌入性较好，与企业品牌良好结合 | 0 1 2 3 4 5 |
| H. 策划团队整体实力较强，能胜任推广需要 | 0 1 2 3 4 5 |

答辩打分表

| | |
|---|---|
| A. 正确理解评委提问 | 0 1 2 3 4 5 |
| B. 及时流畅做出回答 | 0 1 2 3 4 5 |
| C. 回答内容准确可信 | 0 1 2 3 4 5 |
| D. 对评委感兴趣的方面能作充分阐述 | 0 1 2 3 4 5 |

团队整体表现打分表

| | |
|---|---|
| A. 整体答辩的逻辑性及清晰程度 | 0 1 2 3 4 5 |
| B. 团队成员协作配合 | 0 1 2 3 4 5 |
| C. 在规定时间内完成 | 0 1 2 3 4 5 |

### 阅读链接

1. 中国营销策划网.
2. 中国策划师俱乐部官网.

## 任务三 公关实施的原则、过程和障碍

### 案例阅读 1

#### 科龙、容声冰箱促销活动实施方案

面对竞争日益激烈的全国家电市场，科龙、容声冰箱生产制造总公司设计了以“科技精品大放送　龙喜连环奖不停”为主题的一次全国的大型公关促销活动，制定了容声冰箱在确保6万台零售量的同时争取销售连同放送达到8万台、科龙冰箱销售放送共达到2万

台的活动目标。各分公司积极行动，统一思想，全力以赴，最终超额完成任务。这个活动能圆满成功，与整个活动实施过程中策划书的统一制定和实施过程中良好的控制有直接的关系。具体可以从《科龙、容声冰箱促销活动实施方案》中的几个表格来体现：

活动安排

| | 容声冰箱 | 科龙冰箱 |
| --- | --- | --- |
| 第一重：皆大欢喜龙喜价 | 针对容声新品，包括精锐、精明、精美、精灵、宁静五大系列产品；<br>新品同时标明原价和龙喜价，龙喜价由商家让利2%～3%体现，让利由商家承担 | 所有科龙冰箱产品；<br>同时标明原价和龙喜价，龙喜价由商家让利2%～3%体现，让利由商家承担 |
| 第二重：喜乐洋洋揭金标 | 凡购买容声冰箱（经典一族除外）的消费者都可以获得刮奖卡一张，中奖率100%：<br>● **一等奖**：刮中金色“容声冰箱”标志的可获得现金奖1 000元（中奖率2%）<br>● **二等奖**：刮中金色“科龙电器”标志的可获得电风扇一台（中奖率30%）<br>● **三等奖**：刮中红色“科龙电器”标志的可获得容声T恤衫一件（中奖率68%） | 凡购买科龙冰箱的消费者都可以获得刮奖卡一张，中奖率100%：<br>● **生态奖**：刮中金色“科龙冰箱”标志，获得现金奖888元（中奖率1%）<br>● **科技奖**：刮中金色“科龙电器”标志，获得价值228元电饭煲一个（中奖率39%）<br>● **精品奖**：刮中红色“科龙电器”标志，获得价值128元自动翻转万年历一部（中奖率60%） |
| 第三重：喜临门大抽奖 | 所有购买容声冰箱获得刮奖卡的消费者，填写刮奖卡后面的个人资料后即可参加喜临门大抽奖。抽奖分两次进行，奖品为科龙空调窗机一台（全国共345台）：<br>第一次抽奖：6月11日全国范围内举行第一次抽奖，其中21个城市进行户外抽奖活动（深圳、宁波、青岛和大连只进行本城市抽奖，其他城市在分公司集中抽奖），中奖名单通过6月15日报纸、广告公布，并且专函通知获奖者<br>第二次抽奖：7月8日全国范围内举行第二次抽奖，在分公司集中进行，中奖名单以手绘海报公布，并且专函通知获奖者 | 所有购买科龙冰箱获得刮奖卡的消费者，填写刮奖卡后面的个人资料即可参加喜临门大抽奖。抽奖分两次进行，奖品为科龙空调一台（全国共105台）：<br>第一次抽奖：6月11日（仅在9个重点城市进行本城市的抽奖），通过现场抽奖活动进行。中奖名单通过6月16日报纸、广告公布，并且专函通知获奖者<br>第二次抽奖：7月8日全国范围内举行第二次抽奖，在分公司集中进行，中奖名单以手绘海报公布，并且专函通知获奖者 |
| 户外活动及幸运热线颁奖 | 同时在21个城市举行户外活动，其中济南、长沙、重庆、天津、石家庄、南昌、宁波、郑州、沈阳、福州、大连、青岛这12个城市的活动费用由容声冰箱承担 | 同时在21个城市举行户外活动，其中广州、深圳、杭州、成都、北京、南京、武汉、哈尔滨、昆明这9个城市的活动费用由科龙冰箱承担，并在9个重点城市活动中颁发6月11日抽出的幸运奖项 |
| 幸运热线及抽奖活动 | | 通过电话热线和商场填答问卷两种形式，吸引消费者参加幸运抽奖，每周抽出一名幸运者，免费送科龙数字生态冰箱一台 |

活动操作细则

| 品牌 | 媒体名称 | 刊播时间 | 刊播频次 | 备注 |
|---|---|---|---|---|
| 容声 | 电视 | 5 月 20 日—6 月 30 日 | 13 次（详见电视排期） | 在原有电视广告上加滚动字幕，分公司负责刊播<br>由当地二级代理公司执行购买 |
| | 报纸 | 5 月 26 日、6 月 2 日、6 月 15 日 | 3 次 | 总部提供菲林，分公司负责刊播，由当地二级代理公司执行购买 |
| 科龙 | 报纸 | 5 月 26 日、6 月 1 日、6 月 9 日、6 月 16 日 | 4 次（9 个重点城市） | 总部提供菲林，分公司负责刊播，由当地二级代理公司执行购买 |
| | | 5 月 26 日、6 月 9 日 | 2 次（其他城市） | |

媒介支持

| 步骤 | 项目 | 程序 | 责任方 | 完成时间 | 备注 |
|---|---|---|---|---|---|
| 1 | 方案传达 | 活动方案报批、审核 | 品牌科龙 | 5 月 10 日 | |
| | | 活动方案下发各分公司 | 品牌科龙 | 5 月 11 日 | |
| | | 上报细化执行方案 | 推广专员 | 5 月 11 日前 | |
| 2 | 人员培训 | 市场推广员集中培训 | 集团营销中心 | 5 月 11 日 | |
| | | 导购员、临时促销员、礼仪小姐、业务员培训 | 分公司 | 5 月 15 日—18 日 | 根据培训手册 |
| 3 | 物料支持 | 集团统一制作的物料<br>➢ 龙喜价牌<br>➢ 海报<br>➢ 活动标志贴<br>➢ 绶带<br>➢ 刮奖卡<br>➢ 活动奖品 | 分公司<br>负责人 | 5 月 15 日前保证各地收到 | 各种物料由于制作时间不同，因此发放的时间也不同，请注意查收 |
| | | 分公司负责制作的物料<br>➢ 横幅<br>➢ 巨幔 | 分公司 | 5 月 15 日前制作完毕 | |
| | | 物料分配到各商场，产品陈列、促销物料摆放到位 | 分公司<br>二级代理 | 5 月 19 日前 | 见 VI 手册 |
| 4 | 媒介支持 | 电视<br>样带提供<br>样带收到<br>投放 | 广告公司<br>分公司<br>二级代理 | 5 月 12 日<br>5 月 17 日<br>5 月 20 日—6 月 30 日 | 投放排期见附件 |
| | | 报纸<br>设计<br>菲林输出<br>菲林收到<br>投放 | 广告公司<br>广告公司<br>分公司<br>二级代理 | 5 月 13 日<br>5 月 15 日<br>5 月 22 日<br>5 月 26 日 | 投放排期见附件 |

续表

| 步骤 | 项目 | 程序 | 责任方 | 完成时间 | 备注 |
|---|---|---|---|---|---|
| 5 | 活动执行 | 在空白海报上填写奖项设置和兑奖方法 | 业务经理<br>促销小姐 | 5 月 19 日 | |
| | | 促销小姐：<br>(1) 指引消费者观看现场海报，向消费者介绍活动内容<br>(2) 介绍产品，进行导购<br>(3) 指导消费者参加“科技精品大放送 龙喜连环奖不停”活动<br>(4) 中奖的消费者填写好个人资料后，凭发票和刮奖卡领取奖品<br>(5) 指导消费者填写金标卡并回收<br>(6) 回答有关活动的问题 | 业务经理<br>促销小姐 | 5 月 20 日—6 月 30 日 | 刮奖监控办法见附件 |
| | | 当日总结：<br>汇总新用户资料，建立台账，统计、核对现场活动当天销售数量和金标卡发放数量，并向分公司汇报当日销量 | 促销小姐 | 5 月 20 日—6 月 30 日 | |
| | | 活动见证材料收集（动态新闻稿、活动现场照片、摄像） | 分公司 | 5 月 20 日—6 月 30 日 | |
| | | 第三重抽奖活动 | 分公司<br>二级代理 | 6 月 11 日—7 月 8 日 | 6 月 11 日科龙冰箱只在 9 个重点城市有抽奖 |
| | | 分公司对前一天购冰箱者进行电话回访，并在活动结束后将回访结果的研究分析传给容声及科龙品牌科促销主管 | 分公司 | 7 月 5 日 | 100 份以上<br>一级城市 50 份<br>二级城市 50 份 |
| 6 | 活动总结 | 每隔 10 天填报目标销量分解及总结表并传到传播执行科 | 分公司 | 5 月 20 日—6 月 30 日 | 见附件 |
| | | 各分公司在活动结束后将活动总结汇总传到传播执行科 | 分公司 | 7 月 10 日 | |

资料来源：科龙容声冰箱促销活动实施方案．豆丁网，2009－07－20．

### 案例点评

科龙、容声冰箱促销活动的策划、实施贯彻了公关活动实施几个要点：(1) 设计周密，实施便捷。整个实施方案内容详细、步骤完整、细节到位、目标明确，有利于实施团队有依据、有条理、有标准地去完成。(2) 行动统一，思想一致。大型活动因为牵涉的人员多、时间长、地域广，所以一开始就要解决大家的思想问题，提前宣传，统一培训，让所有的活动参与者在思想上重视、行为上积极，这样就能提升整个活动的效果。(3) 过程调整，效果监控。活动实施过程中，由于时间不同、地点不同、对象不同，活动效果也就会不一样，需要及时跟踪活动进展，不断规范活动进程，监控活动效果，并及时纠错。

### 案例阅读 2

## 赞助活动怨言多

某高校开学在即，该校附近某家纺品牌经销商主动联络高校学生处，说开学报到之际愿意无偿给大一有困难家庭新生捐赠被褥 100 条，学校欣然同意接纳。为了达到宣传效果，学校在活动中心举行了一个大型的公益赞助仪式，并邀请了当地相关媒体人和学校各社团公众号负责人。按照协商，策划为学校和商家双方共同的公关活动，学校方面宣传自己文化育人、关爱学生方针，商家通过这个赞助活动提升品牌知名度，树立担负社会责任值得信赖的形象。然而活动却没有收到理想的效果。究其原因，在公关实施活动中存在以下问题：

(1) 活动的实施者主要是学生处兼职的学生，由于经验不足，在联络到场关键人员方面做得不是很到位，该请的嘉宾没请到，该联络的媒体人也没有落实到位，导致部分媒体人错过现场活动，缺乏自己采编的第一手资料，在后期的各媒体宣传方面也出现滞后的现象。

(2) 分工不明确，思想不统一。赞助商要求学校帮他们准备发言稿、宣传 PPT 和视频，以及派车去接送赞助商的工作人员和赞助商品。因为双方沟通的问题，学校没有将赞助商的这一要求落实下去，导致活动当天，PPT 的内容并没有太多赞助商品和商家的介绍，而且视频不够清晰，效果也不好。大家的活动热情也由于效果不佳而减弱。

(3) 缺乏专业的公关活动策划，活动实施步骤混乱，实施人员不够积极热情，责任心不强，各方沟通比较消极被动。

### 案例点评

公共关系实施的目的是引起公众的关注，因此，在活动实施前必须认真地制订对公众的行动沟通计划，包括各种媒体的选择及活动信息载体的制作。在选择新闻媒体时，应该选择公众对象所惯常使用的传播媒介或渠道来传递信息。在实施公共关系活动方案前，必须对实施人员进行一定的培训。培训的主要内容有方案的具体操作方法及工作制度。在公共关系活动实施阶段，实施人员按照方案严格控制工作进度，落实各项措施。实施人员应该特别注意外部因素的干扰。案例中的赞助活动如果能够在沟通、计划和培训几个环节做到位，活动效果会大不一样。

## 案例阅读 3

### 蒙牛“酸酸乳”公关宣传活动

数年前，蒙牛乳业准备主攻新产品“酸酸乳”的销售。蒙牛的销售总监买来市场上畅销的乳制品进行研究，分析对手和相关企业情况，最后得出结论：最强劲的对手是伊利，商品销售的对象应是青少年族群。然后，他开始策划，找寻最佳的切入点。经过再三比较，他注意到当时湖南卫视《超级女声》节目，以 1 400 万元的价格买下了独家赞助权。接着用“四个一”来贯穿节目：一个粉红系色调、一首招牌主打歌《酸酸甜甜就是我》、一句广告词“酸酸甜甜就是我”、一位代言人，借此来固定蒙牛“酸酸乳”品牌的宣传基础，使其与节目紧密地结合。在具体实施过程中，整体包装湖南卫视《超级女声》节目赛事信息，花费近亿元资金配合宣传。几场赛事后，湖南卫视《超级女声》收视率在有些地方高达 90%，全国近 4 亿人收看节目。最终，湖南卫视《超级女声》成为热门节目，而蒙牛“酸酸乳”销售额从上一年 7 亿元上升到 25 亿元。

蒙牛乳业与湖南卫视《超级女声》节目的公关合作取得了巨大的成功：其一，它大大提升了蒙牛的知名度，新闻媒介几乎是连篇累牍介绍宣传；其二，它让蒙牛“酸酸乳”的销售额近乎翻了四番，实现了几乎不可能实现的目标；其三，它的公关运作费用极低，1 400 万元买下《超级女声》节目独家赞助权，结果电视台一年直播整整 59 个小时，再加上几百个小时的回放，直接效果至少是数十亿元的进账；其四，蒙牛乳业和湖南卫视获得了双赢，湖南卫视一举跨入全国重量级电视台行列，《超级女声》决赛时的广告价甚至超过了央视一套的黄金时段价格，而蒙牛乳业也坐上了国内乳制品市场的龙头宝座。

资料来源：蒙牛酸酸乳媒体公关传播策略. 豆丁网，2021 - 11 - 23.

## 案例点评

蒙牛公关销售团队当年运用公共关系学四步工作法，最终提高了蒙牛的品牌知名度以及美誉度，使蒙牛坐上了国内乳制品市场的龙头宝座。第一，在调查阶段，蒙牛分析对手和相关企业的情况，根据得出的结论明确自己的方向，找准产品的市场定位。第二，在策划阶段，蒙牛通过比较之后，最终决定与湖南卫视合作，策划出“四个一”方案，借此来固定蒙牛“酸酸乳”品牌的宣传基础，使其与节目紧密地结合，显示了高明的公关思维和策划头脑。第三，在实施阶段，蒙牛采用多种媒体传播方式进行宣传，使公关宣传延伸到几乎每个商场、店面。第四，在评估阶段，蒙牛总结了这次活动的成功与不足，为开展后续公共关系工作提供了依据。

## 阅读必备

### 一、公共关系实施的原则

目标确定的原则；控制进度的原则；整体协调的原则；反馈调整的原则。

### 二、公共关系实施的过程

**1. 公共关系策划实施的准备阶段**

公共关系策划实施的准备阶段实际上是形成公共关系实施方案的过程，在这个过程中需要对公共关系策划方案中涉及的公共关系活动项目等进行细化，使之更为具体和系统。

（1）实施内容：一个公共关系策划方案，往往由许多种项目组成。这些项目属于一级工作项目，它又可分解为若干个二级工作项目（即更小的工作项目），二级工作项目同样可分解为若干个三级工作项目，直到不能再分解为止。不能再分解的最后一级工作项目称为工作内容。

（2）实施时间和进度的安排：公共关系实施内容分解完毕后，就要对公共关系实施时间（或时机）、工作进度等进行策划和设计。公共关系实施时机，一般是指公共关系活动能够获得最佳效果的开始和结束时间。“最佳时间”或长或短，应该视实际情况而定。比如促销性的公共关系活动，安排在商品销售旺季到来之前比较妥当；而利用新闻媒介传播企业新闻时，就要避免在发生重大的全国性或国际性事件时发稿，因为发去了也可能被重大的新闻挤掉。应根据外部环境的变化（重要节日、危机事件、国家重大政策的实施）选择合适的时机。

（3）实施工作要求和方法：公共关系实施工作要求指各项公共关系实施工作内容的操作目标、原则、注意事项和各项工作的控制，它对具体工作方法设计和实际工作过程具有重要指导作用。这里的工作方法特指工作内容的操作方法，而非工作项目的操作方法。对工作项目只存在分解方法，不存在操作方法。

（4）制订对公众的行动沟通计划：公共关系实施目的是引起公众的关注，因此，在活动实施前必须认真地制订对公众的行动沟通计划，包括新闻媒体的选择及活动信息载体的制作。

（5）实施工作预算分配：在实施阶段应该将总体预算分配到每个工作内容上，以保证各项工作的花费。在进行预算分配时，注意不要把一级项目的经费分配完，应该留有一定的余地，因为在公共关系活动实施过程中可能需要进行必要的计划调整，一般每个一级项目要留下至少5%的预算经费来备用。

(6) 实施机构的设置：以领导机构为核心，以智囊部门、控制部门和执行部门为辅助的各级各类机构。

(7) 培训实施人员：在公共关系活动实施前，要对活动人员进行专业的培训，帮助他们掌握活动的宗旨、各项内容的要点及执行的评估标准等重要内容。

**2. 公共关系计划的实施阶段**

这个阶段需要不断沟通，排除外界干扰，及时跟进进度和收集反馈意见，做好随时改进计划的准备。应灵活运用实施的规划方法，如甘特图实施法、线性排列法、多线性排列法。应充分运用实施的管理方法，如目标管理法、系统管理法、“攻心”管理法、行政管理法等。

**3. 公共关系计划实施的监督检查及校正**

每一项公共关系活动实施结束，都要将实施执行的情况进行总结。比如，执行过程中的一些突发事件、经费预算过少、新闻媒体宣传时出现问题等，将这些情况汇总成报告形式，如期、如实上报，为下一步的效果评估做好相应准备。

## 三、公共关系计划实施的障碍

**1. 目标障碍**

目标障碍指在公共关系计划实施中由于所确定的公关目标不正确、不明确或不具体而给实施带来的障碍。应该从以下五个方面检查：

(1) 检查计划目标是否切合实际并可以达到；

(2) 检查计划目标是否可以进行比较和衡量；

(3) 检查计划目标是否指出了所期望的结果；

(4) 检查计划目标是否是计划实施者在职权范围内所能完成的；

(5) 检查计划目标是否规定了完成期限。

**2. 沟通障碍**

沟通障碍包括语言障碍、习俗障碍、观念障碍、心理障碍和组织障碍等。其中，心理障碍指人的认识、情感、态度等心理因素对沟通造成的障碍。如：由于人们的认识程度不同，在说服受教育程度较低的公众时，只提供所述论点的有利方面比利弊俱陈更为有效；而对受教育程度较高的公众同时晓以利害才更为有利。

**3. 突发事件的干扰**

对公共关系计划实施干扰最大的莫过于突发事件。这里所说的突发事件包括两大类：一类是人为的纠纷危机，如公众投诉、新闻媒介的批评、不利舆论的冲击等；另一类是不以人的意志为转移的灾变危机，如地震、水灾、火灾、空难等。这些重大的突发事件对公共关系计划的实施干扰极大。

突发事件一般具有以下特征：发生突然，常常令人始料不及；来势迅猛，常常令人措手不及；后果严重，危害极大；影响范围大，易给整个社会带来恐慌和混乱。

## 实训导引

1. 公关实施背景：假设你是某面包公司的业务员，现在公司派你去偏远地区销毁一卡车的过期面包（不会致命，无损于身体健康）。车子在行进的途中，刚好遇到一群饥饿的人堵住了去路，因为他们坚信你所坐的卡车里有能吃的东西。这时报道该人群动向的记者也刚好赶来。对于一群饥饿的人来说，他们肯定要解决饥饿问题；对于记者来说，他是要报道事实的；对于你来说，你是要销毁面包的。现在要求你既要解决一群饥饿的人的饥饿问题，又要让记者的报道不损害公司形象。请问你将如何处理？（说明：面包不会致命；不能贿赂记者；不能损害公司形象。）

2. 公关实施成果：以小组为单位，讨论分析并提出解决措施，做成 PPT 展示汇报，其他组点评并打分。

小组评分表

| 组别 | 讨论分析<br>（25 分） | 解决措施<br>（25 分） | PPT 制作<br>（25 分） | 汇报分享<br>（25 分） | 总分<br>（100 分） |
|---|---|---|---|---|---|
| | | | | | |

## 阅读链接

1. 欧文·伊伦，马格努斯·弗德雷里克松. 公共关系与社会理论：关键人物、概念与发展. 2 版. 北京：中国传媒大学出版社，2021.

2. 居延安. 简明公共关系学. 上海：复旦大学出版社，2021.

# 任务四 公关效果评估的内容和过程

公共关系效果评估就是根据特定的标准，对公关计划、实施及效果进行检查、评价，从中发现问题，判断优劣，及时修订计划，进一步调整和完善，以更好地维护组织形象的过程。公共关系效果评估是公共关系工作程序的最后一步，在整个公共关系活动中具有重要作用。

### 案例阅读 1

**赠送名人别墅事件**

曾经一段时间，一些房地产开发商以赠送名人一套房开展公关活动。某年，某房产公司甚至赠送给某著名演员一套别墅，并对该活动进行媒体公关宣传，以期形成名人效应和轰动效应，不料却招来了“公司向谁献爱心”的争议。也有媒体对受赠方反应冷淡，却对赠送方紧追不舍，质问到底是应锦上添花还是应雪中送炭。后来，那个演员竟然打破沉默，称别墅犹如一件衬衫，朋友之间，“一个要送，一个就接受了”，其口气之轻松，使赠送方无地自容。

## 案例点评

从公关评估的角度看，案例中某房产公司赠送别墅的行为存在的问题较多：

(1) 从赠送的初衷和过程看，某房产公司忽视其他公众。礼仪的实质是通过人与人交往的程序来反映人们之间的互相尊重，因此，公关礼仪最根本的原则就是尊重公众。把赠送这种应该私密操作的事情变成公开事件本来就需要慎重，在大多数城乡居民的住房距离“满意”还有相当大的差距的时候，送出价值如此之高的别墅给并不缺少住房的著名演员，反映了该公司对一般消费者的蔑视，是社会责任感缺失的典型表现。

(2) 以房地产开发为业的公司为形成名人效应和轰动效应居然送出如此大礼，很容易使消费者对该公司的基本形象做出负面判断，“羊毛出在羊身上”，怎么吸引消费者购买？

(3) 即使仅仅从公关礼仪角度考虑，这次赠送行为也违反了公关礼仪中的尊重、公平、从简、适中原则，完全达不到礼仪的目的。

(4) 受赠者的回答更是缺乏尊重的表现。把价值近千万元的别墅比作“一件衬衫”，反映了不差钱的一些名人对对方赠予的不屑，而且把“朋友”的赠送看成无足轻重的小事。这次赠送的结果是“双输”。

## 案例阅读 2

### 高露洁的口腔保健宣教活动

由于中国国内口腔护理产品市场日趋激烈的竞争，高露洁公司在中国市场上面临越来越多的挑战。2001 年，恰逢高露洁公司成功进入中国市场 10 周年。为了进一步巩固和开发中国市场，该公司决定利用庆祝 10 周年庆典的机会，在中国市场实施一项形象宣传计划。在确定宣传计划之前，高露洁公司通过专业调查公司对中国国内的口腔护理市场以及此次宣传活动进行了前期调查和论证。

前期调查围绕以下主题展开：

(1) 中国宏观的经济形势。伴随着中国加入世界贸易组织，中国政府将为众多的国外及在华的合资企业提供良好的外部环境。同时，进入 21 世纪，中国的经济将持续健康地发展，广大城市及偏远地区的居民生活水平不断提高，居民的自我保护意识日益增强，这就为高露洁公司进一步拓展中国市场提供了良好的市场机遇。

(2) 中国政府及行业主管部门的方针政策。中国政府和医药、卫生主管部门制定的方针是“预防为主，大力宣传，提高人民的自我保健意识”。

(3) 中国口腔保健的现状。中国在口腔卫生及保健方面虽然做了大量切实有效的工作，但从全国范围看，还存在口腔疾病患病率高、范围广的问题。

高露洁将此次形象宣传定位为“口腔保健宣教活动”，宣传的主题口号为“口腔保健微笑工程——2001 年西部行”。基于对前期调查资料的分析，高露洁将此次宣教活动的范围确定在中国西部及西南部的甘肃、云南、陕西、四川、贵州 5 省的 25 个偏远市县。与此相应，宣教活动针对了西部地区广大现有的和潜在的消费者。

通过宣教活动，高露洁希望在中国市场上确立这样的公司形象：高露洁是全球知名的口腔护理专家，坚持不懈地帮助中国政府提高公众的健康意识和水平；高露洁是口腔保健事业的先行者和推动者，与中国携手共同发展西部。

为了保证宣教活动的有效开展，高露洁公司必须获得政府及权威机构的支持。因此，高露洁公司将此次宣教活动的优先公众确定为：中央及西部地区有关省市卫生组织；卫生部及西部相关省的卫生厅。

高露洁公司的公关策略是借势造势，也就是以重大事项或重大活动作为切入点，抓住时机，集中宣传，大造声势，为宣教活动的开展营造一个气势磅礴的局面。借势造势策略之一是借中国政府提出的西部开发、卫生部及行业主管部门举办“口腔保健微笑工程——2001 年西部行”之势，深入推广高露洁口腔护理专家和行业先行者的企业形象。借势造势策略之二是借中国西部老少边穷地区继续提高口腔保护意识、急需优质全效口腔护理产品之势，培养、开发高露洁潜在的群体。借势造势策略之三是借中国媒体对西部重点报道之势，减少商业宣传，对高露洁公司形象进行合理、全面、深入的报道。

在活动的实施中，高露洁与中华预防医学会、全国牙防组、中华口腔医学会等全国三大权威专业组织沟通，由三大专业协会将此次口腔保健宣教活动的设想联合上报卫生部，最终卫生部决定由疾病控制司作为重点支持单位协调西部各省卫生厅帮助这一活动顺利实施。高露洁与三大权威专业组织共同组建了一支宣教队，于 2001 年 5—9 月远赴上述西部地区开展口腔健康的宣传教育活动。高露洁公司设计、印刷了本次活动专用的宣传海报、礼品包装、新闻夹、新闻纸、信封、请柬等宣传印刷品，在北京和各省的启动仪式、宣教场所张贴和分发，保证了活动的统一性，尽可能地扩大宣传范围。

高露洁还策划实施了一系列大型的公关活动，包括：

(1) 在北京卫生部礼堂举办“口腔保健微笑工程——2001 年西部行”北京启动仪式，仪式邀请了包括卫生部副部长、高露洁公司中国地区副总裁兼总经理、三家专业协会会长、西部五省卫生厅厅长、国内著名口腔专家、学者等在内的各方重要人士参加。在京的40家媒体出席了启动仪式的新闻发布会，新闻发布会以后分别安排了重量级媒体单位对卫生部副部长、高露洁中国地区副总裁兼总经理以及专业协会副会长进行专访。

（2）“口腔保健微笑工程——2001年西部行”各省启动仪式。各省启动仪式场地分别选在具有特殊意义或极具城市代表性的广场，各地卫生部门的领导和高露洁公司的地区总经理等领导出席。高露洁公司还为各省的活动创作了宣传口腔保健知识的文艺节目。在启动仪式之后安排了大规模的义诊、专家咨询、宣传品发放活动。

（3）在卫生部礼堂举办“口腔保健微笑工程——2001年西部行”北京凯旋庆典仪式。高露洁公司为凯旋庆典仪式特别设计制作了包括西部五省宣传结果、高露洁公司在中国10周年成果等7块展板，向公众展示活动的成果和公司的形象。在庆典仪式的新闻发布会上，高露洁公司还向近40家媒体单位介绍了由国际著名调查公司提供的本次“西部行”活动的调查数据。

“西部行”全程活动共组织30多次、累计6 000余名听众的口腔保健讲座，300多名牙医进行咨询义诊，30万受众直接受益。专业调研公司在活动前后进行的抽样调查及比照分析显示：“西部行”所经地区人们对于口腔保健的认识，正确率显著上升，错误率则显著下降，对刷牙的好处以及日常口腔护理用品的认识也有明显的改进。据高露洁公司的不完全统计，“口腔保健微笑工程——2001年西部行”共收到各类剪报200余份，通过新华社、中央电视台和各地重要媒体等近100家新闻单位的广泛宣传报道，覆盖面达上亿受众。有效的新闻运作、富有创意的公关活动使“口腔护理专家——高露洁公司”的形象逐步树立起来。这次活动为高露洁公司进入中国市场10年来持续不断推动健康事业的努力树立了一个重要的里程碑，从而塑造了高露洁致力于中国口腔保健事业的优秀公司形象。

资料来源：高露洁医疗保健公关案例：“口腔保健微笑工程——2001年西部行”. 豆丁网，2012-05-18.

### 案例点评

高露洁公司从如下方面对此次公关活动进行了评估：

（1）据初步统计，全程活动共组织30多次累计6 000余名听众的口腔保健教育讲座，300多名牙医进行咨询义诊，30万群众直接受益。“西部行”所经地区人们关于口腔保健的认识，正确率显著上升，对日常口腔护理用品的认识也有明显改进。

（2）本次活动通过主流媒体新华社、中央电视台和地方重要媒体等近100家新闻单位的广泛宣传报道，覆盖面达上亿群众。高露洁公司“口腔护理专家”的形象逐步树立起来，塑造了高露洁推动中国口腔保健事业发展的优秀公司形象。

## 案例阅读3

### 腾讯应届生因加班问题怒怼管理层

2022年1月25日深夜，腾讯企业微信的一名应届生员工在部门内部大群中，因“赶版本”导致的高强度加班问题，发消息怒怼管理层以员工加班为荣的表彰文，并呼吁大家重视高强度加班下的身体健康。

事发后，该员工的直属领导与企业高层第一时间与该员工进行了沟通，并传达了改善加班现象的想法与举措。随后，企业微信负责人也在腾讯内部论坛上发布长文回应。他表示，很惭愧因为项目因为产品而让员工如此辛劳，并指出持续高强度的急行军是不持久的。管理层已经在思考优化方案，这名员工的敢于表达再次给我们做了对于快速优化的提醒；接下来，部门管理团队会尽快商议出一整套解决此类问题的具体方案。

事件在职场平台脉脉小范围流传后，于次日9时被爆料至大众社交平台，引发舆论关注。12时，当事员工将事件完整梳理的PDF发出，舆情热度快速上升，于16时达至峰值（见图3-7）。

从舆情热度来看，“腾讯应届生因加班问题怒怼管理层”成为影响力最强的公关事件，因涉及头部互联网企业、加班、反职场内卷等多个话题因素，致使事情的潜伏期较短，爆发速度快。腾讯及时进行舆情分析，在舆情爆发之时，网友对腾讯的直接负面情绪表达不算太高，仅占28%；网友更多地在称赞当事员工直谏的勇气，表示“佩服”“吾辈楷模”，正面情绪表达占比54%（见图3-8）。腾讯“即时”“温和”的回应和优化方案，经过评估不仅化解了这次危机，而且赢得了关注该事件网友的普遍赞誉。

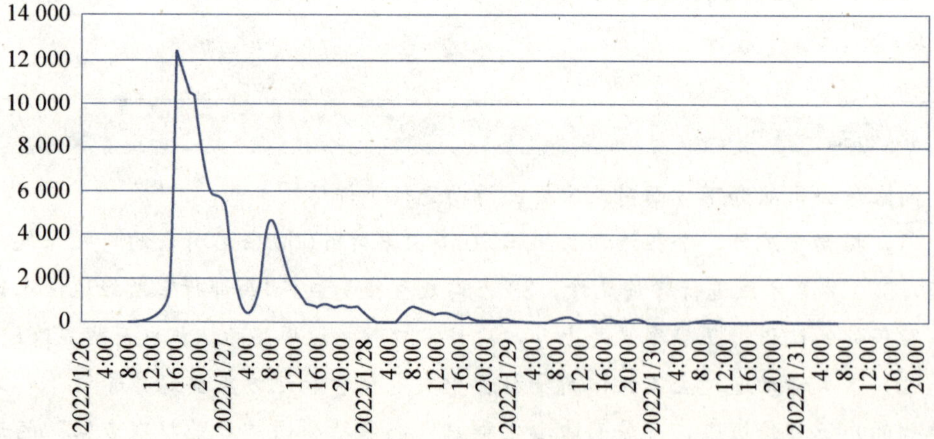


图3-7　舆情热度趋势

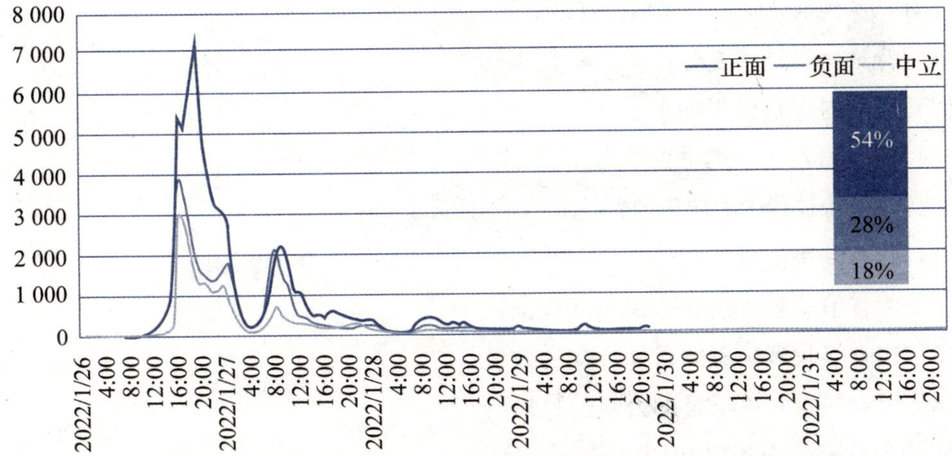


图 3-8　舆情情绪趋势

资料来源：2022 年危机公关案例盘点及舆情分析（1 月版）. 知乎，2022-02-18.

## 案例点评

公共关系活动与事件都需经过调查分析、认真筹划并创造性地加以公关行为实施。公关活动不再是一味地采用多种媒介进行“轰炸”式宣传，或者比“嗓门”比“大门”，而是要看智慧、看情怀。腾讯公司面对应届生员工爆料与抱怨事件，调查分析舆情，独辟蹊径地采用了“上下管理者一致口头检讨，行动上优化工作方案”的策略，取得了最快捷的沟通效果，赢得了公众，并在公众中树立起腾讯的良好形象。

在公共关系工作中，采用站在公众角度进行人文关怀式“出奇制胜”实施手段，往往会取得峰回路转的好效果。当然，这要求公共关系人员要有较强的创新意识，还要对组织的现状与环境有精准的认识和分析。

## 阅读必备

### 一、公共关系效果评估的内容

**1. 方案设计阶段的评估内容**

（1）目标是否正确；

（2）计划是否可行、合理；

（3）构思是否科学；

（4）目标公众是否正确完整；

（5）媒介是否选择得当；

（6）预算是否合理。

**2. 计划实施准备阶段的评估内容**

（1）背景材料是否充分；

（2）信息内容是否正确充实；

（3）信息的表现形式是否恰当。

**3. 计划实施过程中的评估内容**

（1）检查发送信息的数量；

（2）检查信息被传播媒介采用的数量；

（3）检查接收到信息的目标公众的数量；

（4）检查注意到该信息的公众的数量。

**4. 计划实施效果的评估内容**

（1）了解信息内容的公众数量；

（2）改变观点的公众数量；

（3）改变态度的公众数量；

（4）发生期望行为的公众数量；

（5）发生重复期望行为的公众数量；

（6）达到的目标与解决的问题；

（7）对社会经济与文化发展产生的影响。

## 二、公共关系效果评价的过程

设立统一的评估标准；选择评估方法；收集评估资料；实施评估。

## 三、公关评估的八大关键词

**1. 覆盖率（Gross Impression）**

一家企业通过中央媒体的宣传是不是就能达到覆盖率100%呢？当然不是。前提是企业在那个区域有市场。可以用一个公式来表示覆盖率：

覆盖率＝传播受众÷市场所属区域的受众

传播受众就是通过媒体直接和间接影响到的受众。市场所属区域的受众很好理解，如果企业只在北京有市场，就不要在其他省市去做宣传，或者用中央媒体在全国范围内做宣传。

**2. 有效率（Effective Reach）**

宣传虽然覆盖了一定区域的受众，但有可能重复覆盖，或者覆盖不一定是有效的。关于无效覆盖，比如，在北京市场做宣传，选择发行量20万份的某刊，首先，这20万人并不是全部有效的，这20万人中什么人都有，我们需要的只是其中一部分，比如只有5万人是有效的。其次，这5万人是不是全部都会看到宣传的信息？这和版面有一定关系。

综合覆盖率及有效率，即可得出有效受众，它可以直接用来表述宣传效果。

**3. 千人成本（CPM-per Thousand）**

即媒体载体每接触 1 000 人所需支付的金额，它的计算方式有两种：

千人成本＝总成本÷总受众×1 000

千人成本＝总成本÷有效受众×1 000

显然，第一个计算方式是被公关公司普遍采用的，因为它通过分母的基数降低了千人成本，但这个不能反映问题。真正能反映问题的是第二个计算方式，“钱要花在刀刃上”说的就是这个，只有考虑了有效率的千人成本才是有意义的。

再做得细一点，可以结合千人购买率、千人利润率来计算以某个成本进行传播值得不值得。比如通过宣传，每千人中预计会有 10 人购买产品（即 1%的购买率），每件产品的利润是 10 元，那么千人利润总额就是 100 元，宣传推广的成本当然不能大于这个数。

以千人成本还能计算出企业推广需要的总费用，企业在做年度宣传预算的时候，可以此为依据进行推算，费用要求达不到时可选择重点市场进行宣传。

**4. 准确性（Correctness）**

信息被有效覆盖，不等于被有效传递，准确性包含的主要内容有传播定位的准确性、媒体策略的准确性、发布内容的准确性、传播方法的准确性等。

传播定位的准确性：一件产品没有找好卖点，一个企业没有在产业中找到自己的位置，传播的主基调不正确，这些都会造成效果不佳。媒体策略的准确性：主要是指发布时间、发布周期，比如促销信息的发布、新品的上市，特别是一些策略性发布，对于媒体策略的要求是十分严格的。如果媒体策略不准确，效果必然要大打折扣。发布内容的准确性：该说的问题要说清楚，该突出的重点要突出。传播方法的准确性：若上来就打官司，上来就喷口水……确实吸引了眼球，但是效果如何就需要反思一下了。

**5. 传播力度（Power）**

业内也有人称传播力度为爆破力，或者说引爆。爆破力只能说明在某段时间内的爆破，但传播力度还包括长时间的影响。

就爆破力而言，主要是指在某段时间内让企业的信息迅速充满媒体，并持续一段时间，这也是公关常用的一种方法，事件营销就属于此类。通过对信息的“占领”，可以一下子引起关注，并加强人们的记忆或者好感，从而达到公关的目标。可以选取一段时间，以媒体发布的数量、转载的数量、媒体跟进报道的数量对爆破力进行分析统计，其中，媒体跟进报道的数量能集中体现传播力度。

除了一段时间内的传播量，还有一些能有效“量化”传播力度的标志，如网站的首页、平面媒体头版或者头条等。

另外，关注度也是传播力度的一个表现。比如在一段时间内，行业内共发生了几个值得一提的新闻，给这些新闻排个名，再结合自己企业在市场的排名，就知道传播的力度够不够。对于企业来说，制订了年度计划，也可回顾一下有没有哪个新闻值得一提，如果没有，说明没有传播力度。

**6. 传阅率（Pass Along Rate）**

搜索引擎的兴起，使得网络上文章的二次、三次阅读量远大于当日发布时的阅读量。特别是一些选购、评测、体验类文章，对消费者购买决定的影响作用十分明显。人们在购买汽车、IT 产品时，通常要上网查一查相关信息，这时候传阅率就显得比覆盖率更为重要。因此，在效果评估时，以搜索引擎的搜索结果作为评估标准也已经成为重要的手段。

另外，我们发完一个消息后，有时候会引起媒体的广泛报道，这事实上也叫传阅率。可见，传阅率既可以以人们对同一张报纸的多次阅读来做统计，也可以以搜索引擎上被搜索到的多次阅读来做统计，还可以以后续媒体自发跟进的报道来做统计。

**7. 公关指数提升（Improve of PR）**

公关绝不仅仅是传播，公众关系维护、项目游说、危机处理等也都属于公关的范畴。对于这些内容的效果评估，显然需要特殊的方法，公关指数是一个较好的评估方法。

比如，很多企业都需要建立和维护媒体关系，企业通过与公关公司的合作，会在媒体关系层面获得一定的提升。再如危机公关，在处理完危机之后，看看企业与消费者的关系、企业与媒体的关系、企业与渠道的关系有没有发生变化，如果这些关系下降了，说明危机并没有处理好；如果关系得到提升了，说明危机处理得非常好。

**8. 销售提升（Improve of Sale）**

有些企业完全将销售的增长寄希望于公关，这是不可取的。公关在某些时候可以对销售有刺激性的帮助，比如北京富亚涂料的总经理喝完涂料后，消费者指名要买能喝的那种涂料。但是，我们不能指望所有的公关都能产生这样的效果。

当然，即便不能直接统计公关对销售增长的帮助，也可以通过间接的方法——用总增长减去广告、促销等手段对销售增长的刺激作用，就可以了解公关对销售增长的刺激作用。

## 实训导引

1. 实训任务：从公关的视角对小组成员熟知或能够熟知的文艺晚会进行评估，小组根据下表的提示讨论并填写表格。

**文艺晚会评估表**

| 评估标准<br>等次 | 制作成果<br>评估 | 传播媒介<br>评估 | 信息传播<br>评估 | 参与情况<br>评估 | 其他方面<br>评估 |
|---|---|---|---|---|---|
| 好的方面 | | | | | |
| 不好的方面 | | | | | |

2. 实训成果：小组把讨论分析的表格结果做成 PPT 并进行展示分享，其他组点评并打分。

**小组评分表**

| 组别 | PPT 制作<br>（50 分） | 汇报分享<br>（50 分） | 总分<br>（100 分） |
|---|---|---|---|
| | | | |

## 阅读链接

1. 贾哲敏. 新媒体时代政府公共关系案例精编. 北京：清华大学出版社，2021.
2. 中国国际公共关系协会. 最佳公共关系案例. 北京：中国市场出版社，2015.

项目四

# 公共关系的主要活动

公共关系的主要活动是社会组织为了实现公共关系目标，围绕一定的主题而开展的特定的公共关系活动。一次活动展现在公众面前并与公众重点沟通的，通常是组织公关工作的一个方面。只有通过无数的公关活动多方面展示的积累，公共关系的巨大效果才能显现出来。常见的公共关系活动包括公关赞助和公益活动、公关展览和促销、公关新闻发布会、公关庆典活动、公关参观活动等。

## 任务一 公关赞助和公益活动

公关赞助和公益活动是有相通又有所差别的两种公共关系活动。公关赞助是社会组织无偿提供资金或物质支持某一社会事业或社会活动，以获得一定形象传播效益的公共关系活动。公益活动则是社会组织出人、出物或出钱赞助和支持某项社会公益事业的公共关系活动。无论是公关赞助还是公益活动，都是扩大组织知名度、提升组织美誉度的重要手段。服装公司为体育代表团赞助服装，饮料厂为体育代表团赞助比赛期间的饮料，社会组织或个人赞助教育事业，便属于此类活动。

**案例阅读 1**

**可口可乐公司资助学生重返校园**

1998 年长江洪水影响巨大，10 月底，可口可乐公司出资 78 万元支持 7 800 名湖北灾区小学生重返学堂。发生洪水后，可口可乐公司已经多次捐款捐物。当你听到那些孩子对记者说解放军叔叔和可口可乐都帮助了他们，可口可乐的某方面的形象和我们解放军的形象站在了一起；当你在宣传中得知中国内地除新疆、宁夏外都有可口可乐捐建的希望小学时，你认为，可口可乐急孩子们所急，这样的公关活动意义是不是很大？

时任可口可乐公司董事长的艾华士在1998年访华时宣布，可口可乐公司在向“希望工程”捐款1 000万元之后，再捐款500万元，资助至少3万名洪水灾区孩子和4 000名其他地区失学儿童重返校园。对于中国人来说，可口可乐雪中送炭的形象大概会长久地驻留在心中。当时，据美国盖洛普公司的调查结果，可口可乐品牌在中国消费者心目中的认知程度已经达到81%。曾任可口可乐中国公司副总裁的卢炳松对记者说，1993年他们开始资助中国的“希望工程”时，美国总部有很多人不理解，后来，可口可乐人终于明白，今天的中国农村将是明天具有巨大消费潜力的市场；今天得到他们资助得以受到教育的农村孩子，将是明天改变中国农村面貌的主流。需要一罐一罐被喝掉的可口可乐当然清楚，其消费者是需要一个一个地培养的。如今，资助失学儿童、灾区儿童的方式，已经得到可口可乐总部认可，并且推广到非洲等地。对于可口可乐来说，1998年中国不幸发生的洪水，无疑又为其提供了一次树立商誉的机会。当时，美国的《财富》杂志公布了全球最受称赞的25家企业，可口可乐公司居通用公司之后，列第二位。

资料来源：心系贫困孩童 可口可乐携手希望工程20年. 中国新闻网，2013-12-09.

### 案例点评

可口可乐公司向灾区捐款、助力学生重返校园的事件，对其企业形象的塑造有重大意义。这是一种长远的公关策略，这种公益公关活动在我国香港、澳门包括一些侨乡地区不仅是一种公益公关活动普遍存在，也是一种“捐款扶危救困”的文化传承。随着我国企业的快速发展，这种社会担当的公益公关活动更为普遍。

1998年可口可乐公司的这次捐款活动安排在中国农村受灾最需要关心和关怀的时刻，人在危难的关头，如果有组织“雪中送炭”，将会永远被铭记。不仅如此，资助也有助于产品的销售，今天的中国农村将是明天具有巨大消费潜力的市场。通过资助活动能够提高企业的美誉度和影响力，加深企业与公众之间的感情，给消费者留下深刻印象，从而大大有利于推销组织的产品或服务，这种影响力是其他任何广告形式无法相比的。

### 案例阅读 2

## 英菲尼迪赞助《爸爸去哪儿》

《爸爸去哪儿》是一档非常经典的大型亲子真人秀综艺节目，当时一推出就迅速占据了电视综艺节目的一席之地，其火热程度也超出了很多人的想象。同时，在节目中全程出现的汽车SUV英菲尼迪JX也随之一起为广大的观众所熟知。作为节目的赞助商，英菲尼迪也借助《爸爸去哪儿》的热度成功收获了品牌和销量上的双赢，一下子成为市场上最为畅销的七座SUV之一。

资料来源：公关之家．英菲尼迪赞助《爸爸去哪儿》．哔哩哔哩，2019-12-20.

### 案例点评

英菲尼迪这次活动的巨大成功并非偶然，在进行赞助之前，英菲尼迪就对这个节目的潜力和价值进行了分析，综合了平台、节目性质等多个因素，最终认可了节目与品牌的契合度和共赢的可能性。在进行赞助的策划和筹备过程当中，英菲尼迪非常看重演员父子之间的家庭互动，尤其是在各种出游和外景的镜头中，作为出行工具的SUV英菲尼迪JX有了名正言顺的出镜，在各种路况和环境中，这款车取得了良好的表现，这也使得受到演员效应影响的观众真正看到了其产品真面目，并结合节目和出现频率，对其产生深刻的印象。

需要注意的是，英菲尼迪对JX这款产品的定位是“感性”豪华汽车，在本土化之后提出了“敢·爱”的品牌口号，而这与《爸爸去哪儿》中的亲子感情和出行都非常契合。为了进一步体现产品理念与节目的贴合程度，英菲尼迪还打出了“爱的旅程，勇敢出发”的传播口号，在节目中全程相伴。

可以看到，英菲尼迪赞助《爸爸去哪儿》是非常明智的，不仅看到节目的价值，还从自身特点出发理性分析了节目与品牌的契合度；借助原创节目、热门播放平台和演员的热度，英菲尼迪也顺势火了一把，让SUV英菲尼迪JX产品拥有了更高的知名度；还需要注意的是，这一档主打亲子真人秀的综艺，能够大火的不仅仅是其模式和演员加盟，更有情感加持，而英菲尼迪加入产品体验，也尝到了“情感+体验”带来的营销效果。

从赞助方企业的角度分析，赞助活动的主要目的是提高企业的知名度和美誉度，体现企业的社会责任感，证明企业的经济实力，宣传企业的产品质量，为企业的进一步发展创造良好的社会环境。从这些目的考虑，选择恰当的赞助对象是赞助达到预期目标的前提。作为汽车，英菲尼迪需要尽量争取大多数人的关注，而文体活动一向是最吸引受众的活动之一。

### 案例阅读3

## “爱心助飞梦想”慈善晚宴

20××年8月7日晚，由北京青年报社、北京市慈善协会、北京青少年发展基金会、凤凰卫视、北京电视台、北京广播电台联合主办的“爱心助飞梦想”大型慈善晚宴，在北京饭店举办，工商、演艺、外交、科技等各界名流500多人出席了晚宴。赢虎网站是这次活动的策划者，并因此一举成名。

本次赞助的对象是艾滋病患者。围绕“爱心助飞梦想”的主题，赢虎设计了“爱心见证”“梦想树”“爱心浇灌”“爱心采摘”等活动环节。每一个环节首尾呼应，前后相连。比如“梦想树”寓意此次慈善活动，“爱心浇灌”环节后，“梦想树”的彩灯亮起，一张张梦想卡垂挂在树上。接下来的“爱心采摘”由到场嘉宾摘取梦想卡，并捐助梦想的实现。正因为在环节设计和流程控制上，赢虎下足了功夫，所以当晚现场活动进行流畅，高潮迭起。此次晚会主持人在时间紧张的前提下配合默契，除主持人的经验外，赢虎还特地为他们提供贴身服务，比如一对一地对台词。

在赢虎的网站上，赢虎的服务内容被分为两大类：第一类是常规服务；第二类是特色产品，包括赞助营销、校园推广、适宜技术推广、青年金融精英俱乐部以及中国公益论坛等。在本土公关公司服务同质化越来越严重时，赢虎推出了自己的特色产品，强调了自己的品牌个性，既有利于自身品牌的树立，也开辟了一个全新的、细分的公关市场。

资料来源：“爱心助飞梦想”：北京青年报大型慈善晚宴公益活动．善达网，2013-11-01.

## 案例点评

这是一次典型的以赞助为手段的社会型公关活动。通过赞助艾滋病患者，企业可以为社会的和谐发展尽一份力量，从而为企业自身的发展创建良好的环境。同时，通过赞助活动，企业树立了良好的组织形象，拉近了与公众的距离，扩大了企业信息的传播。在本次赞助活动中，为了提高传播质量，扩大社会影响，采用了以下传播策略或技巧：

（1）联合强势媒体。此次活动主办方是大众主流媒体和北京强势媒体，而且联合主办活动的还有多家电视媒体和广播电台，所以此次活动公关传播没有太大难度，产生了很大的社会影响。

（2）借助社会名流。此次晚会主持人都是著名演员或著名主持人。利用演员名流提升企业美誉度和扩大企业的知名度，这是企业进行慈善公关的要诀。

（3）挖掘新鲜创意。此次慈善晚宴，捐助对象选择了大众和舆论很少关注的弱势群体——艾滋病感染者。晚会上“爱心见证”“梦想树”“爱心浇灌”“爱心采摘”等活动环节紧扣“爱心助飞梦想”这一主题，生动感人，给公众留下了深刻的印象。

## 案例阅读 4

### 灾难无情，顶新有爱

一直以来，顶新国际集团遵循“取之于民，用之于民，回馈社会，永续经营”的经营之道。顶新国际集团公关部把社会公益活动作为常态性的工作，历年来投入助学、抗洪、抗震、扶贫、抗疫、支持体育活动等社会公益事业的费用已达数亿元人民币。早在2010年，顶新获准正式成立“顶新公益基金会”。顶新表示愿意也有能力承担更多的社会责任，通过顶新人的爱心为社会奉献更多。“顶新公益基金会”汇聚集团的力量，持续在教育事业、促进两岸文化教育交流以及扶贫赈灾等三个方面尽好顶新的社会责任。

资料来源：传递温暖，传递爱. 顶新公益基金会，2013-01-20.

## 案例点评

社会公益资助是一种复合式大众传播活动，组织主动参与社会公益资助能充分体现出互利的原则，使社会效益和经济效益有机结合起来。与此同时，如果加上各类新闻媒体对事件的宣传，将会大大提高组织的知名度和美誉度，增强公众对组织的好感。不仅如此，主动参与资助灾难的公益活动，是组织和政府搞好关系的重要途径，也是组织向社会表明其承担社会义务和责任的重要手段。社会组织可以通过社会公益资助来树立关心社会的良好形象，培养同各个公益组织及灾区公众的良好感情。顶新国际集团各种捐助活动，同新闻媒介和社会公众关心的热点紧密联系，这无疑会使人们将组织的名字和社会功绩永远铭记在心里。

## 案例阅读 5

### 云南马帮入京“进贡”普洱茶

在交通运输工具高度发达的今天，一队古老原始的马帮浩浩荡荡走进城市，进入现代人的视野。马铃叮当，马蹄声声，再加上独特的少数民族服饰，其吸引力之大可想而知。

历史上，云南大叶种茶在马帮外运途中，沐风栉雨，自然发酵成了功效独特的普洱茶。普洱茶成为皇室贡茶后，也是在马帮运送途中自然发酵而最后形成的。“我们组织这次马帮驮茶进京活动，就是想再现当年的一段历史，让世人认识到真正的、原生态的、自然发酵的普洱茶。”云南省茶叶协会会长邹家驹这样说。

他们选择5月1日劳动节这一天出发，由40多位赶马人和100多匹骡马组成的马帮从云南的普洱市启程赴京，至10月抵京。赶马人年长者53岁，年少者19岁，来自云南省的11个民族。马帮驮载着5吨多普洱茶，穿越六个省市，行程4 000多千米，成为一种独特的文化形态，吸引着人们的视线。马帮在沿途云南、四川、陕西、山西、河北、北京分别举行了茶叶义卖活动，为“希望工程”捐款，均受到了收藏家的关注。截至10月15日，共为“希望工程”义拍、义卖筹资360余万元。10月18日上午10点左右，“希望工程”云南普洱茶拍卖会在老舍茶馆举行，人们的爱心使此次拍卖掀起了一个又一个高潮。拍卖所得款项均捐给中国青少年发展基金会。赞助希望小学的形式，使这次马帮进京活动摆脱了单纯商业活动的影子，获得了社会各界人士的广泛好评。时任马帮进京组委会副主席的云南茶叶协会会长邹家驹说：“马帮的成功进京，拉近了普洱茶与主流消费市场的距离。”邹家驹甚至乐观地预测，北方历来是绿茶和花茶的天下，由于云南马帮千里进京，云南普洱茶在北方市场进行了一次成功的渗透，北京将掀起一股云南普洱茶的热潮。

一种古老的运输方式，一次市场化的运作，马帮就能转化为云南民族文化的新“名片”。由云南茶叶协会主办、云南六大茶山茶业有限公司赞助的“云南马帮驮茶进京”活动掀起的热潮给人们许多启示。

资料来源：案例：云南马帮入京“进贡”普洱茶. 豆丁网，2009-05-22.

### 案例点评

最初，普洱茶在云南非常有名，但是全国其他地区的公众并不了解它。一次进京义卖活动，引发了全国媒介的广泛报道，在全国范围内出现了普洱茶热。

在交通十分发达的今天，仍然用马帮来运输云南茶叶，有很强的戏剧性，容易吸引公众的眼球。由于活动形式新颖，因而引发了媒体的大力宣传。此次活动以企业赞助的形式出现，运到北京的茶叶全部“义卖”，所得款项全部用于援建“希望小学”，淡化了活动的商业色彩。

本次活动提高了活动的组织者——云南茶叶协会，以及活动的赞助者——云南六大茶山茶业有限公司的知名度和美誉度。更为重要的是提高了普洱茶的知名度，使全国人民认识了普洱茶，对于扩大普洱茶的销售具有不可低估的意义。事实证明，普洱茶确实在全国人心中得到了认可，成为消费量最大的茶叶品类。

## 阅读必备

### 一、公关赞助的目的

（1）扩大组织的知名度和社会影响力。

（2）帮助组织树立良好的形象。

（3）提高组织的美誉度。

（4）体现组织的社会责任感，履行组织对社会的义务和责任，博取公众好感与信任，营造良好的“人和”环境。

（5）提高经济效益。

## 二、公关赞助的主要类型

**1. 赞助体育活动**

由于体育活动是广大公众非常感兴趣的群体活动，因此赞助体育活动是最为常见的赞助。从世界范围看，体育活动获得赞助经费是最多的。组织通过对体育活动的赞助，往往较易于增强对公众所施加影响的深度和广度。

**2. 赞助文化活动**

组织对文化活动进行赞助，不仅可以培养与公众的良好感情，而且可以大大提高组织的知名度，创造良好的社会效益。常见的赞助文化活动方式有：赞助广播电视节目的制作、播映；赞助电影的拍摄；赞助文艺表演活动；赞助报刊开辟新专栏；等等。

**3. 赞助教育事业**

赞助教育事业不仅可以在公众面前树立良好的形象，还能和教育界建立良好的关系，为组织的人才招聘和培训创造条件。赞助方式可以是赞助学校建图书馆、实验楼，设置奖学金、助学金和其他有关教育方面的奖金或奖励。对组织而言，这既是一项智力投资，又是一项公关投资，应当给予充分重视。

**4. 赞助社会慈善和福利事业**

这是密切组织和政府、社区、公众关系的重要途径，是组织对整个社会承担义务和责任的重要手段。如捐赠或资助慈善机构，在一些地区或单位遭受灾难时提供资助等。

**5. 赞助学术理论研究活动**

这是一种高层次的赞助活动。组织可以自己设立机构，也可以长期支持某些学术研究机构的研究活动。在我国，这种赞助活动还不太普遍，有待于组织重视和开拓这一领域。

## 三、公关赞助的步骤

**1. 前期研究**

一方面，了解赞助对象的基本情况，包括项目可能对公众产生的影响以及公众对项目的心理反应，在此基础上确定组织赞助的方向和政策，分析赞助的成本和可能获得的综合效益，选择更适宜的赞助对象和赞助方式等；另一方面，调查、了解本组织的公关目标和经济状况，以此作为制定赞助政策、选择赞助对象、决定赞助金额的基础，以防止各种偏离组织整体目标的现象出现。

**2. 制订赞助计划**

制订具体的赞助计划是确保赞助活动取得预期效果的必然条件。赞助计划一般包括赞助的目的、赞助对象的范围、为达到最佳效果而选择的赞助主题和传播方式、赞助费用的预算、赞助形式、赞助实施的具体步骤和时机等内容。一份好的赞助计划可以给实施者提供具体的参考，能够控制赞助范围，防止赞助规模超过组织的承受能力。

**3. 赞助活动的实施**

整个活动程序是：报请领导批准→提请有关方面认可→成立专门活动小组进行操作→确定分配方案并予以实施→进行新闻传播→获得好评。

**4. 赞助效果的检测**

效果检测主要是了解各方面公众及受赞助的组织或个人对提供赞助的组织的看法。具体内容包括：调查是否达到了预期的效果，实现了哪些预定的目标，总结完成或未完成的原因。应将各方面的情况写成总结报告，为以后赞助研究提供参考。

## 实训导引

1. 实训任务：撰写赞助计划书。

2. 实训内容：假设你是某汽车公司公关部的经理，请拟定一份赞助一位车手无后援自驾车 30 日环游中国的计划书（要点：项目的缘起、赞助的意义、赞助的内容、车手的义务、相关公关宣传报道计划等）。

3. 实训目标：

（1）培养学生策划赞助的能力。

（2）学会撰写赞助计划书。

（3）培养团队精神，学会互相合作，共享实训成果。

4. 实训步骤：

（1）以小组为单位开展相关案例和数据调查。

（2）小组成员分工合作，撰写相关文案。

（3）小组成员讨论并确立本组策划方案。

（4）各小组把方案做成 PPT 进行课堂交流。

（5）教师现场点评。

5. 实训时间和地点：课外完成任务，课内展示分享。展示时间控制在 15～20 分钟，评价反思控制在 10 分钟内。

6. 实训评价和反思：

任务单

| 组名 | | 组员姓名 | |
|---|---|---|---|
| 工作程序指引及记录内容 | | 完成的打“√” | |
| 1. 确定小组长 | 小组长姓名： | | |
| 2. 小组集体查阅资料 | / | | |
| 3. 明确任务 | / | | |
| 4. 组员任务分配 | / | | |
| 5. 设计 PPT 及准备视频 | / | | |
| 6. 根据小组分工，完成自己的任务 | / | | |
| 7. 班级交流 | 展示人： | | |
| 8. 小组自我评价及反馈 | | | |
| 9. 个人加分点 | | / | |
| 写给老师的话 | | | |
| 指导教师评语 | | 签名 | |

任务评价表

| 课程名称 | | | | | |
|---|---|---|---|---|---|
| 实训任务名称 | | | | | |
| 三方评价成绩 | | | | | |
| 评分项目 | 评分内容 | 分值 | 自评 | 小组评分 | 教师确认 |
| 明确任务<br>获取信息 | 能有效利用图书馆资源、网络资源、教材等查找有效信息；<br>能用自己的语言有条理地去解释、表述所学内容；<br>能将查找到的信息有效运用到工作任务中 | 10 分 | | | |
| 感知任务<br>制订计划 | 是否熟悉你的任务、认同工作价值；<br>是否具有执行力；<br>小组计划制订得是否合理、具有可操作性 | 10 分 | | | |
| 实施任务 | 与教师、组员之间是否相互尊重、理解；<br>与教师、组员之间是否能够保持多向、丰富、适宜的信息交流 | 10 分 | | | |
| | 探究学习、自主学习不流于形式，处理好合作学习和独立思考的关系，做到有效训练；<br>能提出有意义的问题或能发表个人见解；<br>能按要求正确操作；<br>能够倾听、协作、分享 | 10 分 | | | |

续表

| | | | | | |
|---|---|---|---|---|---|
| 实施任务 | 遵守实训任务要求，实训过程符合目标；<br>训练过程、出勤情况和完成工作任务情况较好；<br>善于多角度思考问题，能主动发现、提出有价值的问题 | 20 分 | | | |
| 展示成果 | 在展示成果中考核小组工作计划、技能训练是否符合目标与要求；<br>是否获得了进一步发展的能力和创新能力；<br>是否有良好的语言表达能力 | 10 分 | | | |
| | 在展示成果中评判学习者是否有发现问题、提出问题、分析问题、解决问题的能力 | 15 分 | | | |
| 评定反馈 | 按时按质完成实训任务；<br>较好地掌握专业知识点；<br>具有较强的信息分析能力和理解能力；<br>具有较为全面严谨的思维能力，并能条理明晰地表述 | 15 分 | | | |
| 总分（100 分） | | | | | |
| 评语 | 自我整体评价 | | 学生签名 | | |
| | 小组整体评价 | | 组长签名 | | |
| | 教师整体评价 | | 教师签名 | | |

## 阅读链接

1. 张玲莉，刘建华. 公共关系原理与实务. 北京：高等教育出版社，2015.
2. 安踏 6 亿赞助中国代表团奥运冠军领奖服. 新浪网.
3. 借势中国好声音，加多宝品牌完美转身. 凤凰网.

## 任务二 公关展览和促销

公关展览和促销都是综合运用各种媒介、手段推广产品，宣传组织形象和建立良好公共关系的公关活动。在展览会和促销会上，不仅可以安排实物、模型，也可以放映影视资料，还可以通过文字、图片展示并加以解说，使展览会和促销会具有一定的知识性和趣味性，使公众更直观、更全面地了解组织及其产品，从而留下深刻的印象，提高组织及其产品在公众心目中的可信度。现在自媒体直播展销也是一些小件物品公关最便捷的方式。

## 案例阅读 1

### 潘婷：爱上你的秀发——中国美发百年回顾展

20 世纪 90 年代末宝洁旗下的知名洗发水品牌潘婷在上海及浙江市场全面推出了它最新的护发产品——潘婷润发精华素。为配合该产品的发布，需要策划及开展一系列既新颖又有力度的公关活动。

在策划活动之前，公司进行了详尽的论证。由于潘婷润发精华素产品是美发领域的一项新突破，且其上市的时间 1999 年正是新旧世纪交替的特殊时间段，再加上 10 月 1 日又是新中国成立 50 周年的大日子，考虑到这一特殊阶段正是对文化、历史等领域进行回顾展望的好时机，而此类活动又比较容易引起媒介及公众的兴趣，公司决定举办一个名为“潘婷：爱上你的秀发——中国美发百年回顾展”的专题活动。该活动是中国首次举办的有关美发技术及美发历史的回顾展，在吸引公众关注的同时，也能形成潘婷品牌在美发界的先驱地位。公司确立了此次活动的具体目标，即在媒体中提高潘婷润发精华素的知名度，并通过举办中国美发百年回顾展树立潘婷业界护发先驱的形象。

在宣传重点上，公司侧重于争取各领域权威人士的支持并为产品发布活动作好铺垫工作，将潘婷润发精华素产品礼盒及使用反馈表发给媒体及美发界、演艺界等领域的社会知名人士，首先争取他们对产品的认同和支持。在公众对产品有了一定认识的基础上再邀请各主要媒体召开研讨会。整个活动的重点是展览会的组织，其中展览会开幕式又是重头戏，内容包括潘婷润发精华素产品上市记者招待会、纪录片播映、不同时代发型表演及有奖问答等。为了提高宣传的覆盖面及影响力，并直接影响产品的目标消费群（18～35 岁女性），公司特别选择与在华东地区热销的生活类杂志——《上海时装报》及拥有一大批年轻听众的上海东方广播电台合作，进行了一系列宣传活动。

回顾展于 8 月 25 日在上海图书馆一楼展厅举行。展览会的开幕式暨“潘婷润发精华素上市会”非常隆重，在展厅外悬挂了巨幅的宣传横幅以提高影响力及吸引力。出席开幕式的包括上海地区的各大主流媒体以及商业/消费类媒体、生活/美容、美发等不同类型的媒体，此外还有江浙两省的主要媒体，盛况空前。展览会内容相当丰富，重头戏是向参观者展示了从明末清初到现代社会的发型变化及美发技术变迁的纪录片，该片是我国首部全面展示中国近代美发史的纪录片，具有极高的观赏性和教育性。为了增强展览会的生动感，在展览会现场还布置了三四十年代的旧上海美发厅场景，吸引了成千上万的观众驻足观赏。为期 3 天的展览会共吸引了近 3 万人次的观众到场参观。

据统计，在活动期间，全国范围内共发表了相关报道 64 篇，其中包括 4 家电台及 8 家电视台。中央电视台 2 套的生活栏目还特别选用了展览会的素材，在庆祝新中国成立50周年的一系列回顾报道节目中，制作了一档长达15分钟的有关美发、护发的专题节目。所有这些报道折合广告价格高达230多万元。在活动结束后不到三个月，“潘婷润发精华素”荣登上海最大的连锁店——华联集团的护发产品销售额榜首。

资料来源：“潘婷——爱上你的秀发”中国美发百年回忆展. 豆丁网，2014-08-24.

## 案例点评

公关展览是一种树立组织形象、推广产品的好形式。宝洁公司成功地策划并实施了“潘婷：爱上你的秀发——中国美发百年回顾展”的公关展览活动，并且是中国第一次美发展览，在形成一定社会影响的同时也提升了产品的销售额，提高了潘婷的知名度。这次展览活动非常成功，除了敢为人先又别出心裁外，在展览会的组织和实施过程中值得学习的地方如下：

（1）确定展览会的时间。展览会的时间选择可以借助重要的节假日、重大的社会活动，以扩大展览会的影响和知名度。宝洁公司旗下的潘婷润发精华素产品上市的时间刚好是新旧世纪交替的特殊时间段，而且恰逢新中国成立50周年，这就是实施公关展览的良机。

（2）确定展览会的地点。展览会的地点选择要根据展览会的内容和规模而定，要考虑如下因素：其一，方便参观者，安排在交通便利、有标志性建筑的地方；其二，展览会举办地周围的环境与展览会主题应相得益彰；其三，要考虑是否容易配备和安置辅助设施。

（3）确定展览会的主题和目的。公共展览活动应该明确主题、主张及宗旨，并以此决定展览会中使用的沟通方法、展览的形式和接待安排等，这是决定展览的内容、形式和对象的前提条件。宝洁公司在开展活动之前，经过论证将活动的内容确定为帮助消费者更好地了解不同时代的美发、护发产品及技术，并与消费者一起展望21世纪美发、护发的最新潮流及产品，从而树立了潘婷业界护发先驱的形象。

（4）邀请重点嘉宾。展览会组织者应重点邀请与展览主题相关的各级各类组织负责人、社会知名人士、专家学者、评论专家等参加前期的研讨会或开幕式，以提高展览会的地位与声誉。不仅如此，还应重点邀请有关新闻媒介的记者采访报道展览会，以此扩大传播效果与影响。宝洁公司将潘婷润发精华素产品礼盒及使用反馈表发给媒体及美发界、演艺界等领域的社会知名人士，以争取各领域权威人士的支持并为产品发布活动做好铺垫工作。

（5）布置展览。根据展览设计图，规划各个展区的展品，布置展品、展板。布展时注意布局合理、醒目美观、突出展品。

## 案例阅读 2

### 香港冬日美食嘉年华

香港冬日美食嘉年华是一年一届的美食界盛事，主办方每年不断搜罗各国美酒佳肴，务求令入场人士尝尽天下美馔。加上展期邻近农历新年，也成为市民置办年货的不二之选。

展会每年推陈出新，创意层出不穷。第五届冬日美食嘉年华，由数家知名参展商合力炮制家庭春节大餐揭开序幕，以凸显“温情”主题。市民在展场大饱口福，皆因处处都是免费试食试饮，种类繁多且不乏新产品。其间，展会增设斗饮斗食大赛，22 日当天就有五名市民即兴上台鲸吞重量级汉堡包。第六届冬日美食嘉年华瞄准了 25 日和 26 日是香港的公众假期这一“贺岁档”，于 25 日至 28 日举行，汇聚各式各样的特色食物，参展摊位超过 300 个，展品包括国际特色美食、香港地道食品、有机产品等。第七届冬日美食嘉年华推出了全港最大的“南洋鸡尾包”，希望将温暖送给参观者。第八届冬日美食嘉年华集合逾 1 000 个参展摊位，增添多个主题展区，如红酒及美酒佳肴区、日本食品展区、海味及贺年食品区，令入场人士在方便找到所需食品之余，更能集中挑选心仪货品。

资料来源：香港冬日美食嘉年华. 豆丁网，2012-07-02.

## 案例点评

香港冬日美食嘉年华是美食展览会，这一模式后来被内地很多城市相继学习借鉴，甚至延续到一些乡镇。香港冬日美食嘉年华有口皆碑，其独特性在于：

（1）展览时间的策划是特殊产品展会成功的关键。美食展每年都在春节之前开幕，满足了民众年底采购年货的需求，可谓得“天时地利人和”中的“天时”。

（2）充分应用展会主题发挥特色。香港冬日美食嘉年华是世界最大的室内美食展，美食的独特产品特色让主办方拥有更多的发挥空间，让被美食吸引过来的观众充分体验美食的乐趣。品尝、试吃、打折、制作最大的点心等活动，在充分营造节日气氛的同时也让观众有了更高的积极性。

（3）以家庭参与为主的形式恰好迎合美食主题，迎合时代潮流。“温情”是香港冬日美食嘉年华一直不变的经典主题，尤其是对于注重家族情感的香港人来说，不管什么时候，节假日都要和家人共享美食。所以，这样一个在年底举办的美食展会为众多家庭的集体出游、品尝、采购提供了很好的机会。

（4）适当的促销与减价对增加展会吸引力有巨大帮助。美食展之所以会成为一个类似全民娱乐的节日，是因为受通货膨胀、物价上涨影响的普通民众需要这样一个安全放心的地方来采购物美价廉的食材。对于普通民众来说，他们可以买到物超所值的食材，好好过一个节日；而对于参展的商家来说，薄利多销。显然，如果把蛋糕做大，那么收获就会更大，适当的让利带来的是更大的利润。

（5）丰富的内容与新颖的创意是展览的生命之源。美食嘉年华的本质甚至有点像农贸市场，但是每年都要有一个好玩的名头，这样才会留住老客户、吸引新观众。不断增加的参展商类型和每年新颖的创意吸引着众多观众与参展商。

## 阅读必备

公关展览的类型

**1. 综合性展览会和专题性展览会**

这是按展览的内容划分的。综合性展览会要求内容全面，有一定的整体性和概括性，既要突出重点，又要照顾一般，力求给受众完整的印象。专题性展览会通常是围绕某一专题、某一专业或某类产品举办的展览会，它要求主题突出、内容集中、有一定的深度。如“园艺博览会”“美在新时代——中国美术馆建馆60周年系列展览”都属于这一类型。

**2. 贸易展览会和宣传展览会**

这是按展览的性质划分的。贸易展览会通过实物展览做广告，以促进产品销售、开拓产品市场。这类展览会通常既“展”又“销”，如石狮服装贸易展览会等。宣传展览会通常是为了宣传某一观点、某一思想或某一地区、某一名人而举办的展览，如“改革开放四十周年成果展”“让档案为历史作证——日本侵略东北罪证展”。

**3. 室内展览会和露天展览会**

这是按展览的场地划分的。室内展览会不受天气影响，举办时间比较灵活，可长可短，显得较为隆重，如科技展览会、家电展览会、手机展览会等。露天展览会设计比较简单，场地较为开阔，可放置大件展品，如汽车展览会、花卉展览会。

**4. 微型展览会、小型展览会、大型展览会**

这是按展览的规模划分的。微型展览会一般指商品橱窗展览和流动的展览。小型展览会规模较小，一般由组织自行举办，展出自己的产品，地点一般选择在各类建筑物的门厅，如图书馆、酒店的大厅、机场的候机室等。大型展览会规模大，参展项目多，展出布局比较复杂，需要很高的举办技术。

## 实训导引

1. 实训任务：以小组为单位策划一次小组“恰同学少年”风采视频展览。

2. 实训目标：

（1）掌握展览的前期准备工作。

（2）主题和目标明确，内容丰富饱满，微视频可视性强。

（3）能够准确地运用网络展览会的基本礼仪。

3. 实训步骤：

（1）以 4～8 人为一组，分组讨论后确定自己小组的人员分工。

（2）拟定工作流程，进行资料收集和视频制作。

（3）实训成果：6 分钟左右完整具有审美感的微视频。

4. 成果展示与点评。

5. 实训评价和反思：

**任务单**

| 组名 | | 组员姓名 | |
|---|---|---|---|
| 工作程序指引及记录内容 | | | 完成的打“√” |
| 1. 确定小组长 | 小组长姓名： | | |
| 2. 小组集体查阅资料 | / | | |
| 3. 明确任务 | / | | |
| 4. 组员任务分配 | / | | |
| 5. 设计 PPT 及准备视频 | / | | |
| 6. 根据小组分工，完成自己的任务 | / | | |
| 7. 班级交流 | 展示人： | | |
| 8. 小组自我评价及反馈 | | | |
| 9. 个人加分点 | | | / |
| 写给老师的话 | | | |
| 指导教师评语 | | 签名 | |

**任务评价表**

| 课程名称 | | | | | |
|---|---|---|---|---|---|
| 实训任务名称 | | | | | |
| 三方评价成绩 | | | | | |
| 评分项目 | 评分内容 | 分值 | 自评 | 小组评分 | 教师确认 |
| 明确任务<br>获取信息 | 能有效利用图书馆资源、网络资源、教材等查找有效信息；<br>能用自己的语言有条理地去解释、表述所学内容；<br>能将查找到的信息有效运用到工作任务中 | 10 分 | | | |
| 感知任务<br>制订计划 | 是否熟悉你的任务、认同工作价值；<br>是否具有执行力；<br>小组计划制订得是否合理、具有可操作性 | 10 分 | | | |

续表

| | | | | | |
|---|---|---|---|---|---|
| 实施任务 | 与教师、组员之间是否相互尊重、理解；<br>与教师、组员之间是否能够保持多向、丰富、适宜的信息交流 | 10 分 | | | |
| | 探究学习、自主学习不流于形式，处理好合作学习和独立思考的关系，做到有效训练；<br>能提出有意义的问题或能发表个人见解；<br>能按要求正确操作；<br>能够倾听、协作、分享 | 10 分 | | | |
| | 遵守实训任务要求，实训过程符合目标；<br>训练过程、出勤情况和完成工作任务情况较好；<br>善于多角度思考问题，能主动发现、提出有价值的问题 | 20 分 | | | |
| 展示成果 | 在展示成果中考核小组工作计划、技能训练是否符合目标与要求；<br>是否获得了进一步发展的能力和创新能力；<br>是否有良好的语言表达能力 | 10 分 | | | |
| | 在展示成果中评判学习者是否有发现问题、提出问题、分析问题、解决问题的能力 | 15 分 | | | |
| 评定反馈 | 按时按质完成实训任务；<br>较好地掌握了专业知识点；<br>具有较强的信息分析能力和理解能力；<br>具有较为全面严谨的思维能力，并能条理明晰地表述 | 15 分 | | | |
| 总分（100 分） | | | | | |
| 评语 | 自我整体评价 | | 学生签名 | | |
| | 小组整体评价 | | 组长签名 | | |
| | 教师整体评价 | | 教师签名 | | |

## 阅读链接

1. 张静容. 新编公共关系实务. 北京：北京大学出版社，2009.
2. 福建省改革开放三十周年考古成果展．东南网．
3. 中国进出口商品交易会（广交会）官网．

# 任务三 公关新闻发布会

公关新闻发布会就是政府、企业和社会团体主动将各新闻机构邀请到一起，宣布本组织有一定社会影响和有新闻价值的信息。新闻发布会的规模可大可小，新闻发言人要掌握新闻发布全面信息和准确翔实的数据内容，礼貌周到，追求新闻发布的效果和效率；主持人要灵活从容，准确把握进程。

**案例阅读 1**

## 马航客机失联事件的信息发布

马航客机失联事件至今还刺痛着世人的心。2014 年 3 月 8 日凌晨 1 时 20 分，由马来西亚飞往北京的 MH370 航班与管制中心失去联系，机上共载有 239 人，其中，中国乘客 154 名。2 点 40 分，马来西亚苏邦空中交通管制台证实航班失联。8 时左右，马航发布航班失联官方消息。8 日下午，马航召开发布会，却比预定时间推迟了两小时。发布会仅持续了 5 分钟，发布的仍是“失去联系”的消息，也未给记者提问的机会。主持人离场时，现场一片骚动，场外也是一片混乱。25 日上午，乘客家属举着自制标语步行前往马来西亚驻华大使馆进行抗议。当天下午 3 点半，马来西亚驻华大使在丽都饭店参加家属说明会，家属对马方宣布飞机坠海这一结果向马来西亚驻华大使提出质疑，大使表示现在无法回答。家属要求大使现场给马来西亚总理打电话询问，大使沉默，只称会转达问题。

资料来源：马航客机失联事件现重大转折 官方发布多个信息. 中国新闻网，2014 - 03 - 26.

**案例点评**

MH370 航班失联后，马航和马来西亚政府不断否认、拖延、隐瞒真相。虽然多次召开新闻发布会，但是其沟通并未取得预期效果，反而使当时的危机更加严重。

信息发布是新闻发布会中非常重要的环节，如果在这一环节出现问题，出现信息不对称或信息扭曲，就会带来不良影响。在新闻发布会上，对记者的提问，发言人应简明扼要地回答，不能答非所问、离题太远；所发布的消息应准确无误，发现错误应马上公开更正；对于不愿意发表的情况或机密情报，应解释原因；如遇到实在难以回答的问题，应首先表示歉意，然后告诉记者如何去获得圆满的答案，或请人代答，绝不能轻率地、漫不经心地说“无可奉告”，更不能反唇相讥、嘲弄对方；即使对方提出一些尖刻的问题，也不能激动发怒，应表现出良好的涵养，以冷静的态度予以反驳或澄清。

**案例阅读 2**

## “老乡鸡”如何走出舆论的阴影

2020 年 2 月 8 日元宵节，不少企业面临着疫情防控和复工的双重压力。晚间，一段题为“刚刚！‘老乡鸡’董事长手撕员工联名信”的视频通过社交媒体、微信朋友圈等平台广为流传。视频中束从轩称由于受疫情严重影响，“老乡鸡”保守估计会有5亿元的损失，为了帮助企业渡过难关，员工提出疫情期间不拿工资，并签字按手印提交联名信。束从轩对此的回应是直接撕掉，并喊话员工，哪怕卖房子、卖车子，也会千方百计确保员工们有饭吃、有班上。强硬的手撕联名信，在餐饮业界普遍哭穷哭惨声中独树一帜，该视频迅速出圈，刷屏网络，在抖音平台的搜索量高达500万。该事件也被认为是餐饮业困境之下品牌公关传播的范本。

在冲刺IPO的关键节点，“老乡鸡”又频频登上了热搜。此前每天官方微博咯咯咯咯的玩梗内容让很多人认识到了这个有趣的品牌，一句“哪怕是卖车子、卖房子，也要千方百计确保你们有饭吃、有班上”则是营造出了一个好老板的形象。优秀“霸道总裁”式公关回应赢得了赞美，但企业本身存在的问题是无法忽略的。

自从5月份招股书出炉之后，“老乡鸡”连续爆出问题，先有门店使用过期炼制鸡油制作鸡汤，后有累计三年有1.6万员工未交社保事件，光是“老乡鸡”存续直营门店受到的2 000元以上的行政处罚就有19项。并且招股书显示，虽然“老乡鸡”的门店数量在增加，但是毛利率却低于快餐市场的平均水平，一连串的风波更是直接让“老乡鸡”之前树立的良好形象陷入了质疑。

尽管未交社保事件一出，作为董事长的束从轩立马出面道歉，并拍摄了一段长达七分半的视频，把问题归根在了数据引用错误，以及部分员工主动放弃参保等原因。显然，光靠这些内容是无法让大众买账的。后续的员工流失率过高和上市前参保率暴涨等问题并未在视频中做出回应。作为不了解真相的大众，更想知晓事件真实经过以及品牌后续的解决方案，简短直观又诚恳的公关文章或许才是更明智的选择。本身的错误还没有理清，让大众去观看这么一长段的发言，未免有些不合时宜了。

归根结底，这些问题反映出“老乡鸡”的管理真实存在漏洞。作为国内已经拥有一定规模的品牌，“老乡鸡”面对再小的问题也需要谨小慎微。哪怕公关手段再高明，供应链、产品安全、员工成本这些实打实的问题也是需要面对的。在冲刺“中式快餐第一股”的路上，“老乡鸡”依然任重道远。

资料来源：2022上半年十大公关事件汇总案例. 豆丁网，2022-09-12.

### 案例点评

“老乡鸡”在一些舆情事件出现后，统一了应对舆情的口径。但董事长匆忙通过微博视频号解释道歉，相对于舆情问题，显得不够诚意。他们应该在整改问题的同时，通过更多第三方媒体进行新闻发布，取得更多正面的报道。像“老乡鸡”这样的问题，如果举行更正式的公关活动如新闻发布会，应该做好以下准备工作：

（1）邀请记者。邀请记者的范围要根据会议的主题而定，如果事件影响仅限于一个地区，只邀请本地各媒体记者就可以了；如果事件涉及全国范围的广大公众，则必须邀请从上到下各主要媒体的记者。不论在什么范围内邀请记者，有一个原则必须遵守，即对同一级的新闻单位要一视同仁，避免厚此薄彼。在当下融媒体时代，要通过多方媒体渠道进行直面和正面宣传。

(2) 统一宣传口径。某一新闻发布到何种程度，召开新闻发布会前一定要在组织内部统一口径，以免因说法不统一，造成媒体报道失实。

(3) 选择主要发言人。新闻发布会的主要发言人一般应由组织的主要负责人担任，因为他熟悉组织的全面情况，说话有权威性。主要发言人要求头脑机敏，口齿伶俐，具有较强的语言表达能力。

(4) 准备报道提纲和答辩要点。公关部门的负责人在会前要熟悉主要发言，并根据主要发言整理出报道提纲。报道提纲应包括主要发言的基本内容，并附有背景材料、有关资料、图表照片等。

(5) 准备好会场。一定要认真选择会场，会场外部交通方便，环境干扰少。会场内气温适宜，座椅舒适，灯光明亮，电源设备充分，便于录音、录像和安装各种通信设备。

(6) 会议主持人的准备工作。新闻发布会的主持人一般由公关部的负责人担任，主持人应当语言幽默、机智灵活、善于控制会场气氛。

(7) 准备辅助工具。在新闻发布会前，要准备好各种辅助工具，如图表、幻灯片、照片、地图、模型、实物、录音、录像等，使新闻发布会产生最佳的宣传效果。

(8) 安排好记者活动。在新闻发布会的前后，可安排记者参观、访问、摄影、摄像。

## 案例阅读 3

### 德国“奔驰”新车新闻发布会

德国奔驰公司为其某款新车举办的新闻发布会，曾给记者们留下了深刻的印象：

一是规模与耗资巨大。有 50 多个国家和地区的 1 200 多名记者参加，仅仅为记者每天支出的住宿费就至少在 180 万元人民币。

二是材料全。有公司历史沿革、经营情况等的介绍，关于新车的材料、数据详尽，可供挑选的照片有二三百幅，有专门拍摄的一部专题影片，还有介绍情况的视频等。

三是组织严密。第一天上午在公司总部报到，下午 1 点半首次举行 30 分钟的会议，介绍日程安排和新车的大致情况，中间穿插两段短片，给人形象、具体的感觉；下午 2 点，所有记者 2～3 人为一组，分别驾驶近百辆不同型号、性能、装饰的新车，从斯图加特市出发，沿着乡间公路，向160多千米外的乌尔姆市进发，让记者亲自尝试这种新车的创新性、安全性、舒适性等；晚上6点左右，各国记者驾车到达乌尔姆市，先参观新车展览，然后参加由奔驰公司首脑主持的新闻发布会；第二天早上8点，记者再驾车从另一条以高速公路为主的道路返回，中午到达斯图加特机场。

四是注意收集记者的反馈。奔驰公司注意抓住机会同记者交谈，当试车结束后，又邀请部分记者座谈。

五是服务细致。

资料来源：“奔驰”新车的隆重推出．道客巴巴，2014-12-01.

### 案例点评

新闻发布会是公共关系新闻传播的一种重要方式，即由政府、企业、团体向其外部公众传播具有一定社会影响和有新闻价值的信息，或者某个组织或个人为澄清某一事件真相而向社会作有关情况的介绍。记者招待会则有所不同，它不一定有新闻要发布，它的主要目的是和新闻媒介进行沟通。案例中的新闻发布会兼具记者招待会的性质。该新闻发布会具有如下特点：

第一，以隆重的形式向新闻界发布信息，给人以郑重其事的感觉。

第二，记者可就自己感兴趣的有关疑点、热点问题进行发问，能更深入地发掘新闻，有利于提高信息的质量和发布效果。

第三，创造了企业与新闻媒体双向沟通的机会，有利于融洽双方的关系。

## 阅读必备

### 1. 新闻发布会的特点

（1）规格较高。新闻发布会的形式比较正规，规格较高，易于引起社会公众的广泛关注。

（2）二级传播。在新闻发布会上，组织将消息告知记者，再由记者所属的媒介将信息告知公众，是一种二级传播方式。

（3）传播迅速。新闻发布会借助记者将组织的信息传播给社会公众，由于传播媒介先进，传播迅速。

（4）沟通活跃。在新闻发布会上，记者可从自己感兴趣的角度进行提问，沟通活跃。

### 2. 新闻发布会的过程

（1）签到。在接待站设签到处，最好由组织的一个主要人物出面迎宾，既显得有礼貌，又可以沟通感情。

（2）发放资料。在发布会正式开始前，要将准备好的资料分发下去，使记者对相关情况有一个粗略的了解，以便他们在主持人发布信息时对会议主题有更进一步的认识和理解。

（3）会议开始。由主持人说明召开新闻发布会的目的，所要发布的消息和有关情况的介绍、说明，然后由发言人再就信息的内容作详细、生动的讲述。

（4）答问。发言人答记者提问。此过程是新闻发布会最重要的一个部分，发言人应就记者的提问进行认真、清晰的回答，给公众树立一种亲和而真诚的形象。当发布会接近尾声时，主持人应提醒记者“下一个问题是最后一个问题了”。

（5）结束。发布会结束时，工作人员应站在门口，以笑脸相送，感谢对方的光临，为以后更好地合作打下良好基础。

**3. 新闻发言人**

新闻发言人的职责是在一定时间内就某一重大事件或时局的问题，举行新闻发布会，发布有关新闻或阐述本部门的观点和立场，并代表有关部门回答记者的提问。国家、政党、社会团体往往任命或指定专职新闻发布人员，比较小的部门则任命或指定兼职新闻发布人员，一般由该部门中层以上的负责人担任。在企业中，新闻发言人一般是由 CEO、分管宣传的副总或者公关部经理来担任，其中由 CEO 担任新闻发言人的情况占多数。上市公司则由董事会秘书担任新闻发言人。

## 实训导引

1. 实训任务：模拟新闻发布会，以本地某知名企业为新闻发布单位，分角色扮演，举办一场有明确主题、目的和针对性的新闻发布会。

2. 实训目标：

（1）掌握新闻发布会的基本议程。

（2）能够组织简单的新闻发布会。

（3）能够准确地运用新闻发布会的基本礼仪。

3. 实训步骤：

（1）选择 2 个小组完成实训任务，分组讨论后确定自己小组人员分工。

（2）拟定工作流程，进行模拟演练。

（3）学生自评。

（4）老师总体点评。

4. 实训时间和地点：该任务在实训室完成。

5. 实训评价和反思：

**任务单**

| 组名 | | 组员姓名 | |
|---|---|---|---|
| 工作程序指引及记录内容 | | | 完成的打“√” |
| 1. 确定小组长 | 小组长姓名： | | |
| 2. 小组集体查阅资料 | / | | |
| 3. 明确任务 | / | | |
| 4. 组员任务分配 | / | | |
| 5. 设计 PPT 及准备视频 | / | | |
| 6. 根据小组分工，完成自己的任务 | / | | |
| 7. 班级交流 | 展示人： | | |
| 8. 小组自我评价及反馈 | | | |
| 9. 个人加分点 | | | / |
| 写给老师的话 | | | |
| 指导教师评语 | | 签名 | |

**任务评价表**

| 课程名称 | | | | | |
|---|---|---|---|---|---|
| 实训任务名称 | | | | | |
| 三方评价成绩 | | | | | |
| 评分项目 | 评分内容 | 分值 | 自评 | 小组评分 | 教师确认 |
| 明确任务<br>获取信息 | 能有效利用图书馆资源、网络资源、教材等查找有效信息；<br>能用自己的语言有条理地去解释、表述所学内容；<br>能将查找到的信息有效运用到工作任务中 | 10 分 | | | |
| 感知任务<br>制订计划 | 是否熟悉你的任务、认同工作价值；<br>是否具有执行力；<br>小组计划制订得是否合理、具有可操作性 | 10 分 | | | |
| 实施任务 | 与教师、组员之间是否相互尊重、理解；<br>与教师、组员之间是否能够保持多向、丰富、适宜的信息交流 | 10 分 | | | |
| | 探究学习、自主学习不流于形式，处理好合作学习和独立思考的关系，做到有效训练；<br>能提出有意义的问题或能发表个人见解；<br>能按要求正确操作；<br>能够倾听、协作、分享 | 10 分 | | | |
| | 遵守实训任务要求，实训过程符合目标；<br>训练过程、出勤情况和完成工作任务情况较好；<br>善于多角度思考问题，能主动发现、提出有价值的问题 | 20 分 | | | |

续表

| | | | | | |
|---|---|---|---|---|---|
| 展示成果 | 在展示成果中考核小组工作计划、技能训练是否符合目标与要求；<br>是否获得了进一步发展的能力和创新能力；<br>是否有良好的语言表达能力 | 10 分 | | | |
| | 在展示成果中评判学习者是否有发现问题、提出问题、分析问题、解决问题的能力 | 15 分 | | | |
| 评定反馈 | 按时按质完成实训任务；<br>较好地掌握专业知识点；<br>具有较强的信息分析能力和理解能力；<br>具有较为全面严谨的思维能力，并能条理明晰地表述 | 15 分 | | | |
| 总分（100 分） | | | | | |
| 评语 | 自我整体评价 | | 学生签名 | | |
| | 小组整体评价 | | 组长签名 | | |
| | 教师整体评价 | | 教师签名 | | |

## 阅读链接

1. 曾琳智．新编公共关系学．上海：上海财经大学出版社，2009．
2. 可口可乐山西公司“含氯门”事件追踪．新浪网．
3. 德国奔驰品牌打造高端旅游“奔驰旅游”．网易旅游频道．

# 任务四 公关庆典活动

一位公关专家曾说：“实际上没有一天、一周、一月、一年是没有特殊事件可供纪念的，而历史上的任何事件都有它的一周年、十周年、一百周年……都是值得纪念的。”的确，对于一个组织来说，有许多值得纪念与庆贺的日子，如周年纪念、开业典礼、奠基典礼等。公关庆典活动是社会组织为庆祝某一重大事件而举行的一种公共关系活动。由于举办庆典活动可以向社会宣传组织的存在与发展，为组织创造良好的形象，因此，许多组织都非常重视这一活动，并能够抓住机遇准确地“表达”这个日子。

### 案例阅读 1

#### IBM 公司的“金环庆典”活动

美国 IBM 公司每年都要举行一次隆重的庆功会，对那些在一年中做出过突出贡献的销售人员进行表彰。这种活动常常是在风光旖旎的地方，如百慕大或马霍卡岛等地进行。

对3%的做出了突出贡献的人所进行的表彰，被称作“金环庆典”。在庆典中，IBM公司的最高层管理人员始终在场，并主持盛大、庄重的颁奖酒宴，然后放映由公司自己制作的表现那些做出了突出贡献的销售人员工作情况、家庭生活，乃至业务爱好的影片。

在被邀请参加庆典的人中，不仅有股东代表、员工代表、社会名流，还有那些做出了突出贡献的销售人员的家属和亲友。整个庆典活动都被录制成电视（或电影）片，然后被拿到IBM公司的每一个单位去放映。

IBM公司每年一度的“金环庆典”活动，一方面是为了表彰有功人员，另一方面也是企业员工联络感情、增进友情的一种手段。在庆典活动中，公司的主管同那些常年忙碌、难得一见的销售人员聚集在一起，彼此毫无拘束地谈天说地，在交流中，无形地加深了心灵的沟通，尤其是各公司主管当面表达的表示关心的话语，常常能使那些在第一线工作的销售人员“受宠若惊”。正是在这个过程中，销售人员更增强了对企业的“亲密感”和责任感。

资料来源：公关案例分析：IBM公司“金环庆典”活动. 原创力文档，2021-06-30.

## 案例点评

IBM公司的“金环庆典”活动属于企业内部的公共关系活动，它对企业公共关系的发展有着极其重要的现实意义。

第一，它可以增强企业内部的凝聚力与向心力。通过庆典活动，让对企业有功的人员亲身感受到企业高层主管对他们工作、学习、家庭及个人发展的关心，感受到企业大家庭的温暖。这样做可以使公司员工更多地联络感情、增进友情，协调企业内部的人际关系。

第二，它可以使员工家庭和睦。为企业做出突出贡献的销售人员的家属、亲友也被邀请参加庆典活动，这会使受表彰者的家属更多地了解自己的亲人在工作中的表现，使其家属在以后的工作中更多地支持亲人的工作，使之多一份理解与关爱，从而保证这些家庭的和谐气氛。

第三，它可以提高企业员工的积极性。在这样的庆典活动中，接受表扬者会产生一种继续奋发向上、为企业多作贡献的激情。同时也会鼓励更多的员工努力工作。在这种企业氛围中，员工们会处处为企业着想，在工作中表现出良好的员工形象，进而展示出企业的风格。

第四，它可以使企业的社会效益和经济效益得到同步增长。企业员工热爱自己的企业，以企业为荣，会自觉地为企业树立良好的形象，这样会使企业在社会公众心目中树立良好的形象。例如，人们会认定IBM公司是一个有文化的公司、关爱社会的公司，这样IBM公司的社会效益最终会转化为企业的经济效益，因为人们认定，拥有良好形象的企业一定会生产出优质的产品和提供优质的服务，进而愿意购买这样的企业生产的产品。

## 案例阅读2

# 庆典策划有“套路”

### 1. 开幕仪式

[场地] 依照常规，举行开幕式需要较为宽敞的活动空间，所以门前广场、展厅门前、室内大厅等处，均可用作开幕仪式的举行地点。

[流程] 开幕仪式的主要程序共有六项：

第一项，宣布仪式开始，介绍来宾。

第二项，邀请嘉宾揭幕或剪彩。揭幕的具体做法是：揭幕人行至彩幕前，礼仪小姐双手将开启彩幕的彩索递交揭幕人。揭幕人目视彩幕，双手拉动彩索，令其展开彩幕。全场目视彩幕，鼓掌并奏乐。

第三项，在引导下，全体到场者依次进入幕门。

第四项，致辞答谢。

第五项，来宾代表发言祝贺。

第六项，参观。开始正式接待顾客或观众，宣告对外营业或对外展览开始。

### 2. 开工仪式

[场地] 依照惯例，开工仪式大都在生产现场举行。

[着装] 除司仪人员按惯例着礼仪服装以外，东道主一方的全体职工均应穿着干净整洁的工作服出席仪式。

[流程] 开工仪式的常规程序主要有五项：

第一项，宣布仪式开始，介绍各位来宾。

第二项，在司仪的引导下，本单位的主要负责人陪同来宾行至开工现场肃立。

第三项，正式开工。请职工代表或来宾代表来到开工项目旁，全体人员此刻应鼓掌致贺，并奏乐。

第四项，全体职工各就各位，上岗进行操作。

第五项，在主人的带领下，全体来宾参观生产现场。

### 3. 通车仪式

[场所] 举行通车仪式的地点，通常为公路、铁路、地铁新线路的某一端，新建桥梁的某一头或者新建隧道的某一侧。

[布置] 在现场附近以及沿线两旁，应当适量地插上彩旗、挂上彩带、悬挂横幅。

进行“处女航”的汽车、火车或地铁列车应被重点装饰。在车头之上，一般应系上红花。在车身两侧，可酌情系上彩带，并悬挂醒目的大幅宣传性标语。

[流程] 通车仪式的流程一般有六项：

第一项，宣布仪式开始，介绍来宾。

第二项，奏国歌。

第三项，主办方致辞。其主要内容是，介绍即将通车的新线路、新桥梁或新隧道的基本情况，并向有关方面致谢。

第四项，来宾代表致辞祝贺。

第五项，正式剪彩。

第六项，首次正式通行。届时，宾主及群众代表应一起登车而行。主办方所乘坐的车辆行进在最前方开路。

## 案例点评

公关庆典活动种类繁多，这里以开幕、开工、通车三类庆典为例，提供相关的庆典策划可借鉴的“套路”。公关庆典的形式不复杂，用时也不多，但要办得热烈隆重、丰富多彩，给人留下强烈而又深刻的印象并不是容易的事。这就要求公关人员既要有热情的举止，又要有冷静的头脑；既要善于鼓动，又要指挥有序。

## 案例阅读3

### 清华大学建校100周年纪念

2011年4月24日，清华大学迎来了建校100周年纪念日。主席台正上方悬挂着清华大学校徽，“1911”和“2011”的字样分列两侧，标示着清华大学已经走过百年风雨历程。海内外50 000名清华学子重回母校，追忆青春岁月。为此，中国邮政还发行了《清华大学建校一百周年》纪念邮票1枚，面值1.2元。4月23日，《清华大学建校一百周年》邮票首发仪式在清华大学大礼堂举行。服务于清华大学的清华大学邮局也迎来了建局一百周年。作为原地邮局，清华大学邮局为满足校友收藏愿望，设立邮品专柜，特别推出了《清华百年集邮护照》，并从4月22日至4月24日陆续推出了6款纪念戳，分别为4月22日的清华东操场纪念戳，4月23日的清华主楼纪念戳，4月24日的人民大会堂、清华大礼堂、新清华学堂、百年校庆戳中戳纪念戳，以戳印这种特殊方式记载下清华大学百年的荣耀。

资料来源：清华大学100周年校庆. 标语网，2011-04-25.

## 案例点评

庆典活动是现代组织公关策划的重要工作内容和方式之一，活动因策划者的创意不同以及组织的需求点不同而内涵与形式有诸多不同。各类庆典活动不能太老套，要不断有创意和亮点，给人留下美好的印象。清华大学策划的这一精彩庆典活动因历史与现实结合、纪念与弘扬并举而令人瞩目。

## 案例阅读 4

### “上帝”剪彩与同庆生日

**“上帝”剪彩**：青岛星火家具大世界开业之际，举行了一场别开生面的开业仪式。开业仪式上，既听不到震耳欲聋的鞭炮声，也看不到成群结队的嘉宾光临，伴随阵阵悠扬悦耳的军乐声，商店工作人员向在场的第一批顾客散发了20束鲜花，然后由得到号码为8、18的两位顾客为公司剪彩。此时此刻，此情此景，让人们感到顾客就是“上帝”已不再仅仅是商店里装点门面的标语条幅。

**同庆生日**：无独有偶，长沙友谊华侨公司（以下简称“友华”）于某年11月中旬开始进行店堂装修，营业面积扩大四百多平方米，商品品种增加二百余种，准备在次年元旦重新开业。但有一件事却让该公司总经理为难，焕然一新的“友华”怎样才能吸引更多的顾客呢？深夜12点钟了，他还无法入睡，随手翻起床头的一本《国外营销术》，突然看到一篇谈营销主体如何通过贴近顾客的方式来促进销售的文章。他的脑子里迸发出灵感的火花，能不能用“友华”的名义请长沙市区内在历年元旦这天出生的人在开业的这一天到店里来过生日？第二天，公司同人听总经理谈了这个想法后，都认为这是一个新招。于是他们赶制了一批精巧的生日纪念卡和小礼品，接着在报纸和电视上打出广告，邀请市内历年元旦出生的人趁“友华”重新开张之际，来店同庆生日。

开业那天，过生日的顾客怀着兴奋的心情手持户口簿排队领取生日礼品，他们三五成群而来，吸引了不少过往行人。没过多久，店里就挤得水泄不通。一位81岁高龄的老人闻讯后高兴地说：“我活了81年，从来没有看到过商店为顾客过生日的，今天看到了。”他特地让60岁的儿子到店里代他受喜。花甲老人替父亲领了生日纪念品后，又被琳琅满目的商品所吸引，边看边买，出店时，大包小盒提了一大堆。下午两点钟，一名男士手持医院证明来到店里，说他女儿当天上午10点钟降生。总经理代表公司向他表示祝贺，并向他女儿赠送礼品。男士激动地说：“你们给顾客带来了生日的乐趣，把‘友华’的美好情意送到了顾客心里。”到下午5点钟，“友华”共发出生日礼品千余份，而商店的客流量已超过20万人次，销售额达100万元，相当于过去日平均数的十几倍，创该店历史上的最高纪录，并为以后扩大销售奠定了良好基础。

资料来源：公共关系专题活动. 豆丁网，2014-12-13.

### 案例点评

商店开业仪式，人们司空见惯的做法是：嘉宾光临，执剪剪彩。但是青岛星火家具大世界和长沙友谊华侨公司的做法却别具一格，前者是请两位普通顾客剪彩，后者则与顾客同庆生日。此番举措，不同凡响，公关效果极佳。

第一，出奇制胜，先声夺人。出奇制胜，虽是兵家常用的战术，其实同样适用于生意人。它是商业企业在激烈的市场竞争中争取主动、夺取胜利的方法之一。在争夺市场的过程中，许多有经验的经营管理者绞尽脑汁想出许多新颖出奇、匠心独具的经营妙计，在竞争中一举成功。青岛星火家具大世界请“上帝”剪彩，实属一奇；长沙友谊华侨公司与顾客同庆生日，又属一奇。因为奇得巧妙、奇得有理，也就能先声夺人。两家商店的做法是前所未有的新鲜事，所以顾客的关注热情及谈论兴趣自然非同一般，新闻媒介也乐意宣传报道，有利于形成一定的舆论震动波，使商店迅速树立起良好的社会形象。

第二，博取信赖，争取人心。商场如战场，得人心者得天下。要想在竞争中站住脚，必须先取得顾客的信任、理解和支持。无论是“上帝”剪彩还是与顾客同庆生日，这都是在用实际行动表明“顾客就是上帝”不是一张空头支票。这种对顾客的感情投资，自然会使顾客产生一种好感、一种认同心理，拉近了顾客与商店的距离。

总之，公关庆典活动的策划设计和制作应当体现新奇的创意，突出活动的艺术性，才能让人记忆深刻。而且，要加强公关庆典活动的新闻性。新闻媒体对庆典活动的反应是衡量活动成功与否的标尺，因此努力争取新闻媒体广泛宣传报道，使庆典活动本身具有新闻价值极其重要。

数字化时代，许多庆典活动线上线下同步进行，创意鲜明的公关庆典活动更具有传播力和影响力。

## 阅读必备

**1. 公关庆典活动的类型**

（1）节庆典礼。节庆典礼是指围绕重大节日和纪念日举行的庆祝活动。一类是公共节日，如国庆、元旦、春节等，另一类是一些纪念日，如企业成立周年纪念日等。这类庆典活动一般是定时举行。

（2）开业典礼。开业典礼是指组织机构成立、企业开始正式营业时隆重举行的庆祝仪式。这类典礼的目的是扩大宣传，树立组织机构的形象。同时，开业典礼可以衍生出分店开业典礼、专卖店开业典礼等。当然，开业典礼的变化也可以是开学典礼或开班典礼等。

（3）庆功典礼。庆功典礼是指根据组织或成员获得某项荣誉，取得某些重大业绩、重大进展而举行的庆祝活动。如某轿车厂“第100万辆轿车下线”等。

（4）奠基典礼。奠基典礼是指重大工程项目如楼宇、道路、桥梁、河道、水库、电站、车站等建设项目正式开工时，举行破土动工的仪式。这类庆典起庆祝性、纪念性作用。

（5）竣工典礼。竣工典礼是指某一工程项目建成完成时举行的庆贺型仪式，包括建筑物落成、安装完成、重大产品成功生产等。这类典礼一般在竣工现场举行。

（6）通车典礼、通航典礼。通车典礼是指重大交通项目如公路、铁路、地铁、桥梁、隧道等，在正式交付使用前举行的庆祝活动。通车仪式又叫开通仪式。通航典礼，又称首航仪式，是指飞机、轮船正式开通一条新航线时举行的庆祝活动。

**2. 庆典活动方案的内容与审批**

庆典活动要取得成功并收到预期效果，就必须对庆典活动进行认真的策划和严密的组织，并将收集获得的材料正确地使用到活动方案中。

（1）方案内容：每一个庆典活动必须制定一个活动方案，包括典礼的名称、规格、规模、邀请范围、时间地点、典礼形式、基本程序、接待人、筹备工作、经费安排等。

（2）方案审批：庆典活动要遵守国家有关规定，重大庆典活动一般要报上一级机关审批，如县一级举办重大庆典活动，要报市委、市政府审批并报省委、省政府办公厅备案。其他庆典活动要经有关领导审批。

**3. 庆典活动方案的结构**

庆典活动方案一般要根据活动主办方的要求，进行策划和撰写。在通常情况下，一份完整的庆典活动方案的结构，包括前言、背景分析、确定邀请对象、流程安排、物质准备等。在有些采用商业手段进行操作的庆典活动中，还包括庆典赞助商要求及赞助汇报。

（1）前言。包括背景介绍、庆典目的以及活动时间、地点、人物等。主要是以简短的文字介绍此次活动的动机，说明并介绍庆典公司或庆典承办方自身服务的特色和优势。

（2）背景分析。针对庆典活动的内容以及客户、对象等进行相关的背景分析。目的在于使客户了解到庆典活动策划内容的依据，并且了解到庆典公司或庆典承办方对市场环境、公关内容等的掌握程度。

（3）确定邀请对象。庆典活动要邀请有关领导、知名人士、行业及社区公众代表、新闻记者参加。邀请对象一般是各界代表、与活动主题相关的有关人士。一旦确定邀请对象，应当及早发出邀请，准确掌握来宾情况。

（4）流程安排。庆典程序要合理安排。一般流程包括：重要来宾留言、题字；主持人宣布活动开始；奏国歌或奏乐；介绍重要来宾；领导人致辞和来宾代表讲话；剪彩、参观活动等。有时还安排座谈、宴请、文艺节目等活动。

（5）物质准备。庆典活动的物质准备主要包括活动物质的准备以及活动现场布置，其中以活动现场布置为主。现场布置一般包括音像设备、横幅、标语、彩旗、鲜花、气球等。需要剪彩的，还要准备缎带、剪刀、手套、托盘。在策划文案中，现场布置要简洁明了，后期再加以情景描述或使用效果图进行说明。

（6）礼宾礼仪。要安排专门的礼宾接待人员和专门的接待室，以便在庆典活动正式开始前让来宾休息、交谈。要有专人引导入场、签到、留言、剪彩等。重要来宾的接待，要由有关负责人亲自完成。

（7）人员分工。在制定庆典活动方案的时候，要明确主办方、承办方、协办方及其相应的任务。对于大型的活动，可通过组成不同的小组，分解工作。

## 实训导引

1. 实训任务：

（1）以庆祝某一饭店成立10周年为主题，撰写庆典活动方案。

（2）针对所在城市某一个特别的庆典活动，写一个庆典活动基本方案，比如特区成立××年、城市解放××年、城市生态文明建设××年等。

2. 实训内容：选择其中一个实训任务，根据庆典的类型进行有创意的策划。

3. 实训目标：

（1）培养学生进行庆典策划的能力。

（2）掌握庆典活动策划的方法和程序，学会撰写相关文案。

（3）培养团队精神，学会互相合作，共享实训成果。

4. 实训步骤：

（1）2个小组分别完成，以小组为单位做调查、统计、分析探讨。

（2）拟定工作流程及时间、人员安排。

（3）小组成员分工合作，开展调查及相关文案的撰写。

（4）小组成员讨论并确立本组策划方案。

（5）各组课堂以PPT的形式进行汇报，交流各自的策划方案，时间控制在15分钟以内。

（6）其他组代表和老师现场点评。

5. 实训评价和反思：

任务单

| 组名 | | 组员姓名 | |
|---|---|---|---|
| 工作程序指引及记录内容 | | | 完成的打“√” |
| 1. 确定小组长 | 小组长姓名： | | |
| 2. 小组集体查阅资料或进行市场调研 | / | | |
| 3. 明确任务 | / | | |
| 4. 组员任务分配 | / | | |
| 5. 设计PPT及准备视频 | / | | |

续表

| | | |
|---|---|---|
| 6. 根据小组分工，完成自己的任务 | / | |
| 7. 班级交流 | 展示人： | |
| 8. 小组自我评价及反馈 | | |
| 9. 个人加分点 | | / |
| 写给老师的话 | | |
| 指导教师评语 | | 签名 |

**任务评价表**

| | | | | | |
|---|---|---|---|---|---|
| 课程名称 | | | | | |
| 实训任务名称 | | | | | |
| 三方评价成绩 | | | | | |
| 评分项目 | 评分内容 | 分值 | 自评 | 小组评分 | 教师确认 |
| 明确任务<br>获取信息 | 能有效利用图书馆、数字化、教材教参等资源查找有效信息；<br>能用自己的语言有条理地去解释、表述所学内容；<br>能将查找到的信息有效运用到工作任务中；<br>能进行相关市场调研 | 10分 | | | |
| 感知任务<br>制订计划 | 是否熟悉你的任务、认同工作价值；<br>是否具有执行力；<br>小组计划制订得是否合理、具有可操作性 | 10分 | | | |
| 实施任务 | 与教师、组员之间是否相互尊重、理解；<br>与教师、组员之间是否能够保持多向、丰富、适宜的信息交流 | 10分 | | | |
| | 探究学习、自主学习不流于形式，处理好合作学习和独立思考的关系，做到有效训练；<br>能提出有意义的问题或能发表个人见解；<br>能按要求正确操作；<br>能够倾听、协作、分享 | 10分 | | | |
| | 遵守实训任务要求，实训过程符合目标；<br>训练过程、出勤情况和完成工作任务情况较好；<br>善于多角度思考问题，能主动发现、提出有价值的问题 | 20分 | | | |
| 展示成果 | 在展示成果中考核小组工作计划、技能训练是否符合目标与要求；<br>是否获得了进一步发展的能力和创新能力；<br>是否有良好的语言表达能力 | 10分 | | | |
| | 在展示成果中评判学习者是否有发现问题、提出问题、分析问题、解决问题的能力 | 15分 | | | |

续表

| | | | | | |
|---|---|---|---|---|---|
| 评定反馈 | 按时按质完成实训任务；<br>较好地掌握专业知识点；<br>具有较强的信息分析能力和理解能力；<br>具有较为全面、严谨的思维能力，并能条理明晰地表述 | 15 分 | | | |
| 总分（100 分） | | | | | |
| 评语 | 自我整体评价 | | 学生签名 | | |
| | 小组整体评价 | | 组长签名 | | |
| | 教师整体评价 | | 教师签名 | | |

## 阅读链接

1. 胡锐．现代公共关系案例评析．杭州：浙江大学出版社，1994.
2. 张静容．新编公共关系实务．北京：北京大学出版社，2009.

# 任务五 公关参观活动

公关参观，是将组织内部有关场所和业务流程向社会公众开放，组织公众实地参观、考察，以便用事实说服公众的活动。公关参观的目的是增加组织的透明度，扩大组织的知名度，争取获得公众的理解和支持。它是增进组织与社会公众之间的联系与了解的手段之一，是经常性的公关活动。比如汤臣倍健展厅和透明工厂一体常态化开展“预约公关参观活动”，有专门的讲解员团队、送往车队，免费保健品品尝体验和赠送环节，以此培植潜在的消费者。我们也常见一些中小学及幼儿园定期开展家长和社区公众开放日参观活动，增进家长对学校教育的了解、理解和支持。

### 案例阅读 1

## 都是“核”惹的祸

2022 年俄乌战争中陷入安全危机的扎波罗热核电站，俄乌双方各执一词，互相指责对方攻击了核电站。为了弄清真相，解除危机及相关公众的担忧，联合国核查小组进行技术调查和评估。如果安全危机解除，为平息乌克兰扎波罗热核电站周边公众的忧虑，尚需要策划相应的公关参观活动。

1986 年 2 月 5 日，英国塞勒菲尔德核反应厂发生了一次非常严重的事故，引发了一场严重的危机。事后，该核燃料公司花费 200 万英镑进行广告宣传活动，并邀请公众参观塞勒菲尔德核反应厂的展览中心。通过向社会公众开放核反应厂，接待社会公众的参观、质问，提高企业的透明度，重新获得了公众的支持。

在苏联切尔诺贝利核电站发生了核问世以来最大的核泄漏事故并造成人员伤亡后，香港各界纷纷对广东大亚湾核电站表示忧虑，担心该核电站对香港造成潜在的危险。舆论风起云涌时，广东大亚湾核电站向香港市民开放厂区，组织香港代表参观核电站，现场介绍安全情况，风波很快就平息了。

### 案例点评

食品是否安全、水土及空气污染怎样，以至核电站是否有核污染，这都是公众担忧甚至焦虑的事情。由于公众不了解组织的生产情况与安全系数，特别是具有高科技含量及绝对保障安全的核电站，容易造成公众与核企业之间剑拔弩张的局面。正所谓“耳听为虚，眼见为实”，在核企业开放参观的有效沟通下，公众实地考察核企业。通过参观感受，双方的隔阂顿时消失。这就是开放参观给组织所带来的实际公关效应。

### 案例阅读 2

## 伊利工厂的开放之旅

随着国家在各个层面全面加强保障食品安全，倡导生态绿色发展，2013 年 4 月 6 日，趁“两会”刚刚落下帷幕之际，中国乳制品龙头企业伊利集团宣布，响应中央议案，全面启动“伊利工厂开放之旅”活动，让消费者深入了解乳制品生产工艺，同时接受社会各界人士的监督。

“伊利工厂开放之旅”的活动有三大亮点，即“全年”“全国”“全民”。

“全年”——从时间上看，参观活动自 4 月 6 日起启动，持续贯穿 2013 年全年。

“全国”——从地域上看，北至黑龙江肇东，南至广东佛山，西起宁夏吴忠，东到江苏苏州，本次开放的伊利工厂基本实现了全国性覆盖。

“全民”——全国各地的消费者只需上网搜索“参观伊利”，或登录伊利官网按照页面提示，选择距离最近的伊利工厂，简单几步即可完成预约。伊利公司在工厂所在城市或临近城市，为每一位愿意走进伊利的消费者提供免费接送班车及全程专业讲解，打造更好的消费者体验。

在首日的“伊利工厂开放之旅”活动中，伊利生产工艺的严谨给参观者留下深刻的印象。通过讲解员的专业讲解，记者了解到，伊利在产品的生产过程中，引进了国际领先的设备，采用先进的机械化挤奶技术。在原奶运输环节中，全程采用 GPS 监控，确保牛奶安全到厂。整个生产环节，采用真空灌装技术，确保全程无菌、密闭。此外，活动当天还有一位特殊的消费者来到伊利工厂，她就是伊利品牌代言人、著名女子网球运动员李娜。在活动现场，李娜变身“导游”，带领来自全国的热心消费者走进伊利。现场参与的消费者普遍反映，在“零距离”接触过程中，一些细节让人倍感宾至如归。特别是工厂内每一位伊利员工的微笑和问候，专业讲解员的一路陪同和细致入微的解说，让他们感觉到作为“公众质监员”，已经成为伊利大家庭的一分子。

资料来源：开放工厂案例：伊利. 简书，2020-03-05.

### 案例点评

“伊利工厂开放之旅”活动让亲眼看过伊利的生产工艺的老百姓放心，而将普通消费者请进家门，也让消费者感觉到企业的亲切，能够为伊利赢得信任和尊重。

“伊利工厂开放之旅”活动以务实获得信任，靠开放寻求发展——也正是“两会”上国家领导人对中国经济提出的要求。伊利主动响应中央决策，率先自律，给出了乳制品行业龙头的态度：坚实的品牌底蕴通过实干得来，行业公信力要通过卓越的产品品质树立。

中国奶制品企业由于发生过影响重大的“三聚氰胺”危机，人们的信任感一直得不到提振，“伊利工厂开放之旅”抓住了公关主体、公众和环境几个要素的利好时机，成功的公关参观活动重拾了人们一定的信任。现在诸多食品及保健品企业以人工智能的加持进行开放生产和制作，并把公关参观活动常态化。

### 案例阅读 3

## 浓情十月，烟台酒乡——张裕·卡斯特酒庄体验之旅

根据国家统计局数据显示，2021 年 1—12 月，全国规模以上葡萄酒生产企业完成酿酒总产量 26.80 万千升，同比下降 29.08%；累计完成销售收入 90.27 亿元，与上年同期相比下降 9.79%。

2022 年“两会”上，全国人大代表、张裕董事长周洪江提交建议指出，国产葡萄酒发展现状十分严峻：目前葡萄酒规模以上企业陷入大面积经营亏损，行业运营效益不断下滑；2021 年已是国产葡萄酒产量连续第 9 年下降。

其实早几年张裕葡萄酒就有了这种危机意识，他们策划了诸多公关广告活动。曾组织一百多名游客参与了开创国内先河的烟台张裕·卡斯特酒庄体验之旅。该活动以游客亲身体验无穷乐趣的“评选首位张裕·卡斯特酒庄公主”以及“承继欧洲葡萄酒庄传统文化”为主要特点，打造了一个全新的葡萄酒经典文化旅游路线。整个庆祝丰收活动历时一天，共分四个充满新意的主要环节。

游客在工作人员的指导下穿戴工作服，在酒庄葡萄园专门划出来的采摘区里使用专用剪刀亲手摘下著名酿酒葡萄品种蛇龙珠。随后游客在酒庄的“葡萄酒手工作坊”里，使用专门的小木盒以手破碎葡萄，将葡萄汁连皮带籽倒入发酵瓶，塞入瓶塞，填写个人资料卡，最后设计个性化瓶标，就可于两个月后通过快递获得葡萄酒。

“酒庄公主娇姿展”是庆祝丰收活动的高潮。活动邀请 6 位著名模特作为张裕·卡

斯特公主的候选，表演欧洲传统庆祝活动——在一个直径2.5米、高1米的大木盆里脚踩葡萄，并主持2012年霞多丽新酒启封仪式。最后在葡萄酒知识问答比赛及才艺表演之后，获得游客最多花环的模特荣得“公主”称号。

参与这次体验之旅的游客反应热烈，表示这是在国内难得一见的完全体现欧中葡萄酒文化融合的旅游活动，采摘葡萄及自酿新酒的环节充满新鲜感，令他们对葡萄酒文化有了更深刻的认识，而参与首个葡萄酒公主的评选活动是他们最为特别的体验。

资料来源：中国红酒大败局. 网易，2022-08-22；张裕·卡斯特酒庄体验之旅：串串葡萄妙手摘. 胶东在线，2009-09-30.

### 案例点评

开放活动就是利用公众到组织内部进行参观访问的机会，传递信息，增加公众对组织好感的活动。张裕葡萄酒厂在秋高气爽的季节，开放组织，邀请公众到企业内部参观，参加各种活动，了解葡萄酒的生产过程，增加对于葡萄酒的了解，为将来扩大销售奠定了基础。同时，通过生动活泼的文艺活动，使消费者感受到企业对他们的关爱，从而达到提高企业知名度和美誉度的目的。在这次开放组织的活动中，张裕葡萄酒厂采用的公关技巧包括：

（1）活动目标明确，主题突出。葡萄酒在西方国家非常流行，是人们佐餐的必备饮品。但是国人对于葡萄酒的了解相对较少，所以葡萄酒的销量与中国的人口很不成比例。张裕葡萄酒厂的活动，目的就是通过让公众亲身参加葡萄的采摘，参观葡萄酒的酿造过程，增加有关葡萄酒的知识，培养潜在的消费者。

（2）选择恰当的时间。每年10月正是葡萄收获的季节，葡萄园内的风光本身就是一道风景线，具有天然的旅游价值。在10月选一个双休日，使公众有条件来酒厂参观，参加与葡萄酒有关的各项活动。如果换一个时间举办这样的活动可能效果就会差多了。

（3）活动组织得丰富多彩。如果仅仅是参观葡萄酒的生产过程，难免会使开放组织缺乏趣味性。而在参观的过程中，让公众自酿葡萄酒，并且写上个人资料，等酒酿好后再寄给公众，使公众可以品尝自己酿造的葡萄酒，别有风味。特别是“酒庄公主娇姿展”和评选酒庄公主的活动，既让公众欣赏了亚洲名模的表演，又让公众自身的才艺得到展示，可以给公众留下深刻的印象。

## 阅读必备

**1. 公关参观的组织与实施**

（1）确定目的和主题。任何一次参观都要明确此次参观出于什么目的、将达到什么样的效果、会给公众留下什么印象。常见的主题有六个方面：强调本组织先进的工作环境；

强调本组织优良的技术与设备；强调本组织独创的新产品、新发明；强调本组织卓越的业绩和突出的贡献；强调本组织现代化管理水平；强调本组织的企业精神、企业文化。

（2）选定参观时间。开放参观的时间最好安排在一些特殊的日子，如周年纪念日、节日等。不但要考虑开放参观的时间，也要考虑整个参观活动所需的时间。

（3）安排参观路线。提前设计好参观线路，制作参观示意图，划分开放区与非开放区，布置相关的警戒线，防止出现不必要的麻烦和事故。

（4）做好宣传工作。为了充分展示组织的信息，应事先准备好文字资料和电子资料，编印一份简单易懂的说明书或宣传资料，或者编印纪念册、宣传画册、宣传袋，分发给参观者。

（5）做好接待工作。提供礼节性服务是做好参观工作的关键。对参观者应热情周到，提供方便。同时，企业有些安全防范的要求，要事先告知参观者。

**2. 公关参观的程序**

举行欢迎仪式→介绍组织历史与现状→发放参观说明书→说明参观路线与注意事项→由接待人员带队参观→举行联欢或座谈→安排照相、发放纪念品。

## 实训导引

1. 实习任务：有一家校企合作大型企业，拟接受新一批校方实习生。为了增强实习效果，企业和校方进行协商，派车接送这批实习生及指导老师到企业相关园区、展厅、实习生宿舍及餐厅参观，最后到会议室进行上一批企业优秀实习生颁奖表彰及代表发言，全程半天。请按照这个公关参观活动安排给企业方拟定一份活动方案。

2. 实训要求：2 个小组完成任务，做好任务分工，方案切实可行。

3. 实训成果：各小组以 PPT 的方式进行汇报，其他小组进行评议及评优，根据评议，任务小组进行修改完善。

4. 根据实训评价表给予打分：

| 内容（80 分） | | 表达（20 分） | | 总分 | |
|---|---|---|---|---|---|
| 评语 | 自我评价 | | 学生签名 | | |
| | 其他同学评价 | | 同学签名 | | |
| | 教师评价 | | 教师签名 | | |

## 阅读链接

1. 金旗奖编委会. 2021 最具公众影响力公共关系案例集. 北京：中国财富出版社有限公司，2022.

2. 周朝霞. 公共关系实务. 北京：北京邮电大学出版社，2014.

项目五

# 公共关系危机管理与处理

危机的发生往往带来极大的损失，造成一定的破坏性，而那些影响政治、经济和社会等各层面的危机就成为公共关系各个类型的危机。如何在危机到来之前进行防范，如何在危机到来时科学合理地处理危机和降低损失，如何在危机结束后总结经验，以预防和避免类似的危机，这一系列的问题成为公共关系危机研究的课题。有人将公关人员比喻成消防员，这说明在公共关系危机管理与处理的环节，公共关系工作人员起着“灭火”这一不可替代的作用，从分析危机出现的原因开始到寻找解决危机的途径，到制定解决方案，再到减少危机带来的损失和制定危机预防机制的这一过程，都需要体现公共关系意识和树立良好公众形象的原则。同时，积极地处理公共关系危机不单是公关人员的基本职责，更应该是政府机关和企事业单位负责人及成员所共同承担的组织责任与社会责任。

## 任务一 公关危机的成因与处理原则

排除一定的偶然性和突发性，一切危机的发生都或多或少有其必然性。我们一般习惯将这些原因分为内因和外因，或者简单地分析为主要原因和次要原因。那么，为什么会发生危机，原因主要来源于哪些方面？危机的发生会牵涉哪些人，造成怎样的影响，对于组织的公共形象带来什么样的不良后果？在处理公关危机时要坚持怎样的处理原则，才能有效地解决这一危机呢？这都是公关危机管理与处理需要深入考虑并有原则与技巧解决的问题。

## 案例阅读 1

### 美国“9·11”恐怖袭击事件导致严重后果

“9·11”事件是2001年9月11日发生在美国本土的一起系列恐怖袭击事件。这起事件对世界格局产生了重大影响。这起重大恐怖袭击事件，被美国政府称为“第二起珍珠港事件”。2001年9月11日上午，两架被恐怖分子劫持的民航客机中的一架撞向美国纽约世界贸易中心一号楼和世界贸易中心二号楼，两座建筑在遭到攻击后相继倒塌，世界贸易中心其余5座建筑物也受震而坍塌损毁；另一架被劫持的客机撞向位于美国华盛顿的美国国防部五角大楼，五角大楼局部结构损坏并坍塌。恐怖袭击事件发生后，全美各地的军队均进入最高戒备状态。虽然塔利班发表声明称恐怖事件与本·拉登无关，但美国政府仍然认定本·拉登是恐怖袭击事件头号嫌犯。作为对这次袭击的回应，美国发动了“反恐战争”，入侵阿富汗以消灭藏匿基地组织恐怖分子的塔利班，并通过了《美国爱国者法案》。2001年10月7日美国总统乔治·沃克·布什宣布开始对阿富汗发动军事进攻。

“9·11”事件是发生在美国本土的最为严重的恐怖攻击行动。对于此次事件的财产损失各方统计不一，联合国发表报告称此次恐怖袭击对美经济损失达2 000亿美元，相当于当年生产总值的2%。此次事件对全球经济所造成的损害达到1万亿美元左右。此次事件对美国民众造成的心理影响极为深远，美国民众对经济及政治上的安全感均被严重削弱。

此后美国除了及时打击塔利班恐怖分子及其“基地”恐怖组织的保护者，精心组织各种遇难者的纪念活动。美国一直没有放弃反恐行动，特别组建的专门机构于2011击毙隐蔽很深的塔利班“基地”组织头目本·拉登，2022年再次击毙继任的“基地”组织头目扎瓦希里。

资料来源：9·11美国恐怖袭击. 国际互联网，2022-06-22.

## 案例点评

美国“9·11”事件共造成3 000多人死亡和失踪，以及不可估计的巨大财物损失。首先，这是反人类、反人道的恐怖行为，少数人为了自身的政治目的和利益，用极端的方式侵害了多数人的生命和安全；这更是一次国际级的大危机，不管是施害者还是被害者都要承受危机带来的不良后果。对于这次危机事件，认真做好发生原因的分析是必不可少的，对恐怖分子的存在绝不姑息，对恐怖事件的预防绝不能松懈。“9·11”灾难不管是牵涉政治、经济和军事等哪方面的原因，都给人们带来无穷的反思，而这种反思也将影响着对以后类似事件的预防和处理。美国加大了反恐的力度，并于数年后击毙了本·拉登，时隔多年，再次击毙当时基地“组织”的第二号人物，继任者扎瓦希里，同时，世界反恐的任务也更加繁重，并加大反恐防恐力度。

任何公关危机事件的发生除了给相关公众带来不可挽回的损失，更给社会组织带来形象上的重大影响，造成组织知名度和美誉度的下降，比如“9·11”后的美国要想恢复到危机前的水平，确实需要花费很大的力气。

## 案例阅读 2

### “太二酸菜鱼”逆流而上的酸菜鱼

“3·15”晚会又再次掀起了一波公关热潮，起因是为多家知名企业提供加工酸菜制品的插旗菜业被媒体实地曝光，号称老坛工艺的酸菜却是工人用脚踩出来的，甚至有工人边抽烟边干活，生产环境极度脏乱差。

事件一出，各大企业也是迅速做出了反应，类似康师傅、五谷渔粉的公关团队忙着道歉反思，白象、肯德基则是淡定表明自身与插旗菜业并无合作，而太二酸菜鱼则是趁着这股热度逆流而上。

太二官方发表了一篇名为《太二酸菜安全报告》的推文，不仅晒出了合作厂家的生产许可，还公开了自家的酸菜制作工艺，甚至最后还放上了酸菜的质检报告，可以说全方位地打消疑虑。如此掏心窝式的展示方式，比起毫无情感的公关文，明显更具有说服力。这次“土坑酸菜”事件的影响虽然巨大，但太二酸菜鱼此次不仅没有损失惨重，还收获了一众好评。

资料来源：2022 上半年十大公关事件汇总案例. 豆丁网，2022-09-12.

## 案例点评

公关危机产生的原因通常包括组织内部和外部两方面。组织内部原因包括：组织人员素质低，产品、服务质量问题，组织管理决策活动失误，公关活动本身的失策等；组织外部原因包括：竞争对手的不正当竞争行为，不利报道引发的，意外事故造成的，其他不可控制的事件等。知名度极高的连锁餐饮公司，食品安全是最重要的，同时其服务面对的客户是多层面、多方位的，所以影响也会是多方面的。牵涉酸菜危机事件时，太二酸菜鱼这波逆流而上的操作最关键在于给了大众在乎的内容，究其本质原因还是及时发声明与“土坑酸菜”做了切割。对于企业来说，危机事件何时发生无法预测，发生之后如何快速应对虽重要，但本身的产品安全过关，才是让消费者安心的关键。

## 案例阅读3

### 长跑竞赛酿成公关危机及处理

某年6月在江东市“太阳杯”企业赞助全民健身周长跑竞赛中，不幸多人中暑，两人死亡。当日上午，江东市骄阳似火，天气暴热。9时整，3 000多名运动员参加了1.5千米的群众性长跑活动。随后，其中的350名运动员移师江滨路进行长跑竞赛。其中，中年男、女组和青年组赛程为7千米，少年组为3.5千米。由于在烈日下激烈的奔跑，有不少运动员先后出现程度不一的中暑反应。8名中暑较严重的运动员被迅速送往市急救医疗中心抢救。有一人在途中中暑摔倒，导致头部摔伤，待送达急救中心时，不幸心跳已停止。夺得中年女子组竞赛第3名的江东市某公司的一名参赛者也因中暑严重，于次日凌晨死亡。此事故引起了极大的关注。

2021年5月22日—23日，甘肃石林山地马拉松百公里越野赛遭遇极端天气，导致21人遇难。此事故震惊全国。

资料来源：案例10：长跑竞赛发生事故．淘豆网，2018－05－08．

## 案例点评

此案例说明了公共关系工作的科学性和有效性很大程度上取决于公共关系的管理和策划。公共关系管理过程涉及的相关因素大致有三类，即环境因素、主体因素和传播技术因素。这三类因素客观上影响着公共关系工作的效果。

由企业赞助全民健身周活动，本来是一种极具传播价值的公关活动，但是在长跑比赛中发生了两人死亡、多人中暑的不幸事件，这主要是由于公关活动的主持者忽视了公共关系管理的环境因素所致。所谓环境因素就是对公关主体的决策和行为构成直接或间接影响的外界因素，其中包括时间和天气因素。6月的江东市，天气酷热，在这种条件下，让3 000多名运动员参加长跑比赛，实属时间选择不当。很明显，主持者在这次公关活动中忽视了环境因素（时间与天气）对主体因素（参赛者）的影响，使本来很有意义的公关活动变成了一个悲剧。经新闻媒介报道后，会对活动主办方产生不利影响。由此可见，在公共关系活动的管理过程中，环境因素、主体因素以及传播技术因素都是不可忽视的重要因素。

对于此类公关危机事件的处理，组织方及赞助方应及时求助及配合政府、媒体做好家属安抚与补偿工作，寻求权威部门及专家准确分析危机的原因和防范措施，从政府层面按照危机程度是否报请上级政府，根据实际情况成立专门调查小组，查明事实真相，依法依规尽快处理，并及时进行新闻发布。此外，对此类活动应随即制定规章与条例，防止类似危机再次出现。

## 案例阅读 4

### 欧亚木业宣传销售陷危机

2022 年“3·15”期间，《北京商报》盘点一年来家居行业的甲醛超标事件，鑫鑫木业与欧铂丽成为两个典型。翻开家居企业的宣传页，一个个动听的板材名称比比皆是，其中不乏行业头部企业。比如，定制家居的板材都各有美名：欧派家居的叫“净醛抗菌爱芯板”、索菲亚的叫“康纯板”、尚品宅配的叫“康净板”……相关专家指出，企业宣传的“无醛”“0 醛”“净醛”，充其量是在生产中没有添加含甲醛的物质，不加甲醛可能加别的，可能带来别的危害，因而单纯炒作甲醛释放量低，对提高产品质量没有什么意义。

某年 3 月 15 日，央视“3·15”晚会上欧亚事件曝光。北京欧亚木业有限公司提供的印制精美的宣传册上写着：德国欧亚创建于 1903 年，在欧洲和亚洲各拥有 1 个研发中心、5 个生产基地，产品行销全球 80 多个国家。欧亚地板专卖店销售人员称，欧亚敢于卖出 2 000 元一平方米的价格，除了德国制造、选材苛刻外，最主要的原因就是德国品牌。经过央视记者在德国的实地调查，发现德国欧亚总部根本不存在，国内也没有欧亚公司注册。记者在某地工业区唯一的地板生产企业生产车间发现，欧亚地板正在这里进行生产和包装，但产品标签上却没有标注真实的生产厂家。据透露，欧亚在全国五个省市均有生产车间，除部分产品包装上标注生产基地为欧亚（中国）生产基地外，其他大部分都没有标注生产厂家和地址。事件被曝光后，欧亚木业有限公司发表声明，认为这是宣传的失误，产品质量和价格是绝对有保障的。在记者就此事采访时，该公司负责人不断辩解。

最终，北京市工商局对欧亚木业有限公司下达处罚决定通知书：按照违反《广告法》和《反不正当竞争法》进行处罚，处以广告费五倍的罚款，罚金高达 700 万元。

欧亚木业有限公司对此表示：“欧亚已经认识到错误，服从处罚，不会再申请复议或向法院起诉了。不过，欧亚地板的质量是绝对值得信赖的，这一点消费者可以放心。”

资料来源：聚焦 3·15. 腾讯网，2022-03-18.

#### 案例点评

欧亚地板存在以下几个问题：

1. 违背承担责任原则：在危机发生后，无论谁是谁非，都不要企图推卸责任，否则会让公众认为你没有解决问题的诚意。人们会原谅人犯错误，但绝不会原谅人不认识错误。在欧亚地板被央视曝光之后，欧亚地板一直拒绝承认为了营销和营利而攀上并不存在的“德国亲戚”的事实，把这种主观的、系统的、持续的造假行为，轻描淡写成“失误”，从而进一步地激怒公众。

对欧亚来说，与其满腹委屈地指责为什么别人可以说“全球每三块地板就有一块来自德国”，而就不能说“百年欧亚，源自德国”？与其“犹抱琵琶半遮面”地宣称

"如果购买产品发现问题的消费者，可办理退货"，倒不如坦诚地表态："召回所有售出的产品"或者"凭购货发票"获取赔偿，从而挽回消费者对欧亚地板的信心。

2. 违背真诚沟通原则：企业应把自己所做所想的，积极坦诚地与公众沟通。虽然欧亚在危机发生后，一直很主动地在配合媒体的采访，但是在沟通中却极不真诚，都是牵强附会地狡辩。如："百年欧亚，指的是有信心把欧亚做成百年品牌""把总部误写成德国"，等等。实际上在危机发生后，应立即采取真诚的沟通方式，比如，设立专门的投诉热线和投诉网站，给公众一个了解企业的途径；企业总裁应坦诚自己的错误在于为了运作市场，欺骗了大家，表现出"闻过则喜"的胸怀，并真诚表达改进的具体措施和时间表。

3. 符合速度第一原则：危机发生后，能否首先控制住事态，使其不扩大、不升级、不蔓延，是处理危机的关键。在这一点上欧亚还是表现得比较出色的。3 月 15 日央视"3·15"晚会播出，3 月 16 日，总裁助理即开始接受采访，并且当天晚上发布了声明。在被罚款 700 万元后马上表态"我们接受处罚"。

4. 违背系统运行原则：在逃避一种危险时，不要忽视另一种危险。在进行危机管理时必须系统运作，绝不可顾此失彼。欧亚除了接受媒体采访之外，没有采取任何有助于挽回消费者信心的行动，为了表示绝不再犯的诚意，可以高调实施比如"双倍赔付、建立消费基金、产品召回"。

5. 违背权威证实原则：企业应尽力争取政府主管部门、独立的专家或机构、权威的媒体及消费者代表的支持，并想办法积极争取各个相关组织的声援，而不是自己去徒劳地解释或自吹自擂自己的质量如何如何。

因此，北京欧亚木业有限公司应针对上述问题，做出真诚、系统、切实的危机处理，重拾社会的信任和消费者的信心。

## 阅读必备

**1. 危机公关**

危机公关是指从公共关系角度对危机的预防、控制和处理。为使组织在危机中生存，并将危机所造成的损害降至最低限度，决策者必须在有限的时间内，做出关键性决策和具体的危机应对措施。

**2. 公关危机发生的主要原因**

（1）文化风俗与消费者习惯：由于各民族、各国家风俗习惯的不同，组织在经营时，一些合理的市场行为可能会变得不合理，从而引来消费者的不满情绪，损害品牌形象。

（2）领导危机：企业的产品在市场上有一个生命周期：投入期、成长期、成熟期、衰退期，企业以及统领这个企业的领导也都存在一个生命周期，特别是领导新老交替时，倘若处理不好，危机就会来临。

（3）劳资纠纷：劳资纠纷已经成为企业公关危机产生的一个重要因素。企业管理不规范和劳动者身处劣势等都将产生劳资纠纷。

（4）假冒伪劣：假冒伪劣商品、虚假承诺、不公平交易及欺诈行为、虚假广告、劣质服务和商业歧视都是这一危机的主要表现形式。

（5）安全问题：相对于假冒伪劣产品而言，企业自身产品的安全性有着更强的隐蔽性，这类危机的普遍特点是企业产品本身并没有问题，只是在特定情况下出现危机。

（6）财务经营管理：财务风波对企业的影响关键在于诚信的丧失，特别是上市公司，财务风波的影响，轻则股价一落千丈，重则企业关门倒闭。当然，财务风波并不是致命的，关键是要有切实可行的盈利模式，只要企业盈利了，财务风波也就淡出人们的视野了。

（7）客户纠纷：市场化经济的空前发展导致商家与客户的博弈关系越来越直接地受市场调控。若客户纠纷解决不妥当，势必影响企业形象。

（8）恶性竞争：有市场必然会有竞争，只要存在激烈的竞争，就容易爆发恶性竞争带来的危机。

（9）政治危机：为了争取企业发展的政策空间，政治接触成为企业家政治参与的普遍和经常的形式，而政商关系无疑是一把双刃剑。

（10）环境污染：环境危机对于企业而言已经不是危机层面的问题，而是是否遵守国家有关规定的问题，倘若违反了环境保护规定，企业的形象必然受到严重损害。

（11）社会危机：社会危机的涵盖面非常之广，包括自然灾害、流行疾病、经济危机、社会暴乱、军事战争、恐怖袭击，发生任何一种社会危机都会对企业造成致命影响。

**3. 公关危机对企业的损害预测**

表 5-1 是假设的几种常见公关危机。

**表 5-1　假设的几种常见公关危机**

| 假设的企业危机 | 销售额损失 | 财产损失 | 赔偿责任 | 人才损失 | 企业形象损失 |
|---|---|---|---|---|---|
| 瑕疵产品的发生和回收 | ● | | ● | | ● |
| 因产品责任发生的法律诉讼 | ● | | ● | | ● |
| 因管理不善引起的人身事故 | | | ● | | ● |

续表

| 假设的企业危机 | 销售额损失 | 财产损失 | 赔偿责任 | 人才损失 | 企业形象损失 |
|---|---|---|---|---|---|
| 环境污染和公害破坏 | | | ● | | ● |
| 恐怖活动引起的爆炸 | ● | ● | ● | ● | ● |
| 食物中毒 | ● | | ● | | ● |
| 企业的火灾事故 | ● | ● | | ● | ● |
| 员工的工伤事故 | | | | ● | ● |
| 侵犯人权 | ● | | ● | | ● |
| 企业的违法行为 | ● | | ● | | ● |
| 企业的反社会行为 | ● | | | | ● |
| 企业裁员引起的危机 | ● | | | ● | ● |
| 经营阶层渎职 | ● | | | ● | ● |

## 实训导引

1. 实训目的：

了解常见公关危机，能分析各类危机发生的原因和解决的一般原则，能制定危机处理方案，从而形成较强的危机意识。

2. 知识提示：

（1）公共关系危机是指影响组织活动的正常进行，对组织的生存、发展构成威胁，从而使组织形象遭受损害的某些突发事件。常见的危机有重大工伤事故、天灾人祸、突发性商业危机、产品或企业信誉危机。

（2）处理危机的原则：查明真相，实事求是；及时处理，力求主动；减轻损失，趋利避害；承担责任，重塑形象。危机管理包括危机预防和危机处理两个阶段。危机预防的真谛不是为了要处理危机，而是要尽可能不让危机发生。危机处理的侧重点在于危机事故发生后的新闻传播、信息控制。

（3）处理危机的一般程序和方法：成立危机事故处理组织；深入现场，了解事件；控制损失；分析情况，确定对策；与新闻界联系，平息各种怨言；组织力量，有效行动；认真处理善后工作；总结调查，吸取教训。

3. 任务情景：

（1）美云小区的一些住户到启元物业管理公司办公室指责物业公司管理费高、乱收费，扬言要向新闻界举报。假如你是该物业管理公司的办公室主任，应该如何处理此事？

（2）某地有位消费者在购买使用了某品牌牙膏后，引起牙出血和面颊肿痛等现象，于是诉诸当地的报社。当地几家新闻机构都播发、转载这一消息，一时间舆论哗然，造成该品牌牙膏的销售下降。据传这位消费者还要求厂家赔偿药费和精神损失。假如你是这家企业的公关人员，说说你处理该危机事件的基本思路。

（3）收集社会上近段时间出现的一些危机事件，选取某一危机事件进行分析，并写出分析报告。

4. 任务与要求：

（1）选取三个小组，分别抽签选择一项任务。

（2）小组先针对任务讨论写出文字性的公关危机解决方案，做成 PPT 展示分享。

5. 实训说明：

（1）本项目拟在模拟实训室进行。

（2）可以进行角色扮演，模拟展示公关危机处理的场景。

6. 评分标准：

| 小组 | 全面系统（20 分） | 情景模拟（30 分） | 方案可操作性（30 分） | 答辩（20 分） |
|---|---|---|---|---|
| | | | | |
| | | | | |
| | | | | |

## 阅读链接

1. 迈克尔·里杰斯特．危机公关．上海：复旦大学出版社，1995.

2. 斯科特·卡特李普，等．有效公共关系．北京：中国财政经济出版社，1988.

## 任务二 公关危机处理的程序

英国皇家博物馆收藏着一条船，这条船自从下水后，138 次遭遇冰山，116 次触礁，27 次被风暴折断桅杆，13 次起火。但它却一直没有沉没。没有不犯错误的组织，正像没有“不受伤的船”，只要勇于拼搏，善于应对危机，一个组织就是一条永不沉没的船。做好公关危机处理，在危险中发现机遇，寻找转机。公关危机之时，能否安然度过，主要取决于对危机的管理，而整个处理过程需要科学、专业、协调一致，处理过程的每一个环节和要素显得尤为重要。

### 案例阅读 1

## 国航空难的有效危机公关

中国国际航空公司是中国最大的航空公司，2002 年 4 月 15 日上午 10 时 40 分左右，国航 CA129 航班在韩国釜山机场附近坠毁，机上载有旅客 160 人。空难发生后，国航即刻启动紧急事件应急程序：召开各部门负责人会议，商定应对空难的紧急措施；国航善后事务工作组成立，并立即飞往韩国釜山；紧急向党中央、国务院汇报；迅速组成空难乘客和乘务员接待组，并包租了专供家属食宿的酒店，特意选择年纪在 40 岁左右的中年“爸爸”或“妈妈”负责接待工作，临时调配各种车辆 40 多部，保证家属接送和交通；开通专门问讯电话，专门接受外地家属询问；全面了解国内乘客的具体资料，准确掌握家属情况，在宾馆开设了临时门诊部；根据家属愿望，对于社会各界的理解和支持及时在媒体上披露。

乘务员抢着上航班，正在休假的国航员工不约而同回到了单位。为了鼓舞士气、凝聚信心，从早上 5 时 30 分起，客舱乘务部的领导对所有起飞航班都在起飞准备区送员工上机，对飞回来的所有国际航班都前去迎接。在困难和挫折面前，从国航公司领导到每位员工，都喊出了“为了明天，我们更加坚强，更加团结”的口号。

经过以上一系列工作和得当措施，国航的工作得到了广大家属的理解和赞赏。尽管人死不能复生，但国航的工作却给了生者许多安慰，从新闻媒介、社会舆论来看，没有反对国航的意见。随着理赔工作的开展，国航赢回了公众的信心。

资料来源：空难引出的危机公关. 豆丁网，2011-08-28.

### 案例点评

国航在事件发生后首先成立了危机处理专门机构，协调各方面关系，及时公布最新消息，有效遏制了危机的进一步蔓延，得到了社会各界的理解和支持；同时注意加强内部员工的凝聚力。灾难有时防不胜防，灾难发生处理过程稍有不慎，可能对组织机构会产生更具有毁灭性的影响。对于组织重大的公关危机事故，必须全面、科学、有序、及时、准确、权威地展开危机处理工作，坚持速度第一、敢于担当、尊重大众知情权、构建全面舆情管理体系等原则。

### 案例阅读 2

## 当当“从摔杯到抢章”主题活动

2019 年，当当创始人权力之争的话题刷屏网络。

网友忙着围观“两虎相斗”，顺便同情一下身处舆论旋涡的“儿子”当当。当当却没有“坐以待毙”，而是积极“应战”，推出紧扣老板与老板娘之间大战“主题”的优惠活动，公然蹭起了自家热度。网站首页广播“好的婚姻，要守护财产和爱”，点进去是特别策划专题“从摔杯到抢章”，部分图书每满100减50，推荐了婚姻、两性、法律、运营、管理、心理六方面书籍。

对于当当消费自己“老板和老板娘的瓜”“自己蹭自己热度”“生产自救”的营销活动，广大网友丝毫不吝惜自己的赞美之词，“幽默”“挺好”“笑喷”“危机公关别出心裁”。连中国新闻网、观察者网这样的主流媒体都主动给它打起了“广告”。

资料来源：2020年最新十大经典成功公关案例解读．识微科技网，2021-01-27.

**案例点评**

当当面对“高层”出现的矛盾带来的舆情危机，或多或少面临着一些质疑声，但它注意加强内部沟通，增强内部员工的凝聚力，以一种任凭风吹浪打，我自岿然不动的姿态，展示了良好的组织形象、迅速应变和协调的能力。具体看，当当在被质疑不能正常运营时，没有大发声明澄清或者卖惨，反而以自家的“瓜”为主题进行图书促销活动，以实际行动证明自身并未受到影响，不但完美地回应了质疑，还低成本地收获了千万级的品牌曝光。

## 案例阅读3

### 从“网抑云”到“网愈云”

2020年8月，“网抑云”突然成为网络爆梗，起因是有许多网易云评论区无病呻吟的评论被爆出是假的，或者是编的，引发大众反感情绪。该梗用于嘲讽那些“为赋新词强说愁”的人。

但即便大众对这些“伤痛文学”抵触，也不能排除写下那些抑郁评论的人是否真到了伤心处需要一个倾泻口。基于这样的情况。8月3日，网易云音乐称已推出“云村评论治愈计划”，邀请心理专家、万名心理专业志愿者加入“云村治愈所”，万名乐评达人组成云村乐评团发起乐评征集大赛；同时升级《云村公约》治理虚假编造内容，规范乐评礼仪，为真正有需要的用户提供专业帮助。

资料来源：2020年最新十大经典成功公关案例解读．识微科技网，2021-01-27.

**案例点评**

互联网的信息非常繁杂，既需要甄别信息是否有效，也需要剖析信息背后反馈出来的问题，如“网抑云”这个梗的流行，是反感部分无病呻吟者，核心问题并不出在刷梗的人，而是搅乱社区环境的评论让真正需要心理疏导的人更难得到帮助，也影响社区氛围。“云村评论治愈计划”就是针对这两个问题进行“治愈”与“净化”。所以遇到舆情危机时，需要公关人员有“火眼金睛”，通过现象看本质。首先应该正视问题，弄清来龙去脉，分析总结并评估，然后做出正面诚恳专业的回应，采取相应的危机处理措施，以此来承担责任，争取获得广大公众的谅解，渡过危机事件给企业带来的难关。网易云面对“网抑云”的调侃并没有迷失方向，而是剖开了事件的表象看到本质，选择为抑郁的用户提供心理咨询，体现了品牌的人文关怀和社会责任，同时也没有忽视那些稀释云村调性的“噪声”，决心清理，双管齐下以逐步扭转“网抑云”为“网愈云”。

20%～50%的人会为口碑买单，公关危机处理最终目的还是在公众心中建立起良好的形象和口碑。不管采用何种公关危机管理手段，都要和公众“做朋友”而不是“树敌”。

## 案例阅读 4

### 百度被“黑”事件危机处理

2010 年 1 月 12 日早上 7:00 左右，www.baidu.com 突然出现无法访问故障，域名无法正常解析。至 9:30，太原、天津、郑州、烟台、长沙、成都、沈阳等地均出现百度无法正常访问现象。10:45，百度官方表示：由于 baidu.com 的域名在美国域名注册商处被非法篡改，导致百度不能被正常访问，公司有关部门正在积极处理，并告知网民 www.baidu.com.cn 能够正常访问。自 11:00 起，各地网络就开始恢复了对 www.baidu.com 的正常访问。

12:51，对于百度被“黑”事件，CEO 李彦宏在百度贴吧上以“史无前例”表达了自己对于事件的震惊。当日下午 6 点，百度发表正式声明，称目前已经解决了大部分登录问题。对于部分中国网友基于义愤要报复性攻击其他外国网站的做法，百度称“我们并不鼓励这样的做法，请大家保持冷静”。

资料来源：从百度被黑看危机公关. 豆丁网，2013-03-08.

## 案例点评

作为国内最大的网络搜索平台，百度的突然被“黑”，在网民中引起轩然大波。从应对公关危机角度来看，百度方面的做法近乎完美：在第一时间对事件做出回应；快速运用技术手段对问题进行处理；迅速制定应急方案，积极引导广大网友使用 www.baidu.com.cn 进行正常搜索；CEO 李彦宏借助于网络发表自己对于事件的看法，消除广大网友的猜疑与疑虑；而百度对于广大网友克制性的提醒，显示了百度的大度与事件应对的全局观。如此系统的危机应对策略，保障了问题的顺利解决，得到了广大网友的好评。

## 案例阅读 5

### 以诚动人

2020 年 5 月 15 日，某主播在直播带货中，向观众推荐了“花点时间”520 玫瑰礼盒，但在 5 月 20 日当天，不少用户反映收到的鲜花存在质量问题，鲜花已不新鲜，花瓣出现打蔫甚至腐烂的情况，无法送人。

5 月 20 日下午，某主播接连转发了 32 条投诉的博文，向网友表达歉意并表示将助其追责。

当晚 20 点，某主播发布“关于‘花点时间’玫瑰质量事件的致歉和补偿措施”的长文，称除将按照协议内容要求“花点时间”100%退款外，直播间还将原价额外赔付现金以表歉意。23 点，“花点时间”发长文道歉，表示也将额外按原价赔付现金。

至此，直播间下单了“花点时间”礼盒的顾客共将获得 3 倍的原价赔付，网友戏称“这是买了个理财产品呀!”

资料来源：2020 年最新十大经典成功公关案例解读. 识微科技网，2021-01-27.

#### 案例点评

公关危机管理中简单线性思维与处理方式有时看起来是及时的、负责任的、真诚的，但公关危机处理是系统全面的工作。作为知名公众人物，该主播敢于面对问题，多方道歉并给予相关粉丝多种补偿，是值得赞赏的。

实际上，此前该主播由于一开始业务不熟练，直播带货出现了不少失误，如把上架品牌的名字念错等，事后该主播都是诚恳道歉，给不少人留下了“诚信负责、售后有保障”的正面印象。520 玫瑰礼盒事件，该主播没有逃避责任或“沉默是金”，而是“知错认错、立正挨打”，照顾受害人的利益，提出了要向直播间粉丝们额外提供一份赔偿。这种处理态度让不少网友称赞：“体面!”，甚至有部分顾客表示“花店的退款我收到了，但补偿我不要，继续加油!”这一次直播翻车的一系列补救，也再次体现了该主播真诚可靠的公众印象，获取更多粉丝更坚定的支持。

## 阅读必备

### 1. 公关危机的发展过程

公关危机的发展过程见图 5-1。

### 2. 公关危机管理过程

公关危机管理过程的任务与能力要求见表 5-2。

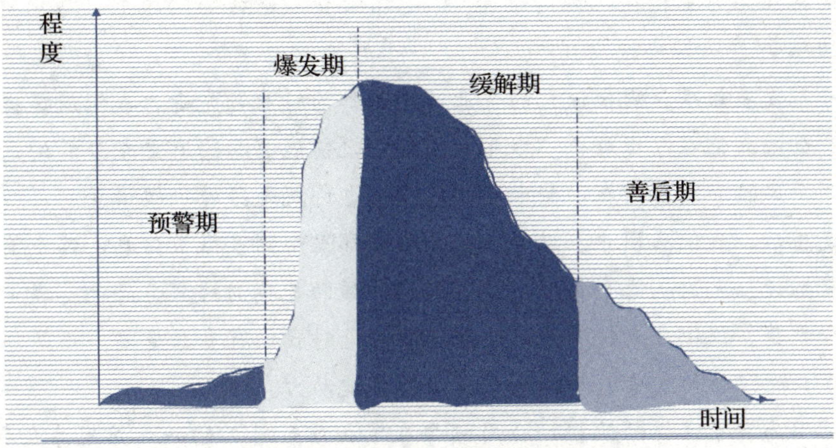


图 5-1　公关危机的发展过程

表 5-2　公关危机管理过程的任务与能力要求

| 分期 | 发生阶段 | 能力要求 | 主要任务 |
| --- | --- | --- | --- |
| 预警期 | 事前 | 预警预备 | 防范事件的发生，尽可能控制事态发展 |
| 爆发期 | 事中 | 快速反应 | 及时控制突发公共事件并防止其蔓延 |
| 缓解期 | 事中 | 恢复重建 | 减低应急措施的强度并尽快恢复正常秩序 |
| 善后期 | 事后 | 评估学习 | 对事件处理过程进行调查评估并总结经验 |

## 实训导引

请认真阅读下列文章，分析讨论道歉信在危机公关中的作用，体现了公关危机处理的什么原则，从中发现了什么公关危机处理的程序。谈谈你从中受到的启发。

××××年 9 月至 11 月，腾讯与 360 两大互联网公司展开了一场长达 3 个月的弹窗之争，两大公司为了各自的利益，逼迫网友在两者之间进行选择，给绝大部分网友带来很多不便。事后，两个公司分别在自己的官网上发表了一篇道歉信。腾讯公司在自己的官网上发表了一篇《致广大用户道歉信：和你在一起》，下面是道歉信的全文：

亲爱的 QQ 用户：

前段时间，腾讯公司和 360 公司爆发了一场广为人知的纷争。最终在工业和信息化部等政府部门的协调下，这次纷争告一段落，QQ 用户的安全和权益得到了保障。在此，我们向所有在事件中受到困扰的用户致以诚挚的歉意！对工业和信息化部等政府部门的通报批评我们虚心接受，并且会按照有关要求认真落实后续工作。对大家在此过程中对我们提出的意见和各种批评，我们也会认真听取、总结，吸取教训。

痛定思痛，我们在处理的方式和与用户沟通中采取的方式有很多值得反思的地方。

起初，我们把注意力都放在“谁对谁错”“是非曲直”这样的问题上，与此同时，却忽略了用户的感受。

作为一家发展较早、规模较大的企业，同时作为行业领先者，我们应该更加注重用户的感受；如果我们在做出那个“艰难的决定”之前能够和您有更充分的沟通，让您能有机会更明白风险和问题所在，整个事件的演化也许就是另外一幅情景。

事件发生后，我们从用户、媒体、行业专家那里得到了很多信息，其中有意见，有建议，也有批评。无论从哪个角度，能得到您的帮助是我们的幸运，也是我们在这个事件中的一分收获。您现在也许还无法想象这些意见对我们有多么重要，正是您的这些意见，将会成为腾讯公司战略转型和企业升级的关键动力。

也正是因为有了这样的认识，公司领导在不久前致员工的一封信里才会提出：“这不是最坏的时刻；也没有最好的时刻；让我们放下愤怒；让我们保持敬畏；让我们打开未来之门。”我们相信，这次事件结束之后，在政府的推动下，我们一直渴求的“阳光下的竞争”时代终将到来。腾讯也将以更开放的心态和用户、行业一起去拥抱这个时代。

随着QQ用户数的持续增长，我们明白身上的责任越来越重大。面对责任，我们必须对自己要求更高、做到更好。这样的心态也让我们更能理解您在此事件中所受到的困扰。因此，我们再次向您致以诚挚的歉意，希望未来能继续得到您的支持。

无论过去、现在还是未来，我们的心愿不变：和你在一起。

腾讯公司

××××年11月21日

360公司发布致歉声明：再次致社会和网民的道歉信。

近期，360与腾讯公司发生了一系列争执，给亿万网民的工作和生活带来了很大困扰和不便。在工信部等政府部门及时介入干预下，目前纷争已平息。我们已于××××年11月4日向广大网民发出道歉，今天，我们再次诚挚地向您说声：“对不起!”

目前，腾讯与360软件、网站已全面兼容。我们衷心希望您和亲朋好友继续享受360提供的高品质安全服务，也欢迎广大用户继续对我们进行监督、鞭策，共同构建一个更安全、开放、快乐的互联网。

自创立以来，360一直致力于为用户提供免费的专业安全服务。从查杀流氓软件开始，360为广大用户打补丁、杀木马、拦截欺诈钓鱼网站，并将免费杀毒惠及每一个用户，既保护了电脑安全，又为用户省钱。360由此得到网民的信任。

网民是我们的衣食父母，“用户利益至上”是360的核心价值观。正因为有了网民的支持，360才能不断发展，建立起全球用户数最多的互联网安全防护体系。我们将继续坚持“专业品质，免费安全”，为建立一个安全、健康的网络环境，做出应有的贡献。

我们完全接受工信部对此次纷争事件的通报批评，坚决贯彻落实通报中的工作要求，向社会和网民道歉，停止公司间的相互舆论攻击。

我们在此进行反思：在注重创新的同时，更兼顾产业的和谐；在敬畏用户的同时，更兼顾有序的竞争。我们将放眼未来，用创新赢得尊重，用责任赢得信赖。

北京奇虎科技有限公司

××××年11月21日

资料来源：腾讯公司致广大用户道歉信：和你在一起．腾讯网，2010－11－22；360道歉信．大众网，2010－11－22.

## 阅读链接

1. 姚利权，任文杰．生活中的公共关系学．杭州：浙江大学出版社，2022.

2. 杨加陆．公共关系学．2版．上海：复旦大学出版社，2021.

# 任务三 公关危机处理的对策和技巧

危机是任何社会组织都不能回避和必须面对的，但“每一次危机既包含导致失败的根源，又孕育着成功的种子”。因此防范危机的发生以及事先周密的应急计划的制订是危机管理的重点，尤其要重视危机的内因分析，找到正确有效的处理对策和技巧。在公关活动中，危机管理已从处理偶发事件变成正常工作的内容之一。危机处理不仅时效性强，而且技巧性高。危机处理是公关人员的基本功之一。危机一旦发生，应迅速成立危机事件处理机构，及时发出正面信息，并与媒介保持通畅的联络；正视谣传的危害性，特别是数字化时代，流量自媒体的播报也需要及时关注。妥善处理好危机中的关乎生命的伤亡事件，并在危机消除后对危机处理过程作深刻的检讨，以利于组织的长期发展。

## 案例阅读1

### 华为应对网络风波的智慧

华为是中国较有实力的高科技公司，在世界高科技领域也处于较为领先的水平，但它的发展也不是一帆风顺的，而是在不断应对危机与挑战中奋力向前。2022年8月22日华为内部论坛上线了一篇文章，文内提道：“把活下来作为最主要纲领，边缘业务全线收缩和关闭，把寒气传递给每个人。”这一言论引起舆论的轩然大波，随后网上可以看到全文，此话是华为高层对华为业务的战略思考和危机意识的表达，舆论才逐渐平息。

华为遇到的更为典型的危机，是2006年5月28日晚，在深圳华为公司从事研发工作的年仅25岁的胡××因病毒性脑炎被中山大学附属第三医院宣布死亡。不到三天，国内各大媒体纷纷报道了这一事件，并将胡××的病故归因为“过劳死”。一时间，在网络上，各种各样指责华为公司的文章频频出现，将华为公司置于舆论的旋涡中。随即，华为公司的新闻发言人就此事公开表示，华为公司对员工胡××的去世感到十分痛心，高层也十分重视，一直以来，华为公司积极垫付了大部分的医疗费用，包括从北京聘请专家诊治、转院等费用，并主动与胡××的父母讨论关于抚恤金的问题。同时，他表示，胡××的死亡经各个诊治专家诊断，与加班没有必然联系，医院诊断为脑膜炎，属于正常因病死亡，不算工伤。医生认为，由于劳累导致抵抗力下降，可能是其死亡的一个诱因。因此，华为公司已经向内部重申了两条加班制度：晚上十点之后加班必须经过批准；不准在实验室过夜。

在网络等媒介热烈讨论华为的“床垫文化”是否仍需保留之时，华为高层在内部会议上公开发表了《天道酬勤》的长篇讲话，随后，在胡××病故不到两个月后的7月21日，华为公司内部刊物《华为人报》（第178期）头版头条刊发了这篇讲话，第二天即被国内诸多媒体转载。这是华为首次正面非正式回应了外界的讨论。

华为高层介绍了“床垫文化”的由来和意义，指出“床垫文化”在今天依然是华为的精神支柱、力量之源，华为要生存和发展，只能用别人看来很“傻”的办法，就是艰苦奋斗。而“床垫文化”正是这种艰苦奋斗精神的典型，又怎么能丢弃呢？

这篇讲话统一了华为内部员工的思想认识，以非正式的方式澄清了外界对华为的质疑，更重要的是，坚定了华为人的一个信念：不管外界如何评说，华为都将走好自己的路，我们问心无愧。我们不会对外界七嘴八舌的妄议置之不理，但也不会跟着瞎起哄，这是遏止网络上各种版本的质疑的关键。

资料来源：华为应对网络风波的智慧. 新浪网，2006-10-30.

### 案例点评

华为之所以能从员工“过劳死”的公关危机中走出来，从网络上“万夫所指”到赢得社会公众的支持，与华为高层的危机管理智慧是分不开的。首先，华为对整个事件的处理过程透明、公开化，该由华为承担责任的，没有回避，对引起病故的非正式原因也做了检讨，显示了一个大企业的胸襟与负责任。其次，选择合适的时机、合适的人，以非正式的方式做出回应，而不会话出多头，引起更多的非议。再次，行动迅速。由华为公司的新闻发言人公开表示，华为公司对胡××的去世感到十分痛心，高层也十分重视，一直以来，华为公司垫付了大部分的医疗费用，并与胡××的父母讨论关于抚恤金的问题。最后，公关事件处理中说明非常清晰，胡××的死亡与加班没有必然联系，医院诊断是由于脑膜炎，属于正常因病死亡，不算工伤。但医生的意见是，由于劳累导致抵抗力下降，这可能是其死亡的一个诱因。因此，华为公司向内部重申了两条加班制度。在网络等媒介热烈讨论华为的“床垫文化”是否仍需保留之时，华为高层在内部会议上公开发表了《天道酬勤》的长篇讲话，并在内部刊物上刊发，讲话统一了华为内部员工的思想认识，坚定了华为人的信念。

## 案例阅读 2

### 富士康天价索赔告记者，危机管理赔了夫人又折兵

2020 年以来，随着苹果公司在印度市场的布局，营收主要源自苹果公司代工生产的富士康投资 100 亿元以上拟转战印度，去时豪气冲天，去后有点英雄气短，由于种种原因在印度的市场并没有在中国那么顺利。早在 2006 年 6 月，富士康就被英国《星期日邮报》报道每月要求雇员加工超过 80 小时且仅支付约 50 美元工资。随后《第一财经日报》记者报道富士康女工站立 12 小时工作。此后，多家媒体跟进报道。

7 月 3 日：富士康向深圳中级人民法院提交民事诉状，起诉《第一财经日报》记者侵害名誉权和商业信誉并索赔 3 000 万元。

7 月 13 日：富士康称已冻结记者的资产。

8 月 27 日：《第一财经日报》发函谴责富士康，力挺记者。

8 月 28 日：富士康发言人否认以高压手段打击记者。

8 月 30 日上午：富士康首次声明，指责记者践踏新闻自由。

8 月 30 日晚：《第一财经日报》发表第二次声明，称坚决捍卫舆论监督权利。

8 月 30 日晚：富士康决定改天价索赔为 1 元人民币，记者财产同时解冻。

8 月 31 日：《第一财经日报》第三次声明：保留对富士康的反诉权。

9 月 1 日：新华社消息称，富士康未建工会组织。

9 月 3 日：双方以“联合声明”的形式宣布和解。

富士康索赔事件一时成为热点新闻吸引着公众的眼球，并引发了劳工生存状况、司法公正、贫富差距、舆论监督等系列话题的热烈讨论。

富士康是为苹果等跨国公司进行代工生产的厂家，毫无疑问是具有一定规范性的企业。“劳工门”事件的发生，更多体现出了富士康对劳动法律法规的蔑视和对员工权利包括劳动权和休息权的不尊重。而富士康天价起诉媒体记者，更显示了其对媒体监督权和知情权的一种漠视。

富士康天价索赔案一抛出，媒体和舆论便都倒向了记者一边，各种声援和评论此起彼伏。新华社的一则“富士康没有建立工会”的消息，最能代表这种一边倒的声音了。富士康选择了与整个媒体界对立，而这种对立则意味着将企业与公众对立起来，与客户对立起来，与市场对立起来！媒体代表着较强的传播力、公信力和舆论的引导力以及社

会的监督力，企业一旦选择与整个媒体界对立，也就意味着站在了“反面”，失去客户、失去市场、失去人心是必然的结果。

富士康索赔案呈现出极强的戏剧性。起初富士康一派盛气凌人的气势，在记者单位力挺和全国新闻媒体一边倒的声音下，富士康显得极为狼狈，最后以与报社和解而告终。

资料来源：天价索赔告记者，富士康危机管理的败笔. 道客巴巴，2014－08－07.

## 案例点评

富士康作为为苹果等跨国公司进行代工生产的厂家，日常的公关管理就应该毫不放松。面对负面报道的危机，富士康的管理者更应该采用极为恰当的公关策略与技巧进行处理：

1. 从上到下及时进行自检自查，看看有没有如媒体报道的情况存在。如果有，企业不回避、不推脱，尽快出台解决问题的办法，对受到伤害的员工给予补偿。

2. 与地方政府和工会组织及时沟通，取得当地各政府机构的谅解，并告知整改方案。

3. 与媒体积极沟通，告知最新事件发展动态和企业的应对措施。如果媒体有不实报道存在，则以有理有据和恰当的方式进行沟通。

4. 与合作伙伴沟通，以使合作关系不受危机事件的影响，确保供应关系的存续。

5. 积极进行危机的修复工作，比如推进企业文化建设，邀请媒体参观厂区，赞助一些公益活动等。

## 阅读必备

**1. 处理危机公关的12个窍门**

（1）要及时行动，以免被误会为漫不经心；

（2）要以长远的影响作考虑，用以抵消补救措施所需的短期开支；

（3）要主动交代事件（与公司律师协调，准备公开声明）；

（4）有责任与员工沟通，让他们了解事件对他们的影响；

（5）无须对每项“愚昧”的指责作回应，以免转移公众关注的事项；

（6）媒体既报道“事件本身”，也报道“企业的处理方法”，所以企业对待这两项的态度尤为重要；

（7）若真的不知道，则直说“不知道”，不要乱说，以免说错而难以向媒体解释；

（8）及时掌握公众的看法，知道舆论动态；

（9）启用新闻发言人，高度统一对外信息发布渠道；

（10）当危机惹来社会活跃分子的兴趣并使之参与进来时，危机的性质已经改变，企业要做好长期“作战”的心理准备；

（11）当遇上“无可奉告”和“表达公司的立场”两种选择时，要选择后者，永远不要低估舆论的力量；

（12）若要与政府或行政部门沟通时，谨记它们的影响力。

**2. 危机传播的原则**

（1）危机传播的第一原则：当危机发生时，将公众的利益置于首位。

（2）危机传播的第二原则：当危机发生时，局部利益要服从全局利益。

（3）危机传播的第三原则：当危机发生时，组织应立即成为第一消息来源，掌握对外发布信息的主动权。在最快的时间、最小的范围内将危机事件的影响控制在最低限度。

**3. 危机传播的策略**

（1）确定信息传播的对象：确定信息传播的公众对象；确定危机传播的媒介及其联系人；拟定统一的传播内容和传播口径。

（2）确保信息有效的传播，并不断监控公众的反馈。

（3）掌握危机传播沟通的四个“度”：具备良好的态度；掌控速度；把握说话尺度；注意信息传播的梯度。

（4）坚持“三T原则”：以我为主提供情况（tell you own talk）；提供全部情况（tell it all）；尽快提供情况（tell it fast）。

（5）讲究四个“不如”：别人说不如自己说；大家说不如专人说；外行说不如内行说；被动说不如主动说。

（6）面对媒体危机传播“七不要”：不要公开假设你不了解的事实，即不回答对于记者旨在诱导进行猜测的问题；不要缩小问题或者企图淡化某一严重问题，因为新闻界很快就会查清真相；不要让故事如挤牙膏似地挤出来，因为每次新的披露都会成为一个潜在的大字标题或头条新闻；不要发布会侵犯他人隐私或者因为任何原因指责别人的信息；不要说“无可奉告”的话或发表以记者不得公开引用为前提的评论，如果你不能就某事公开发表评论，你可以解释原因并告诉记者何时能有望获得信息，如果信息根本不能得到，就照直说，并且向记者保证只要一有可能就尽快提供信息；不要在媒体和记者中间邀宠，要尊重记者的工作，不要贬低他们抢先报道新闻的劲头和敬业精神；不要试图利用媒介的注意力与兴趣来推销组织、事业、产品或服务，在处于危机聚光之下的时候，不做那些会被看作自我服务的宣传游说。

（7）处理危机时易犯的错误：犹豫、困惑、报复、推诿搪塞、模棱两可、装模作样、对抗、诉讼。

## 实训导引

1. 实训目的：学习和了解公关危机处理的方法和技巧。

2. 实训任务：

利用课余时间联系本地一家知名企业，对其应对各种公关危机处理的方法和技巧进行访谈，然后写出新闻发言稿，模拟新闻发布会向其他人汇报。

新闻发布会程序如下：

宣布开始 → 发布新闻或信息 → 答记者问 → 宣布结束 → 提示会后安排

3. 任务要求：

(1) 小组分工合作，选择企业，有效访谈，全面了解一个企业的公关危机管理的技巧和方法。

(2) 小组完成一篇新闻发布稿。

(3) 小组模拟演示新闻发布会的场景进行汇报。汇报时间控制在15～20分钟。

(4) 组员分数以小组的成绩给定，成绩由自评（占20%）、互评（占40%）和师评（40%）组成。现场点评时间为10分钟。

4. 实训评分标准与计分表格。

(1) 发言人评分细则。

PPT内容与讲解（70分）：要求PPT内容紧扣企业的公关危机管理技巧和方法，鲜明、深刻，格调积极向上，语言自然流畅，富有真情实感。

语言表达与应变能力（10分）：依据在问答环节的应变能力、资料运用能力，以及回答技巧应用、整体把握程度进行评分。

形象风度（10分）：要求衣着整洁，仪态端庄大方，举止自然、得体，体现朝气蓬勃的精神风貌。

综合印象（10分）：由评委根据发言人的临场表现做出综合素质的评价。

| 项目 | 发言人 |
| --- | --- |
| PPT内容与讲解（70分） | |
| 语言表达与应变能力（10分） | |
| 形象风度（10分） | |
| 综合印象（10分） | |
| 合计 | |

(2) 记者代表评分细则。

语言表达与提问（60分）：依据在问答环节的参与、资料运用能力，以及所提问题是否深刻进行评分。

形象风度（10 分）：要求衣着整洁，仪态端庄大方，举止自然、得体，体现朝气蓬勃的精神风貌。

综合印象（30 分）：由评委根据记者的临场表现做出综合素质的评价。

| 项目 | 记者团 | | | |
|---|---|---|---|---|
| | 中记 1 | 中记 2 | 外记 1 | 外记 2 |
| 语言表达与提问（60 分） | | | | |
| 形象风度（10 分） | | | | |
| 综合印象（30 分） | | | | |
| 合计 | | | | |

### 阅读链接

1. 丹尼斯·威尔科克斯．公共关系战略与战术．北京：新华出版社，1992.
2. 张龙祥．中国公共关系大辞典．北京：中国广播电视出版社，1993.
3. “公共关系学”精品课程网站.

## 任务四　公关危机的预防

面对危机，我们纵有千万种办法，也不能抹除危机带来的负面影响。对任何公关主体来说，都需要漫长的时间去消除危机带来的不良影响。所以，人们在危机发生时常常有种惯性思维“假如这一切从没有发生过多好!”如果真的有种办法能够避免危机的发生，那就是“防患于未然”。古人云“吃一堑，长一智”，是告诉人们要善于总结经验教训，任何危机发生和处理后，一定要尽可能规避危机再次发生，特别是再次发生同样的危机。这便是公关危机的预防。

### 案例阅读

#### 三十五次紧急电话

一天下午，日本东京东武百货公司的一名售货员彬彬有礼地接待一位来买索尼唱机的女顾客。当时，售货员为顾客挑选了一台未启封的索尼唱机。最后，售货员清理商品时发现，将一台只有外观的样品机器卖给了那位美国女顾客。于是，她立即向公司警卫做了报告，警卫马上四处寻找那位女顾客，但是一直没找到其踪影。

东武百货公司经理马上召集有关人员研究，可是只知道那位女顾客是一位名叫基泰丝的美国记者，留下一张“美国快递公司”的名片之外，别无其他线索。

公关部连夜开始了一连串查找，打电话向东京各大酒店查询，毫无结果。又打长途电话向“美国快递公司”日本大阪总部查询，后在深夜得知基泰丝父母在美国的电话号码。接着，工作人员打国际长途，找到了基泰丝的父母，进而打听到基泰丝在东京的住址和电话号码。完成这一过程，总共打了三十五个紧急电话。

第二天一早，东武百货公司给基泰丝打了道歉电话，并由副经理和公关人员前往基泰丝的住处，见到基泰丝，他们深深鞠躬表示歉意。他们除了为基泰丝送来一台新的索尼唱机外，还加送了CD一张、蛋糕一盒和毛巾一套，副经理还拿出记事本，宣读了怎么查询顾客的住址和电话号码，及时纠正失误的全部记录。基泰丝由此深受感动，她本来是要把唱机送给日本的亲戚作为见面礼的，但回家后发现买的唱机有问题，根本不能用，非常恼怒，立即写了题为“笑脸背后的真面目”的批评稿，准备第二天拿到东武百货公司兴师问罪。可是没想到，东武百货公司竟然及时纠正了错误，并花了那么多时间和精力。基泰丝为此撕掉了批评稿，而重新写了一篇题为“三十五次紧急电话”的特稿。

该文章发表后，引起社会强烈反应，东武百货公司也因此声名鹊起，顾客盈门。

资料来源：公关案例分析5：35次紧急电话. 豆丁网，2016-03-31.

## 案例点评

这个故事被美国公共关系协会推为世界性公共关系的典型案例。之所以典型，就在于当事件发生后，百货公司上下都抱着积极认真的态度，想尽办法去弥补事件带来的损失。更为重要的是对微小事情的关注，并且将危机掐灭在萌芽阶段，从而阻止了事情向更坏的方面发展。同时也很好地体现了危险中存在着机遇。正是因为百货公司的员工及时纠正了错误，降低了顾客的损失，作为记者的顾客后来写了一篇赞扬信发表在报纸上，为公司树立了良好的公众形象，也给公司带来了为更多顾客服务的机会。

## 阅读必备

### 1. 危机管理与预防的九方面工作

（1）树立强烈的“防火”意识。

（2）危机预测分析。

（3）制订危机管理计划。

（4）成立危机管理委员会。

（5）印制危机管理手册。

（6）确定组织发言人。

（7）事先同传播媒介建立联系。

（8）建立处理危机关系网。

（9）搞好内部培训。

**2. 做好公关危机的全程监控**

（1）建立预防危机的预警系统。

预防危机必须建立高度灵敏、准确的预警系统。信息监测是预警的核心，随时收集各方面的信息，及时加以分析和处理，把隐患消灭在萌芽状态。预防危机需要重点做好以下几项工作：一是随时收集公众对产品的反馈信息，对可能引起危机的各种因素和表象进行严密的监测。二是掌握行业信息，研究和调整企业的发展战略和经营方针。三是研究竞争对手的现状，进行实力对比，做到知己知彼。四是对监测到的信息进行鉴别、分类和分析，对未来可能发生的危机类型及危害程度做出预测，并在必要时发出危机警报。

（2）建立危机管理机构。

这是企业危机管理有效进行的组织保证，不仅是处理危机时必不可少的组织环节，而且在日常危机管理中也非常重要。危机发生之前，企业要做好准备工作，建立危机管理机构，制定出危机处理工作程序，明确主管领导和成员的职责。成立危机管理机构是发达国家的成功经验，是顺利处理危机、协调各方面关系的组织保障。危机管理机构的具体组织形式，可以是独立的专职机构，也可以是一个跨部门的管理小组，还可以在企业战略管理部门设置专职人员来代替。企业可以根据自身的规模以及可能发生的危机的性质和概率灵活决定。

（3）制订危机管理计划。

企业应该根据可能发生的不同类型的危机制订一整套危机管理计划，明确怎样防止危机爆发，一旦危机爆发，立即做出针对性反应等。事先拟定的危机管理计划应该包括企业多方面的应对预案，主要有灾难性危机事件反应计划、倾向性紧急事件反应计划、日常防卫性或安全措施性反应计划等。在计划中要重点体现危机的传播途径和解决办法。

## 实训导引

19 世纪末，美国康奈尔大学做过一次有名的温水煮青蛙实验。如果把一只青蛙扔进热水中，青蛙会马上跳出来。但是如果把一只青蛙放入凉水中逐渐加热，青蛙会在不知不觉中失去跳出的能力，直至被热水烫死。请以此实验的启示阐释怎样进行公关危机预防。

1. 任务小组查找相关资料并加以讨论和总结。

2. 任务小组派代表以 PPT 辅助进行阐释和讲解。

3. 其他小组代表和老师给予点评并打分。

小组评分表

| 组别 | 查找资料<br>(25 分) | 讨论分析<br>(25 分) | PPT 制作<br>(25 分) | 汇报分享<br>(25 分) | 总分<br>(100 分) |
|---|---|---|---|---|---|
| | | | | | |

## 阅读链接

1. 陈先红. 公共关系学的想象：视域、理论与方法. 北京：社会科学文献出版社，2021.

2. 秦勇，陈爽，刘建华. 公共关系学：理论、方法与实践. 2 版. 北京：中国发展出版社，2022.

# 项目六

# 公共关系基本技能

公共关系可以通过与公众之间的对话解决组织或特殊个体的公共关系问题，因此公共关系所需要的技能主要集中在口语和书面沟通上。具体沟通方式包括公关演讲、公关谈判、公关广告宣传、公关写作、公关礼仪等。这些沟通的技能分为口语表达、书面表达和态势表达，涵盖了沟通的各个方面。公共关系主体通过沟通在公众心中树立形象，往往会影响他们的进退和取舍。换句话说，解决了公关的沟通对话技巧，就掌握了公共关系的基本技能。

## 任务一 公关演讲

无论是政界还是商界领袖，古今中外绝大部分深具影响力的公众人物都是演讲大师。同样在企业的公共关系活动中，演讲是一种传播和沟通的好形式。它的形式简单，无须繁多的道具，也无须严格规则的场地。现代化的传播手段普及之后，演讲人可以走进广播电台、电视台、自媒体平台，使演讲形式变得更简单，让接受方式更为便捷。演讲是一种富有说服力、鼓动性的对话方式。公关演讲者面对着群体公众，要使公众接受演讲的内容，从而影响其行为，就必须采用丰富典型的材料，通过严密的逻辑论证，用富有说服力、鼓动性的艺术化口语，打动公众，使公众产生共鸣共情及同理心。演讲是一种有声语言和体态语言相结合的语言表达方式。演讲是运用有声语言和无声语言，声情并茂地去感染受众。

聪明的公关演讲人会利用这种传播工具使自己或所代表的组织与公众的距离缩短并赢得公众的好感。

**案例阅读 1**

## 吴晓波 2023 年跨年演讲：勇敢者的七大方法论与八大预见（节选）

勇敢者的方法论一：如果总是不亮，那就摸黑生存，一旦看到了曙光，那就立刻起飞。

对于勇敢者来说，我们可以卑微如小丑，我们可以一个人孤独地站在生产线边，我们可以吃着房间里简陋的中餐或者晚餐，我们可以在直播间里哭着卖锅，但是我们不可扭曲如懦夫。

勇敢者的方法论二：乐观是一种天赋，悲观是一种能力。

企业家精神就是一个硬币的两面，一面叫乐观，敢于创新；另一面叫悲观。我们时时觉得危机会降临，觉得企业最多只能活 18 个月，觉得冬天一定会到来，觉得企业一定会死的。当我们面对这些悲观情绪的时候，仍然可以培养起向死而生的勇气，建构起向死而生的能力。2022 年，越来越多的企业家朋友们应该意识到了，悲观是一种新的能力。

勇敢者的方法论三：在萧条中发现下一支“口红”。

经济学里有一个名词叫“口红效应”，经济越差，口红卖得越好；因为经济很差，消费能力普遍下降，但还是有消费欲望，大家就会购买口红一类比较廉价的消费品安慰和取悦自己。所以在下行的、萧条的经济环境中，仍然有一些“口红产品”将会成为创新的机会点。

在一片萧条的 2022 年，中国市场的露营桌椅、露营车和天幕的销售量增长了 200%，香薰条销售量增加了 133.3%，空气炸锅增长了 161%，游戏电视增长了 210%，超薄平嵌冰箱增长了 117%，陆地冲浪板增长了 3 000%，路亚垂钓增长了 220%，划船机增长了 100%。

“减压经济”正成为中国消费品产业的一个透气口。“00 后”的同学流行一句话：“你可以摸鱼，但是你不能真的菜。”

勇敢者的方法论四：越卷的生意，越应该“工具迭代”。

越传统的行业，竞争越激烈的行业，越是红海的行业，越需要进行工具迭代。

比如：用企业微信中的线上表单替代 ERP，所有的生产、库存、采购、销售，每一个业务单元的人都可以在同一个表单上面发现正在发生的业务动态。仅仅这么小小的工具迭代，四张表单变成线上表单，使得这家企业的信息传递效率提高了 2 倍，信息的准确率达到了几乎 100%。

中国的新能源汽车前十强企业都在使用企业微信，通过企业微信的文档和会议提高效率，正是这些工具给我们带来了很多新的变革。中国今天有着全世界最多的营销工具，多达2 200多种，更重要的是，这2 200多种营销工具中有80%的基础应用是免费的。

勇敢者的方法论五：换一个姿势奔跑。

彼得·德鲁说："企业唯一的使命是创造客户；用'由外而内'的视角审视我们的事业。"有些客户给我们带来第一增长曲线，但到某些时刻，我们需要寻找第二增长曲线，再去创造和发现新的客户，"由外而内"地来提高企业的增长和竞争力。这是在2022年，企业仍然能保持高速增长的一个基本法则，就是你需要换一个姿势来奔跑。

勇敢者的方法论六：去下沉市场，感受上升热浪。

这两年新国货消费很猛烈，你会发觉，三四线城市的新国货消费增速为45.79%，比一二线城市的22.43%足足高了一倍。人们愿意从一二线城市下沉到三四线以下，因为那里的居住、生活成本比较低，所以人们对未来的消费增长有更高的预期。同时，对新国货有更多的购买热情和消费能力。

今天所有在做新国货创新和创业的企业，如果在前面几年，你在中国的一线、新一线城市完成了你的品牌建设、技术定位和产品创新。记住，赶快在2023年把你在都市所形成的能力迅速赋能到三四五线城市，去下沉市场感受正在蓬勃向上的热浪。

勇敢者的方法论七：在风雪中，当一个"抱薪者"。

给如此艰难的2022年所有不裁员的企业家们一次掌声。感谢他们，在如此困难的时候，让我们感受到了商业的温情，让我们感受到了共同担当的勇气。

当我们面向即将到来的2023年时，我要对每一位朋友说：愿你有一双婴儿眼，仍保有天真和温柔；愿你有一颗少年心，仍相信勇敢和自由；愿你有一股中年力，仍愿在风雨中争斗；愿你我都是一个平凡的勇敢者。

预见2023：找到信心的那根引线。

资料来源：吴晓波2023年跨年演讲精华摘要：勇敢者的七大方法论与八大预见. 今日头条，2023-01-02.

### 案例点评

财经作家吴晓波常年从事公司研究，2009年被《南方人物周刊》评为年度"中国青年领袖"。2015年7月27日，他成为绿地控股股份有限公司独董候选人。2023年度他的跨年演讲引起了网民的极大关注。

1. 立场鲜明，论据充分。在经济快速发展同时又充满各种不确定性的时节，他提出"勇敢者"事竟成，鲜明又详实地提出了七大方法和八大预见，其中的数据及逻辑很接地气，具有极强的鼓动性和说服力。

2. 语句优美，善用修辞。吴晓波作为一名财经作家，有数十年的商业记者生涯，对商业大势既有细部观察与思考，又有宏观比较与总结，娓娓道来，“金句”频出，有拨云见雾的质感，恰如其分的修辞增加了跨年公关演讲的可接受性。

## 案例阅读 2

### 乔布斯 2005 年在斯坦福大学的演讲

我今天很荣幸能和你们一起参加毕业典礼，斯坦福大学是世界上最好的大学之一。我从来没有从大学中毕业，说实话，今天也许是我有生以来离大学毕业典礼最近的一天了。今天我想向你们讲述我生活中的三个故事。不是什么大不了的，只是三个故事而已。

第一个故事是关于如何串起生命中的点点滴滴。

我在 Reed 大学读了六个月之后就退学了，但之后作为旁听生又混了十八个月才真正离开。我为什么要退学呢?

故事从我出生的时候讲起。我的亲生母亲是一个年轻的、没有结婚的大学毕业生。她决定让别人收养我，但她觉得我一定要被大学毕业生收养。所以她安排好了我出生时将被一个律师和他的妻子所收养。但是她没有料到，当我出生之后，律师夫妇突然决定他们想要一个女孩。所以我的养父母（他们在待选名单上）突然在半夜接到了一个电话：“我们现在这儿有一个不小心生出来的男婴，你们想要他吗?”他们回答道：“当然!”但是我亲生母亲随后发现，我的养母从来没有上过大学，我的养父甚至没有读过高中。她拒绝签署收养合同。只是在几个月以后，我的养父母答应她一定要让我上大学，那个时候她才“软化”同意。

在十七岁那年，我真的上了大学。但是我很愚蠢地选择了一个几乎和你们斯坦福大学一样贵的学校，我父母是蓝领阶层，他们几乎把所有积蓄都花在了我的学费上面。在六个月后，我已经看不到其中的价值所在。我不知道我真正想要做什么，我也不知道大学能怎样帮助我找到答案。但是在这里，我几乎花光了我父母这辈子的全部积蓄。所以我决定要退学，我觉得这是个正确的决定。不能否认，我当时确实非常害怕，但是现在回头看看，那的确是我这一生中最棒的一个决定。在我做出退学决定的那一刻，我终于可以不必去读那些令我提不起丝毫兴趣的课，并可以开始去修那些看起来有点意思的课程。

但是这并不是那么罗曼蒂克。我失去了我的宿舍，所以我只能在朋友房间的地板上睡觉，我去捡可以换 5 美分的可乐罐，仅仅为了填饱肚子，在星期天的晚上，我需要走七英里（约 11 千米）的路程，穿过城市到 Hare Krishna 神庙，只是为了能吃上一顿好饭——这是一个星期唯一一顿好一点的饭，我喜欢那里的饭菜。

我跟着我的直觉和好奇心走，遇到的很多东西，此后被证明是无价之宝。让我给你们举一个例子吧：

Reed大学在那时提供也许是全美最好的美术字课程。在这个大学里面的每张海报、每个抽屉的标签上面全都是漂亮的美术字。因为我退学了，不必去上正规的课程，所以我决定去参加这个课程，去学学怎样写出漂亮的美术字。我学到了san serif和serif字体，我学会了怎么样在不同的字母组合之中改变空白间距，还有怎么样才能做出最棒的印刷式样。那种美好、历史感和艺术精妙，是科学永远不能捕捉到的，我发现那实在是太迷人了。

当时看起来这些东西在我的生命中好像都没有什么实际应用的可能。但是十年之后，当我们在设计第一台Macintosh电脑的时候，就不是那样了。我把当时我学的那些东西全都设计进了Mac。那是第一台使用了漂亮的印刷字体的电脑。如果我当时没有退学，就不会有机会去参加这个我感兴趣的美术字课程，Mac就不会有这么多丰富的字体以及赏心悦目的字体间距。

当然我在大学的时候，还不可能把从前的点点滴滴串联起来，但是当我十年后回顾这一切的时候，真的豁然开朗了。

再次说明的是，你在向未来展望的时候不可能将这些片段串联起来，你只能在回顾的时候串起它们。所以你必须相信这些片段会在你未来的某一天串联起来，你必须要相信某些东西：你的勇气、目的、生命、因缘……这个过程从来没有令我失望，只是让我的生命更加与众不同。

我的第二个故事是关于兴趣与得失。

我非常幸运，因为我在很早的时候就找到了我钟爱的东西。Woz和我在二十岁的时候就在父母的车库里面开创了苹果公司。我们工作得很努力，十年之后，这个公司从那两个车库中的穷小子发展到了超过四千名的雇员、价值超过二十亿美元的大公司。在公司成立的第九年，我们刚刚发布了最好的产品，那就是Macintosh。我也快要到三十岁了。在那一年，我被炒了鱿鱼。你怎么可能被你自己创立的公司炒了鱿鱼呢？嗯，在苹果快速成长的时候，我们雇用了一个很有天分的家伙和我一起管理这个公司，在最初的几年，公司运转得很好。但是后来我们对未来的看法发生了分歧，最终我们吵了起来。当争吵得不可开交的时候，董事会站在了他的那一边。所以在三十岁的时候，我被炒了。在这么多人目光下我被炒了。在而立之年，我生命的全部支柱离自己远去，这真是毁灭性的打击。

在最初的几个月里，我真是不知道该做些什么。我觉得我令上一代的创业家们很失望，我把他们交给我的接力棒弄丢了。我和创办惠普的戴维·帕卡德（David Packard）、创办英特尔的鲍勃·诺伊斯（Bob Noyce）见面，并试图向他们道歉。我把事情弄得糟糕透顶。但是我渐渐发现了曙光，我仍然热爱我从事的这些东西。苹果公司发生的这些事情丝毫没有改变这些，一点儿也没有。我被驱逐了，但是我仍然钟爱我所做的事情。所以我决定从头再来。

我当时没有觉察，但是事后证明，从苹果公司被炒是我这辈子发生的最棒的事情。因为，作为一个成功者的负重感被作为一个创业者的轻松感所重新代替，没有比这更确定的事情了。这让我觉得如此自由，进入了我生命中最有创造力的一个阶段。

在接下来的五年里，我创立了一个名叫 NeXT 的公司，还有一个叫 Pixar 的公司，然后和一个后来成为我妻子的优雅女人相识。Pixar 制作了世界上第一个电脑动画电影——《玩具总动员》，Pixar 现在也是世界上最成功的电脑制作工作室。在后来的一系列运作中，苹果公司收购了 NeXT，然后我又回到了苹果公司。我们在 NeXT 发展的技术在苹果公司今天的复兴之中发挥了关键的作用。而且，我还和劳伦娜（Laurene）一起建立了一个幸福完美的家庭。

我可以非常肯定，如果我不被苹果开除，这其中一件事情也不会发生。这个良药的味道实在是很苦，但是我想病人需要这个药。有些时候，生活会拿起一块砖头向你的脑袋上猛拍一下，不要失去信仰。我很清楚唯一使我一直走下去的，就是我做的事情令我无比钟爱。你需要去找到你所爱的东西。对于工作是如此，对于你的爱人也是如此。你的工作将会占据生活中很大的一部分。你只有相信自己所做的是伟大的工作，你才能怡然自得。如果你现在还没有找到，那么继续找，不要停下来，只要全心全意地去找，在你找到的时候，你的心会告诉你的。就像任何真诚的关系，随着岁月的流逝只会越来越紧密。所以继续找，直到你找到它，不要停下来！

我的第三个故事是关于死亡的。

当我十七岁的时候，我读到了一句话："如果你把每一天都当作生命中最后一天去生活的话，那么有一天你会发现你是正确的。"这句话给我留下了很深的印象。从那时开始，过了 33 年，我在每天早晨都会对着镜子问自己："如果今天是我生命中的最后一天，你会不会完成你今天想做的事情呢？"当答案连续多天是"No"的时候，我知道自己需要改变某些事情了。

"记住你即将死去"是我一生中遇到的最重要的箴言。它帮我指明了生命中重要的选择。因为几乎所有的事情，包括所有的荣誉、所有的骄傲、所有对难堪和失败的恐惧，这些在死亡面前都会微不足道。我看到的是留下的真正重要的东西。你有时候会思考你将会失去某些东西，"记住你即将死去"是我知道的避免这些想法的最好办法。如果你清空一切，你没有理由不去跟随自己内心的声音。

大概一年以前，我被诊断出癌症。我在早晨七点半做了一个检查，检查清楚地显示在我的胰腺有一个肿瘤。我当时都不知道胰腺是什么东西。医生告诉我那很可能是一种无法治愈的癌症，我至多还能活三到六个月的时间。医生叫我回家，然后整理好我的一切，那是医生对临终病人的标准程序。那意味着你将要把未来十年对你小孩说的话在几个月里面说完；那意味着把每件事情都安排好，让你的家人会尽可能轻松地生活；那意味着你要说“再见了”。

我拿着那个诊断书过了一整天，那天晚上我做了一个活体切片检查，医生将一个内窥镜从我的喉咙伸进去，通过我的胃，然后进入我的肠子，用一根针在我的胰腺上的肿瘤上取了几个细胞。我当时是被麻醉的，但是我的妻子在那里，后来她告诉我，当医生在显微镜下观察这些细胞的时候他们开始尖叫，因为这些细胞竟然是一种非常罕见的可以用手术治愈的胰腺癌症细胞。我做了这个手术，现在我痊愈了。

那是我最接近死亡的时候，我希望这也是以后的几十年最接近的一次。从死亡线上又活了过来，相对于以前只把死亡当成一种想象中的概念，我现在可以更肯定地对你们说：没有人愿意死，但是死亡是我们每个人共同的终点。从来没有人能够逃脱它。也应该如此。因为死亡就是生命中最好的一个发明。它将旧的清除以便给新的让路。你们现在是新的，但是从现在开始不久以后，你们将会逐渐变成旧的，然后被送离人生舞台。我很抱歉这很戏剧性，但是这十分真实。

你们的时间很有限，所以不要将它们浪费在重复其他人的生活上。不要被教条束缚，那意味着你和其他人思考的结果一起生活。不要被其他人喧嚣的观点掩盖你内心真正的声音。还有最重要的是，你要有勇气去听从你直觉和心灵的指示——它们在某种程度上知道你想要成为什么样子，所有其他的事情都是次要的。

当我年轻的时候，有一本叫作《全球概览》的杂志。它是一个叫斯图尔特·布兰德（Stewart Brand）的家伙在离这里不远的门洛帕克（Menlo Park）编辑的，他像诗一般神奇地将这本书带到了这个世界。那是20世纪60年代后期，在个人电脑出现之前，所以这本书全部是用打字机、剪刀还有拍立得照相机编辑的。有点像用软皮包装的谷歌，在谷歌出现三十五年之前：这是理想主义的，其中有许多灵巧的工具和伟大的想法。

斯图尔特和他的伙伴出版了几期《全球概览》，当它完成了自己使命的时候，他们做出了最后一期。那是在70年代的中期，我正是你们的年纪。在最后一期的封底上是清晨乡村公路的照片（如果你有足够冒险精神的话，你就可以自己找到这条路），在照片下有这样一段话：“求知若饥，虚心若愚。”这是他们的告别语。“求知若饥，虚心若愚。”我总是希望自己能够那样，现在，在你们即将毕业，开始新的旅程的时候，我也希望你们能这样：

求知若饥，虚心若愚。

非常感谢你们！

资料来源：乔布斯2005年在斯坦福大学的演讲稿．豆丁网，2012-05-19.

## 案例点评

每年一度的各个学校新生开学和毕业生毕业都有开学典礼和毕业典礼，尤其是各高校校长、教师或优秀毕业生面对即将离校的毕业生出彩的公关演讲在网上广为传播，包括华中科技大学的校长“根叔”题为“牵挂”的演讲。而乔布斯2005年在斯坦福大学面对毕业生的演讲更是堪称经典。

乔布斯作为一名具有传奇色彩的公众人物，聚集了世界各地众多的“果粉”，他的言行、故事和演说，无疑是人们喜爱他、喜爱他的“苹果”的原因之一。乔布斯在这个演讲中，开篇引人入胜，中间翔实并有说服力，结尾简洁有力，给人警示。他开篇通过“今天也许是我有生以来离大学毕业典礼最近的一天了”引起演讲的公众对象学生的共鸣，拉近与学生的距离，同时又不乏幽默感。中间部分乔布斯非常英明地选择了讲故事这种形式。在演讲中，讲故事永远胜过说道理，而讲别人的故事又不如讲自己的故事。乔布斯通过三个自己的故事，传达出了他要表达的思想，即：（1）现在我们所承受的一切，都将是串联起我们人生的值得回味的片段；（2）爱和梦想会支持我们前进，而有时失去是让我们更好地轻装上阵；（3）把生命中的每一天都当成最后一天来奋斗。可以说思路清晰，道理在讲故事的过程中就自然而然地传递，没有说教，却让人无法不被吸引。在结尾处，乔布斯引用了“求知若饥，虚心若愚”这个句子，简洁有力，又与众不同，送给即将毕业的大学生再合适不过了。

## 案例阅读3

### 公关演讲是宣传，也是一种分享——雷军：我是怎样走过人生困境

雷军在2022年度进行了公关演讲直播。在直播中，雷军称，在1996年遭遇人生第一次重创。为了和微软Office抗衡，公司花费三年时间研发办公软件“盘古”，但发布后却销量惨淡。1996年，情况也并未好转，与此同时，WPS也卖不动了，收入锐减，最惨的那个月账上只有十几万元。为了搞清楚原因，雷军决定到中关村最大的一家软件店站店卖货。雷军站店卖货前三天没有收货，第四天跟着店员边学边练，第七天成为店里的销售冠军。

经历了这些，雷军明白了，“要做用户真正需要的产品，而不是只是看起来高大上的产品”。

之后公司紧扣用户需求，开发了《电脑入门》等一系列畅销软件，让金山找到了活下去的路。他表示：“1996年的生死磨炼，帮我补上了站店卖货这么关键的一课。不仅帮金山活下去了，也让我对零售有了一定的理解，终身受益。”

在1996年困局之后，雷军由于“盘古”的失败而陷入了迷茫，他选择休息半年。

在休息的那半年里，雷军在泡 BBS 论坛中重新找回了自我，练就了一天发 100 帖的功夫，还成了版主，认识了马化腾和丁磊等。有了这段经历，雷军在创办小米后，做小米社区，在不到一年时间里，让小米社区成为最火的手机发烧友论坛。

在 2000 年，雷军利用之前站店卖货的经验和累积的零售理解，创办了卓越网。在两三年时间内，卓越网成为当时最大的 B2C 电商，但由于市场环境恶劣，融资困难，最终卓越网卖给了亚马逊。

到了 2005 年，雷军认定移动互联网时代即将到来，他认为，“哪里有用户的痛点，哪里就有创业者的机会。”

雷军坚持只用手机上网，尽量不用电脑，发现了大量用户痛点，指导了他后来做移动互联网产品的思路。同时雷军还通过天使投资的方式投资了十多家初创公司，在最前沿深度参与移动互联网。最出名就是 UC 浏览器。

雷军在演讲中分享了自己的人生低谷，并分享了他的感悟，“你所经历的所有挫折、失败，甚至那些看似毫无意义消磨时间的事情，都将成为你最宝贵的财富。”

他表示，“人生很长，无论如何，让我们保持信念：永远相信美好的事情即将发生。”

与此同时，雷军还发布了他个人的首部商业思考著作——《小米创业思考》。这是一本小米方法论的内部工具书，来源于雷军对小米创业历程及关键思考的深入总结。

值得关注的是，在演讲直播中，除了分享个人感悟以外，雷军还带来包括小米全新折叠屏手机 MIX Fold2 以及 Redmi K50 至尊版在内的 10 款新品。

雷军提到，小米集团 2022 年研发投入 170 亿元。财报数据显示，小米集团 2021 年研发支出 132 亿元。同时，雷军表示，未来 5 年（2022—2026 年）小米研发费用将超过 1 000 亿。

资料来源：雷军发布 2022 年度演讲. 非常速，2022 - 08 - 12.

### 案例点评

一些企业、机关等都清醒地认识到公关演讲在统一思想、凝聚人心，共谋组织的前途和命运等方面的积极作用。当今，中国的许多企业家都善于通过公关演讲营造自我形象，进行产品和品牌推介。雷军不仅常常在新产品发布会上登台演讲宣传，也多次在年度进行公关演讲直播。2022 年度的演讲，他保持了自己体态自然、外表真诚质朴、言语平和的风格，通过分享自己“怎样走过人生的困境”的演讲，在对创业者励志和启示的同时，宣传了自己的企业与最新产品，特别表达了对未来的信心和期待。

## 阅读必备

公共关系即兴演讲

所谓即兴演讲，就是在特定的情境和主体的诱发下，自发或被要求立即进行的当众说话，是一种不凭借文稿来表情达意的口语交际活动。演讲者事先并没有做任何准备，而是随想随说，有感而发。公共关系即兴演讲是为了表达、维护、强化组织或特殊个人与公众之间的关系而作的即兴演讲。

即兴演讲是一种最能反映人的思维敏捷程度和语言组织能力的口语表达方式，也是能反映一个人的学识水准、个性特征和演讲风格的表达方式。对演讲者而言，首要前提是要有演讲的欲望，其次要有高度的总结和概括能力，有敏捷的思维，有广博的知识储备和丰富的生活素材的积累。只有这样，才能做到兴之所至、情有所感、结构严谨、简洁明了、通俗易懂、形象生动。

在组织或个人进行公关即兴演讲时，常见的结构是三段论，即是什么、为什么、怎么做。或者使用“第一、第二、第三”“首先、其次、再次”等词语，也可以根据“过去、现在、未来”等时间或空间顺序进行演讲，从而让演讲的逻辑性非常清晰。

即兴演讲要想出彩，适时适当地运用幽默是必不可少的。这需要演讲者平时积累相关素材，并且能够用自己的方式幽默地表达出来。

## 实训导引

1. 实训任务：

(1) 以“毕业在即，致敬未来”为题；

(2) 以“我对家乡充满希望”为题。

2. 实训目标：

(1) 面对老师、同届即将毕业的同学、师弟师妹代表等公众群体，以演讲的形式表达出毕业生的良好形象。

(2) 面对外界公众以演讲的形式推介、宣传、赞美家乡。

以小组为单位，选择一项实训任务，认真查阅并组织材料，完成一篇公关演讲稿，并进行公关演讲。

3. 实训步骤：

(1) 分小组，每个小组 4～8 人。

(2) 小组合作查阅并组织材料，撰写时长为 5 分钟的演讲稿，制作 PPT 增加演讲效果。

(3) 小组分工明确，保证每个人都有任务，选出的演讲者要在小组内试讲，并接受组员的良好建议和点评。

（4）按小组顺序模拟进行公关演讲。

4. 实训评价和反思：

任务单

| | | | |
|---|---|---|---|
| 组名 | | 组员姓名 | |
| 工作程序指引及记录内容 | | 完成的打“√” | |
| 1. 确定小组长 | 小组长姓名： | | |
| 2. 小组集体查阅资料 | / | | |
| 3. 明确任务 | / | | |
| 4. 组员任务分配 | / | | |
| 5. 设计 PPT 及准备视频 | / | | |
| 6. 根据小组分工，完成自己的任务 | / | | |
| 7. 班级交流 | 展示人： | | |
| 8. 小组自我评价及反馈 | | | |
| 9. 个人加分点 | | / | |
| 写给老师的话 | | | |
| 指导教师评语 | | 签名 | |

任务评价表

| | | | | | |
|---|---|---|---|---|---|
| 课程名称 | | | | | |
| 实训任务名称 | | | | | |
| 三方评价成绩 | | | | | |
| 评分项目 | 评分内容 | 分值 | 自评 | 小组评分 | 教师确认 |
| 明确任务<br>获取信息 | 能有效利用图书馆资源、网络资源、教材等查找有效信息；<br>能用自己的语言有条理地去解释、表述所学内容；<br>能将查找到的信息有效运用到工作任务中 | 10 分 | | | |
| 感知任务<br>制订计划 | 是否熟悉你的任务、认同工作价值；<br>是否具有执行力；<br>小组计划制订得是否合理，并具有可操作性 | 10 分 | | | |
| 实施任务 | 与教师、组员之间是否相互尊重、理解；<br>与教师、组员之间是否能够保持多向、丰富、适宜的信息交流 | 10 分 | | | |
| | 探究学习、自主学习不流于形式，处理好合作学习和独立思考的关系，做到有效训练；<br>能提出有意义的问题或能发表个人见解；<br>能按要求正确操作；<br>能够倾听、协作、分享 | 10 分 | | | |

续表

| | | | | | |
|---|---|---|---|---|---|
| 实施任务 | 遵守实训任务要求，实训过程符合目标；<br>训练过程、出勤情况和完成工作任务情况较好；<br>善于多角度思考问题，能主动发现、提出有价值的问题 | 20 分 | | | |
| 展示成果 | 在展示成果中考核小组工作计划、技能训练是否符合目标与要求；<br>是否获得了进一步发展的能力和创新能力；<br>是否有良好的语言表达能力 | 10 分 | | | |
| | 在展示成果中评判学习者是否有发现问题、提出问题、分析问题、解决问题的能力 | 15 分 | | | |
| 评定反馈 | 按时按质完成实训任务；<br>较好地掌握专业知识点；<br>具有较强的信息分析能力和理解能力；<br>具有较为全面、严谨的思维能力，并能条理明晰地表述 | 15 分 | | | |
| 总分（100 分） | | | | | |
| 评语 | 自我整体评价 | | 学生签名 | | |
| | 小组整体评价 | | 组长签名 | | |
| | 教师整体评价 | | 教师签名 | | |

## 阅读链接

1. 卡耐基语言训练学校学习网 .

2. 武洪明，许湘岳. 职业沟通教程. 2 版. 北京：人民出版社，2014.

3. 周安华，苗晋平. 公共关系：理论、实务与技巧. 4 版 . 北京：中国人民大学出版社，2013.

# 任务二 公关谈判

谈判是当事人各方就共同关心的问题，通过相互磋商、洽谈来消除分歧，寻求共识和达成协议的过程。谈判是生活中不可缺少的活动，从广义上说，我们每天都在不知不觉中进行着谈判。买卖东西、商务合作，都是一种谈判。

公关谈判指双方或多方组织就一项涉及各方利益的问题，利用协商的手段，经反复调整各自的目标，在满足己方的利益下取得一致的过程。公关谈判已成为组织与组织、组织与公众之间沟通、谅解和合作的桥梁和纽带，是协调关系的基本手段。其含义包含四个基本内容：两个或两个以上参加者；各方都有自己的目标和利益；主要手段是协商；以各方利益大部分都得到满足为前提。

公关谈判是一场心理较量，也是一场集知识、智慧、口才、耐力和团队精神等诸多要素的综合考验。成功的谈判可以使组织受益匪浅，失败的谈判则可能使组织损失巨大。因此，公关人员在组织或参与谈判时，应该认真对待，精心设计、精心组织，特别要注意做好以下几项工作：一是谈判前的准备工作，尤其是有关资料的收集、背景情况的调查、对自身实力和对方实力的评估；二是要善于调节或缓和气氛，使谈判重新步入正轨，特别是当谈判陷入僵局、濒于破裂时；三是在谈判过程中，要认真倾听对方的意见，了解对方的确切意图，发现问题，及时为己方的主谈者出谋划策。

总之，谈判是一项具有很强艺术性的工作，它牵涉的内容和能力都极为广泛，需要公关人员通过实践积累丰富的经验，才能真正做好谈判工作。

### 案例阅读 1

## 锦湖轮胎召回风波

2011 年 3 月 15 日，央视“3·15”晚会曝光锦湖轮胎天津工厂违规大量使用返炼胺生产轮胎。锦湖轮胎先是坚称信息不准确，否认事实真相。21 日，锦湖轮胎全球总裁及中国区总裁在央视正式向广大消费者道歉并承认其天津公司的产品和管理有问题，同时宣布天津公司管理负责人员被免职；承诺在最短时间内确定锦湖轮胎（天津）有限公司问题范围后申请召回；承诺公司对于锦湖轮胎质量问题进行快速处理。但在召回过程中，又被认为诚意不够，使得召回过程一波三折。虽然锦湖轮胎最终得到中国大众的基本谅解，但在当时的公众“谈判”过程中表现不佳。

资料来源：危机公关案例：锦湖轮胎召回风波．轮胎世界网，2012－02－16.

### 案例点评

企业产品被质疑质量问题或者被曝光质量不佳，企业必须进行真诚、合理、合情的公众“谈判”。

1. 承担责任原则：央视“3·15”晚会曝光锦湖轮胎后，企业坚称报道“不准确”，后又被媒体曝出其他的问题，锦湖都予以否认。事隔一个月之后，4 月 15 日，锦湖轮胎（中国）公司召回 2008 年至 2011 年生产的部分轮胎，但有媒体评论称，锦湖轮胎召回，从开始就注定了是一场闹剧。媒体对其召回数量、召回批次、服务时间等逐条分析，质疑声四起。

2. 真诚沟通原则：在央视“3·15”晚会曝光后，锦湖轮胎仍然坚称报道“不准确”；在媒体质疑锦湖 3C 认证被没收，锦湖否认，当国家质检总局最后出面确认锦湖轮胎有13张3C认证证书被收回时又不得不承认。锦湖在媒体口诛笔伐下仍然顽抗到底的形象加剧了消费者的反感。3月21日，锦湖轮胎全球总裁、中国区总裁在央视正式向广大消费者道歉并承认其天津公司的产品和管理有问题，使公众情绪得到了一定的缓解。在召回过程中，各种条款被媒体拿出来“晾晒”，漏洞百出，其诚意大受质疑。

3. 速度第一原则：锦湖轮胎在“3·15”晚会前就已经出现了关于轮胎质量问题的投诉，但未予以重视。在“3·15”晚会公布锦湖公司的轮胎质量问题后，锦湖轮胎第一反应是报道“不准确”，宣布召回更是在一个月之后。对危机事件反应速度之迟缓、应对不及时，都对锦湖轮胎形象造成了极为不利的影响。

4. 系统运行原则：整个事件中，锦湖轮胎处理得毫无章法，声明、道歉、召回都处理得漏洞百出，而且也未举办相应挽回公众信心的公关活动。

5. 权威认证原则：在事件发生后，合作伙伴和政府部门无一对其表示支持：合作厂商纷纷划清界限，与锦湖轮胎作“切割”；国家质检总局更是宣布收回其3C认证，使锦湖轮胎丢掉了最后的幻想。

商家面对公关事件的处理往往通过谈判方式解决，有时是与其他组织进行谈判，有时谈判的对象则为大众。在本案例中，锦湖轮胎的客户影响面之广，几乎可以作为大众的形象出现，因此锦湖公司要面对的谈判对象不应该只是自己的客户，还应包括大众。因此本次谈判就显得锦湖轮胎没有诚意，回应时间也不及时，导致顾客和大众的强烈不满，对公司造成了无法挽回的损失。如果锦湖公司能够第一时间承认自己的问题，及时召回问题轮胎，并通过良好的改进措施提升公众形象，相信本次面对大众的谈判就会改变结局了。

**案例阅读2**

## 商场联合拒销“长虹”，“长虹”如何化险为夷？

如今，家电产品等销售渠道主要是网络销售，拼的是销售量、回头客、用户评价等数据。早期传统的店铺销售首先要找店家。1998年2月，春节的喜庆气氛还没消失，四川长虹彩电却在济南商场栽了跟头——被七家商场联合“拒售”。这意味着长虹将在济南失去市场。在家电竞争激烈的当年，企业还有什么比失去市场更大的风险？再者，今天有济南“拒售”，明天再有别的区域效仿又该如何？

为什么“拒售”？据商家一方理由是“售后服务”不好；而长虹方面说每天有四辆流动服务车在市内流动维修，而济南消费者协会也证实没有关于长虹的投诉。这究竟是怎么一回事？一时间公众议论纷纷，多家媒体也作了追踪报道。随即长虹集团总经理前往济南与七大商家进行斡旋，双方均表示“有话好好说”，争取及早平息风波，多方在面对面的谈判中化解了矛盾和误会。最终事件获得圆满解决。

资料来源：商场联合拒销“长虹”，“长虹”如何化险为夷?. 人人网，2022－08－09.

### 案例点评

1. 在市场经济条件下，知名企业仍处于复杂多变的环境中，其中既有可控因素也有不可控因素。企业要实现自身的目标，只有主动去适应多变的环境，寻找与环境的平衡点，尽力减少、消除运行中的摩擦，才能达到与环境的平衡。这需要持续沟通，以及在沟通中进行公关谈判。

2. 任何企业都不可能一劳永逸地躺在已经取得的成绩上。它需要密切地监测环境，对环境的任何变化保持高度的敏感性。要做好收集环境信息的工作，定期、经常地了解各类公众对企业的评价和反映，利用信息反馈去调整组织的行为，去适应变化的环境，通过包括公关谈判的手段，预防事故、风险的发生。

3. 遵循“和为贵”的公关原则，运用“重在协调矛盾、淡化矛盾、化敌为友”的策略。事发后，长虹总经理亲自率领工作班子，及时飞抵济南，与七大商场进行公关协调，双方各抒己见、坦诚协商，通过信息与感情的沟通，求得矛盾的化解，正确引导了公众舆论，防止了公众因误导而诱发的不利于长虹的联想。

4. 经销商作为企业产品通向消费者的中介，是一种非常重要的公众关系。因此，长虹要实现自身的利益必须将协调的目标放在获取对方的合作上。合作才能让长虹和商场有更为密切的互动关系，才最有利于双方获得更大利益。

### 案例阅读 3

## 《三国演义》中的公关谈判术

《三国演义》被喻为“一部管理学的教科书”，其中表现出很明显的公关意识，涉及外交与谈判的情节描写很多，体现了相当高的谈判艺术。下面就从五种谈判艺术来给大家提供分析、借鉴和思考。

第一，环境造势谈判术。《三国演义》中“曹操西校场点军”，为的是让西川的特使张松“见我军容之盛，教他回去传说‘吾即日下了江南，便来收川’”。再如“孙权接待蜀使邓芝”“先于殿前立鼎，贮油数百斤，下用炭烧，待其油沸，选身长而大武士一千人，各执钢刀、大斧、长戟、短剑，从宫门前直摆至殿上，一切就绪，方召邓芝入见”。这些都是布置环境，为谈判造成先声夺人之势。环境造势不单有剑拔弩张，杀气腾腾，显示实力的所作所为，在企业社交活动和商业活动中，除了为显示实力，引起对方注意，“过了这个村，没有这个店”等情形外，更多的是造就和谐、欢悦、心安理得的气氛，如陪同观光、参加活动等。

第二，擒“王”谈判术。谈判是不流血的战争，为了赢得谈判的胜利，抓住对方关键人物至关重要。历史上，谈判胶着时，以擒“王”术而成功的范例很多。《三国演义》中“关云长单刀赴会”一回，是一次颇有寓意的谈判。东吴欲取荆州，关羽是第一个绊脚石，鲁肃为了拔掉这颗钉子，请关羽到陆口寨外临江亭赴宴，打算伏刀斧手在筵席间杀掉关羽。关羽让周仓捧大刀相随，八九个跨腰刀的关东大汉同往，“入席饮酒”“谈笑自若”，乘风而去，安然而归。关将军此番“武装谈判”秋毫不损，缘何？主要原因就是筵席上抓住了对方权威人物——鲁肃。关羽“右手提刀，左手挽住鲁肃佯醉曰：‘公今请吾赴宴，莫提起荆州之事。吾今已醉，恐伤故旧之情。他日令人请公到荆州赴会，另作商议。’鲁肃魂不附体，被关羽扯到江边。吕蒙、甘宁各引本部军欲出，见云长提大刀，亲握鲁肃，恐肃被伤，遂不敢动”。在现代公共关系谈判中，“以血谏”“兵谏”的形式已被淘汰，然而就“擒‘王’谈判术”的哲理和技巧而言，还是起大作用、有大效果的。

第三，模糊谈判术。这种谈判术多是借用模糊语言，在对方麻痹的情况下，为自己赢得机会。如在荆州问题上，孔明和鲁肃的谈判。鲁肃第一次讨荆州，孔明不是据理力争，而是“以叔辅侄”取荆州，以刘琦尚在为借口回绝东吴。刘琦病亡，孔明改口为“暂借荆州”“立纸文书，待到图得城池之时，便交还东吴”。鲁肃问：“夺得何处，还我荆州？”孔明说：“中原急未可图，西川刘璋暗弱，我主将图之。若图得西川，那时便还。”最后，由刘备写成文书一纸，押了字。孔明、鲁肃作保，也签了名。这次谈判，这个契约，把周瑜气得直跺脚。孔明的用心，周瑜一语道破：“子敬中诸葛亮之谋也。名为借地，实为混赖。他说取了西川便还，如何中用，知他几时取西川？假如十年不得西川，十年不还？这等文书，如何中用，你却与他作保？”从谈判术角度讲，由孔明导演、刘备炮制的这个混赖文书，学名就叫模糊文书。模糊语言，模糊文书，在企业外交中很有用处。如：当事情不愿办，又不愿使关系破裂时，你得借助“模糊术”；一时不能办，今后确要办，需赢得时间时，它可助你一臂之力；事情需要办，关系很微妙，不愿卷入或引起冲突时，它能使你解脱；因各种原因，需避免直接表述时，可使用模糊语言。

第四，因人而异谈判术。“见人说人话，见鬼说鬼话”，通常是贬义，用来骂当面一套、背后一套的人。而在外交谈判中，面对不同对象，以变应变却是高招的标志之一。诸葛亮舌战群儒，说孙权，激周瑜，显示了他超群绝伦的外交能力和谈判艺术。对张昭为首的智囊班子中的主和派，诸葛亮使用“暴露法”“对比法”等，对张昭、虞翻、步骘、薛琮等人挑衅性的语言一一分析，着力揭露；同时又阐明自己的意见，显示己方的实力，为孙刘联盟清除理论上的障碍。对于江东决策人物孙权，诸葛亮则从他的地位出发，采取诱导的方式，陈述利害，激发斗志，促使他决定“明日商议起兵，共灭曹操”。对在江东最具有影响力的周瑜，诸葛亮则根据他心骄气盛的特点，采取气激智斗的方法，诱其“上钩”。激得周瑜“离座北指”，大骂曹操欺人太甚，誓与曹操势不两立，这样一来，周瑜反倒主动求于诸葛亮了：“望孔明助一臂之力，同破曹操。”因人而异谈判术的原则，本质是以变应变，但是不论如何变，你必须在设法争取自身利益时主动思考能给对方什么。如果有一方一无所获，坐在一起是浪费时间。由于双方谈判的基础是从谈判桌上获取需要，因此，因人而异谈判还必须懂得心理学，研究对方的需要，思索怎样在给予对方的过程中，我方有所“获取”，考虑如何因对象不同、环境变异而选择不同的方法去顺应、抵制或改变对方的动机，这是谈判原则中最重要的。

第五，场外谈判术。公共关系学本身并没有“是”或“非”的单一属性，如同一支枪，关键是谁掌握它，去击倒谁。许多企业设公关部，其中公关人员是公关学的实践者，他们的主要任务更多的是非本质谈判，是加强组织与公众的沟通和联络，培养感情，用组织的良好形象去影响对手，是通过场外谈判对正式谈判给予补充。在“伐交”中如果忽略平时公关，忽略场外谈判，犹如用兵只知“正合”，不会“用奇”。一身是胆的赵子龙，曾经当过几天刘备的“公关先生”，代孔明就刘备与孙夫人婚姻问题与孙权进行场外谈判。《三国演义》里这样描述：赵云陪同刘备到东吴就亲，为保证刘备化险为夷，假戏真唱了一段婚姻。赵云依孔明之嘱，一面牵羊担酒陪同刘备拜见乔国老，一面让随行五百军士一律披红挂彩，入南徐买办物体，大造刘备入赘东吴的舆论，使城中人尽知其事。当时，赵云陪同刘备拜见乔国老，用今天的话讲叫开关键人物的后门，打刘备未来的外太公的关节。乔国老糊里糊涂接待了这门“远亲”，连锁反应波及吴国太，直逼孙权，以外围突破带动核心，结果孙权在乔国老、吴国太的威慑下终于就犯，把妹妹交出来，成全了刘备。在现实生活中，场外谈判占有相当地位，有时场上很难得到的东西，通过场外活动可以轻而易举。国家之间、集团之间重大谈判通常都是这样：先场外后场内，先低层次接触再高层次交锋，先幕后再公开，先扫清外围再重点解决，在场外找双方的关同点，为场内谈判造就相对优势。

资料来源：卓如.《三国演义》中的公共关系谈判艺术．安徽电子信息职业技术学院学报，2003（5）.

## 案例点评

在《三国演义》中，确实体现了诸多现代公共关系学的内容。上述所列举的谈判案例情况各不相同，谈判手段多种多样。在公关谈判中，为了实现双方利益的最大化，往往会使用各种各样的谈判手段，这需要谈判人员知己知彼，做好充分准备的同时，还要在谈判过程中随机应变，理性睿智。上面案例引述的谈判中采用常用的策略有如下几种：

**1. 模棱两可法**

所谓模棱两可，就是对事件不明确表态，不肯定，也不否定。该方法在谈判初期经常使用。一个成熟的谈判者要善于使用模糊语言，善于控制自己的情绪。不要使用“肯定是”“毫无疑问”“一定要”之类的语言，应该用“我认为”“我假设”“是否可以这样”的语言来表达自己的意思。实践证明，模棱两可的语言和态度，可以较好地表达自己的真实意图，减少失言和错误。

**2. 察言观色法**

所谓察言观色，指的是注意观察对方的谈吐、举止、神情、姿态，从中捕捉到对方的思想动态，并根据其思想动态采取相应的对策。这种方法在明示阶段和交锋阶段使用最多。

**3. 抛砖引玉法**

所谓抛砖引玉，指的是设计一些特殊的问题，通过对方的回答来了解对方的意图和底线，为己方赢得更大的利益。

**4. 先苦后甜法**

在日常生活中，如果有两种外来信号的刺激，人们总是将第一信号作为标准，用来衡量后来的信号。先苦后甜法就建立在这种心理上。在谈判中，如果先向对方提出苛刻的条件，制造一种艰苦谈判的假象，然后选择适当的时机，做出让步，使对方满足，往往容易取得谈判的主动。先苦后甜法一般是在自己处于优势和主动的情况下使用。但要注意，所提条件不能过于苛刻，不能超过对方的底线，否则，对方会停止谈判。

**5. 避实就虚法**

意思是我方为了达到某个目的，有意识地将谈判的内容引向无关紧要的问题上，转移对方的注意力，在对方没察觉时，实现自己的目标。

**6. 沉默忍耐法**

这是在我方处于被动时可以采取的策略。其方法是：谈判开始就保持沉默，迫使对方先发言、先表态。其目的是：给对方造成一种心理压力，使其失去冷静，在这种情况下，对方的谈判计划可能会被打乱，出现言不由衷、泄露信息的情况，为我方寻找突破口提供机会。注意事项：在对手采取咄咄逼人的攻势时，头脑要清醒，忍耐力要强，情绪要平稳。在对方锐气消失后，再提出自己的主张。

**7. 最后期限法**

即为谈判限定一个最后的期限。作为谈判中的强者，对于双方一时难以达成妥协的棘手问题，不必强求及时解决，要善于利用谈判的最后期限，不断向对方施加压力，迫使对方在压力下放弃原来的主张，屈服于自己。作为谈判中的弱者，也可使用最后期限法，利用强者方急于取得谈判成果的急躁心情，迫使其做出某些让步。要点：弱者方要审时度势，不能过分。

**8. 利益引诱法**

在谈判双方利益冲突尖锐时，寻求双方对立立场背后的共同利益，利用这个利益来提醒对方，并诱导对方克制情绪，使谈判向正确的方向发展。

**9. 情感沟通法**

即通过情感交流，在人与人之间架起连心的桥，牵起感情的线，利用情感因素去影响对方，达到联络感情、增进友谊、促成谈判顺利发展的目的。使用方法：谈判前，了解对手的兴趣、爱好、目前的困难等，做到有的放矢。注意：不做违法的事情。

## 阅读必备

和一般谈判程序一样，公关谈判也包括准备、交锋、妥协让步三个阶段，因此公关谈判的工作程序也是围绕这三个方面进行的。

**1. 准备阶段**

确立意向（是否谈判）和目标（最高、最低目标）；收集资料，尽量收集对手的资料，了解对手是谈判成功的前提；制定谈判方略，根据谈判目标（最高、最低）设计谈判技巧（施压、控制、协商、迂回、拖延等战术）；人员选择，具有优秀的观察、判断、表达能力和坚强、自信、沉着的意志品质的首席代表，具有优秀的观察、判断、表达能力，且组织纪律性强、协调能力强的随从人员。

**2. 谈判的进行过程**

（1）导入阶段：互相认识和介绍。应尽量制造一种轻松愉快的谈判气氛。

（2）概说阶段：进行适当的沟通，比如陈述自己的立场和目标，提出自己的条件或方案。

（3）明示阶段：在矛盾暴露后，尽早接触实际问题，主动提出解决问题的方法。

（4）交锋阶段：交锋阶段是谈判中最重要、最关键、最困难的环节，双方都会列举事实，希望说服对方接受自己的意见，在交锋中，一方面要利用谈判技巧，为己方获得最大的利益；另一方面，也要考虑对方的利益，达到互利互惠的结果。

（5）妥协阶段：交锋不可能永远持续下去。交锋的结尾，就是妥协的开始。妥协是双方利益的协调，是达成协议的开始。但是，妥协的原则是不得低于己方最低目标。

**3. 签订协议**

经过交锋与妥协，在双方认为都达到自己目的后，就进入协议的签订过程。

签订协定前，双方一定要最后核实协定文本，在一切无误后，交己方领导签字生效。协议签订后，双方应严格按照协定内容，认真履行自己的承诺，不能因任何原因违背协议。

## 实训导引

1. 实训任务：“6·18”期间，小组成员团购了某品牌化妆品套餐，大家用后发现化妆品质量不如以前那么好。以电话的方式与商家谈判处理售后纠纷。

2. 实训目标：小组两两配对，围绕产品售后纠纷进行谈判，一方作为小组团购顾客，一方作为商家代表。

3. 实训步骤：

（1）分小组，每个小组4～8人，各小组抽签完成配对。

（2）两个小组可以根据上面的任务内容，也可以根据各自的经历自设售后问题，抽签确定顾客方和商家方。

（3）各小组围绕公关谈判相关内容，设计谈判技巧，组织谈判语言，力求圆满解决问题。

（4）每对小组上场展示，其他组为观察员。

4. 实训时间和地点：该任务为课内训练，准备时间为15分钟，展示时间为15分钟，点评时间为10分钟。

5. 实训评价和反思：

任务单

| 组名 | | 组员姓名 | |
|---|---|---|---|
| 工作程序指引及记录内容 | | | 完成的打“√” |
| 1. 确定小组长 | 小组长姓名： | | |
| 2. 小组集体查阅资料 | / | | |
| 3. 明确任务 | / | | |
| 4. 组员任务分配 | / | | |
| 5. 设计谈判的基本方向和方案 | / | | |
| 6. 根据小组分工，完成自己的任务 | / | | |
| 7. 班级交流 | 展示人： | | |
| 8. 小组自我评价及反馈 | | | |
| 9. 个人加分点 | | | / |
| 写给老师的话 | | | |
| 指导教师评语 | | 签名 | |

**任务评价表**

| | | | | | |
|---|---|---|---|---|---|
| 课程名称 | | | | | |
| 实训任务名称 | | | | | |
| 三方评价成绩 | | | | | |
| 评分项目 | 评分内容 | 分值 | 自评 | 小组评分 | 教师确认 |
| 明确任务<br>获取信息 | 能有效利用图书馆资源、网络资源、教材等查找有效信息；<br>能用自己的语言有条理地去解释、表述所学内容；<br>能将查找到的信息有效运用到工作任务中 | 10 分 | | | |
| 感知任务<br>制订计划 | 是否熟悉你的任务、认同工作价值；<br>是否具有执行力；<br>小组计划制订得是否合理，并具有可操作性 | 10 分 | | | |
| 实施任务 | 与教师、组员之间是否相互尊重、理解；<br>与教师、组员之间是否能够保持多向、丰富、适宜的信息交流 | 10 分 | | | |
| | 探究学习、自主学习不流于形式，处理好合作学习和独立思考的关系，做到有效训练；<br>能提出有意义的问题或能发表个人见解；<br>能按要求正确操作；<br>能够倾听、协作、分享 | 10 分 | | | |
| | 遵守实训任务要求，实训过程符合目标；<br>训练过程、出勤情况和完成工作任务情况较好；<br>善于多角度思考问题，能主动发现、提出有价值的问题 | 20 分 | | | |
| 展示成果 | 在展示成果中考核小组工作计划、技能训练是否符合目标与要求；<br>是否获得了进一步发展的能力和创新能力；<br>是否有良好的语言表达能力 | 10 分 | | | |
| | 在展示成果中评判学习者是否有发现问题、提出问题、分析问题、解决问题的能力 | 15 分 | | | |
| 评定反馈 | 按时按质完成实训任务；<br>较好地掌握专业知识点；<br>具有较强的信息分析能力和理解能力；<br>具有较为全面严谨的思维能力，并能条理明晰地表述 | 15 分 | | | |
| 总分（100 分） | | | | | |
| 评语 | 自我整体评价 | | 学生签名 | | |
| | 小组整体评价 | | 组长签名 | | |
| | 教师整体评价 | | 教师签名 | | |

### 阅读链接

1. 包镭. 演讲与口才技能实训教程. 北京：北京大学出版社，2007.
2. 冯亚华. 商务谈判. 2版. 北京：清华大学出版社，2011.

## 任务三 公关广告宣传

当今社会，广告充斥着我们的生活，广义的广告是广而告之的意思。美国《广告周刊》对“广告”的定义为：个人、商品、服务、运动，以印刷、书写、口述或图画为表现方式，由广告者出费用进行公开宣传，以促成销售、使用、投票或赞成为目的。广义的广告应该也包括当下直播带货。狭义的广告则仅指以营利为目的的经济广告，或称商业广告。所谓公共关系广告，是指经济单位通过购买大众宣传媒介使用权的方式，向大众宣传企业组织信誉、树立企业组织形象的一种广告形式。企业的公共关系广告与产品广告有着明显的区别，详见表 6-1。

**表 6-1**

| 项目 | 公共关系广告 | 产品广告 |
| --- | --- | --- |
| 广告行为 | 长期行为 | 短期行为 |
| 广告性质 | 公共关系内容 | 促销内容 |
| 广告内容 | 企业信誉 | 产品特色 |
| 制作周期 | 长 | 短 |
| 费用 | 高 | 低 |
| 认识路线 | 公众→企业→产品 | 公众→产品→企业 |

除广告外，公关宣传还有很多途径和方法，包括媒体宣传，如策划媒体事件、召开新闻发布会、利用社会重大新闻事件开展搭乘式宣传、有偿租用大众媒体的使用权等，还有活动宣传、演员宣传、赞助宣传等。

### 案例阅读 1

### 四通集团向未来投资

1992 年 9 月 12 日，中央电视台在新闻联播里报道了当天在人民大会堂举行的四通公司资助中国学科奥林匹克代表队颁奖的活动。第二天，首都各大报纸纷纷报道了这一消息。从这项活动的内容、参加者的层次以及公众对这一活动的关注来看，它在中国学科奥林匹克史上是空前的。由于四通公司独家发起并迅速圆满地完成了这次活动，“四通”的名字又一次给广大公众留下了深刻印象。

这项活动的具体发端是在1991年。当时公关部参加了那一年学科奥林匹克归国汇报会，在领略到少年英雄艰难攀登的同时，也看到了选手们的好成绩是根植于孕育和培养这些未来科学巨星的那片土壤。对这些智力健儿应该奖励，而且应该重奖，不仅如此，对站在这些少年背后的那些培育者也应该奖励。但是国家对此项活动的投入相对是很少的，选手、教练以及各代表队的经济状况是很窘迫的。那么“四通”能不能为改变这种窘迫尽一点绵薄之力呢？“四通”公关部动起了心思。

1992年，又一度学科奥林匹克竞赛结束了，中国选手又取得了“大满贯”的好成绩。不久，体育奥林匹克大火大红起来。当舆论界把两个奥林匹克一冷一热的情况对比议论的时候，“四通”敏感地发现了社会对教育科技的忽略。这一情况促使“四通”公关部提议独家发起并完成这次集资捐助学科奥赛的公关活动。“四通”公关部把这一动议向公司领导汇报，当时公司领导正在香港处理其他业务，接到公关部传真后，立即讨论并拍板决定，同意公关部的这项提议。公关部接到这一决定后积极行动起来，于9月1日下午举行通报会，把这一决定通报给各界。参加会议的有国家科委、国家教委、中国科协及数学、物理、化学、信息学会的专家和领导，以及参与学科奥林匹克竞赛的各代表队的领队和教练员。

9月1日，四通公司成立了“为学科奥林匹克智力竞赛捐资委员会”，主席由集团公司执行副总裁李文俊担任，委员有公司副总裁张进、公关部部长李小列、办公室主任彭建伟。捐资委员会9月4日以《四通人》快讯的方式向集团的全体同人发出了自愿捐资的号召。此通告发出之后，得到全体同人的热情支持，48小时以后就收到集团所属企业和个人价值30余万元的捐款。

“四通”这次捐款的分配方式采用了一个被社会各界称为“非常恰当”的方式，即为4个学科代表队所有的19位选手筹措读大学的助学金，每人每月200元，直到他们大学毕业；为每个队提供1万元资金以奖励教练员；为每个队提供2万元培训费。此外，把4套四通386微机及打印机赠送给信息代表队，为培养新的选手提供设备支持。

1992年9月12日，在人民大会堂云南厅隆重举行了四通公司资助中国学科奥林匹克代表队颁奖大会。面对这样的义举，四通公司总裁段永基并没有丝毫捐助者的得意之色，反而诚恳地向接受捐助者说了一句：“拜托了！”他说：高科技企业在国内外市场取得成功，需要源源不断地掌握最高技术的人才。人才哪里来？来自教育。企业界应向教育界说一声：“拜托了！”他认为，未来的社会发展主要靠科学技术，而科学技术的后劲在中小学。在一代少年身上，他看到了“四通”未来发展的宏伟前景。段永基先生的这些话，说出了所有“四通”决策者毅然做出这个决定的动机。

首先，“四通”是一个高科技企业，它的发展离不开掌握高科技、新知识的人才。

“四通”把公益投资向基础教育倾斜，事实上是为自己本身的长远后劲投资。其次，“四通”不可能脱离中国的时空，而成为超然的“地球村民”，它的“根”扎在中国。如果中国没有一个重教育、重科技的气氛，“四通”自身的发展也是很艰难的，在这方面“四通”要带头营造这样的环境。再次，在巴塞罗那奥运会轰轰烈烈的对比下，“四通”人也确实有一种鸣不平之感。这种感觉并不是“四通”人独有的，“四通”的举动无疑或多或少地为公众争来了一种新的平衡。从深远一点的背景来看，对教育的资助也是“四通”一贯的行为——近几年来，四通公司每年向一所中学提供办学资金 25 万元，以改善学校的办学条件；四通公司是向国家科委和团中央主办的“希望工程”捐款首家突破 100 万元的企业；北京市连年举办的中小学生计算机程序设计大奖赛，以及每年 9 月的教师节，“四通”都投入了自己的奉献。

1992 年，四通集团又向中国的基础教育投入了更高的热情，“四通”已不满足于集资助教，而是要和教育界一道，把教学成果转化为商品，转化为生产力，把“输血”变为提高本身的造血机能，成立了一个企、教联营的经济实体——四通教育科技公司。集资捐助学科奥林匹克赛之举，使“四通”再次赢得了良好声誉，中国科协、北京市委、北京市政府、北京市教育局、北京市高新技术产业实验区以及全国教育界、科技界的领导和著名学者也纷纷盛赞“四通”义举。

资料来源：公关案例分析 6：四通集团向未来投资．豆丁网，2011 - 04 - 16.

## 案例点评

常见的公共关系广告主要有以下类型：

1. 实力广告：用广告的形式向公众展示组织机构的实力。如“格力，掌握核心技术”“美的，一晚只用一度电”。

2. 观念广告：向社会传播管理哲学、价值观念、传统风格和组织精神的广告。如“百万的企业，毫厘的利润”（美国奥尔巴赫公司的广告）、“让世界爱上格力造”。

3. 信誉广告：是一种宣传组织的信誉和良好形象的最直接的公关广告形式。如“为中华体育腾飞做贡献”（利生体育用品公司）。

4. 声势广告：以宣传组织的大型活动为内容，制造声势，扩大影响。如“欧莱雅在上海设立总部××周年文艺晚会”。

5. 商标广告：以宣传产品的商标为主要内容的公共关系广告。如“车到山前必有路，有路必有丰田车”（日本丰田汽车公司广告）。

6. 声明广告：又称解释性广告，是一种表明组织对某些事件的立场、态度的广告，通常适用于对组织不利的事件或在重大事件中表明态度。

7. 响应广告：是指用广告的形式响应社会生活中的某个重大主题，表示组织与社会生活的关联性和公共性，以求得各方公众的理解和支持。如赞助“希望工程”等响应广告。

此外公关广告还有公益广告、祝贺广告、歉意广告、谢意广告、创意广告。

在本案例中，四通公司的做法属于响应广告。现代企业不但要营利，还需要承担一定的社会责任和社会义务，以表明企业是社会的一员，愿为社会发展贡献一份力量。通过这样的行为，搞好与社会公众的关系，建立良好的企业声誉。而致力于赞助社会福利事业、文化事业、教育事业和学术理论活动等，不但有利于社会，而且能使企业赢得社会公众的普遍好感，培养与某类公众的良好感情，树立企业关心社会公益事业的良好形象。

## 案例阅读 2

### 碧浪冲击吉尼斯

1999 年国庆节前夕，一件长 40.6 米、宽 30.8 米、重达 930 千克的大衬衣，在北京的东二环路附近一家大楼上悬挂起来，该衬衣约有 12 层楼高。这件衬衣在此悬挂了半个月，吸引了大量路人的目光。这是爱德曼国际公关公司为美国宝洁公司策划的一次重要的媒介事件。宝洁公司的碧浪洗衣粉是其麾下著名的品牌，如何让中国公众接受它呢？为此，爱德曼公关公司绞尽脑汁，想出了这样一个用大衬衣冲击吉尼斯世界纪录的活动。这件大衬衣的布料足可以缝制 2 350 件普通衬衣，衬衣上还印制有“全新碧浪漂渍洗衣粉”的字样，其中红色的“碧浪”两字高 5.9 米、宽 9.8 米，非常醒目。更妙的是，这件大衬衣在悬挂了 15 天以后，经风吹雨淋和空气污染变得非常肮脏，在大衬衣的揭幕仪式上，还有一些嘉宾用更难洗净的墨汁泼在衬衣上。宝洁公司用全新的碧浪洗衣粉，洗净了这件衬衣，使新推出的碧浪洗衣粉一举成名。爱德曼公关公司策划的这次媒介事件，其意义并不仅仅在于破吉尼斯世界纪录，更主要的是让中国的消费者认识碧浪洗衣粉。他们先用大衬衣冲击吉尼斯世界纪录吸引公众的视线，引起新闻媒介的广泛报道；然后再通过洗净如此肮脏的衬衣，强化碧浪洗衣粉的功效，在市场上产生强大的冲击力。

资料来源：碧浪冲击吉利斯. 豆丁网，2013－02－25.

## 案例点评

公众的知觉是有选择性的。影响这种选择性的外部因素有：知觉对象的特征、知觉对象与背景的差别、对象的组合等。组织在制造新闻时，要有意识地强调自己作为知觉对象的特征，强调所谓“新闻点”，以期引起公众的注意。

爱德曼国际公关公司为宝洁公司策划的这次新闻事件，就是先以衬衣之巨大，冲击吉尼斯世界纪录为切入点，吸引公众和媒介的广泛关注，展示了宝洁公司的综合实力；又用全新碧浪把挂了15天的脏衣服洗净，强化了全新碧浪洗衣粉的功效，对市场产生了强大的冲击。

## 案例阅读3

### 2022年广告圈最大抄袭事件

2022年5月21日，在抖音和微信朋友圈双双刷屏的某公司公关广告视频竟被爆抄袭。

5月21日，某公司联手某著名演员发布了一则“小满”主题的短视频。视频中“人生小满，不自满，知不足”的人生哲理阐述，以及著名演员的出镜，让这则公关广告在小满当天走红——抖音获赞超310万，微信视频号获赞、转发超10万，官微单视频播放量超455万、获赞超1万（不完全统计）。但没能惊喜太久，事情就发生了转折，拥有粉丝300万的博主“北大满哥”投诉该则广告文案抄袭了其短视频内容。随后，某公司、广告公司、参演演员三方现身回应，但舆论热潮仍在持续中……据统计，2022年5月21日0点—23日15点，有关此次事件的网络相关信息量超17.4万。从情绪占比来看，虽然广告抄袭是负面事件，但网友并没有呈现出“一边倒”的情绪，负面占比虽最高——达46%，可正面和中立的表达也占比了一半的地位，分别为32%、22%。品牌方和广告公司的道歉，让事情被快速定性，因而舆论主要关注点除事件追责外，还发散出了多个舆情热点……

5月22日早上9点48分，某公司相关视频号已被删除。10点13分，某公司正式发布道歉声明。就该事件中因监管不力、审核不严给参演演员、北大满哥及相关方造成的困扰，表示诚挚的歉意。该视频由某创意代理公司提报并执行，各官方渠道将全面下架该视频。

广告公司22日发布声明称，“我们深表歉意，并诚恳地向原作者道歉，同时承诺尽最大努力弥补对原作者的损失。我司郑重承诺将在广告创作中尊重和保护原创作者权益，杜绝此情况发生。”5月25日消息，北大满哥再回应广告文案抄袭一事，他表示愿意接受各方的道歉，“目前三方已经达成协议，把去年小满作品文案进行免费授权”。

资料来源：小满广告抄袭事件梳理及舆情分析．网易，2022-05-23.

## 案例点评

广告的真谛就是沟通，广告的吸引力在创意，公关广告的重要一步更是要把握公众的心理状态。由于公关广告宣传被指抄袭，品牌方而卷入了社会反响比较大的舆情中，其公众形象引起一部分公众的质疑和指责。好在知名演员、品牌方以真诚、高效、低调的方式进行了危机公关处理，得到了原创者及社会公众的一定程度上的理解。所以企业要时刻关注广告的原创性及公众的心理状态，积极避免由于公关广告引起不必要的公关危机；再者，当危机事件发生了，尽量不要实施顾此失彼的公关策略，数字化时代，群众的眼睛是雪亮的。

## 案例阅读 4

### 各品牌与奥运冠军

除了和运动会联系起来，继中国跳水皇后伏明霞之后，纽崔莱又一次和中国奥运冠军、体育明星的名字联系在一起——著名跳水运动员田亮 2002 年正式与安利公司签约，成为安利纽崔莱营养保健食品的形象代言人。在中国，纽崔莱以其卓越的品质，连续成为 2000 年悉尼奥运会和 2004 年雅典奥运会中国体育代表团唯一专用营养品，良好的声誉由此得到进一步确立。自从与伏明霞合作，成功推出“有健康，才有将来”的品牌形象广告之后，安利希望再选择一位形象健康、广受大众喜爱的代言人，以进一步体现纽崔莱健康、自然的品牌形象。一番考虑之后，2000 年悉尼奥运会跳水冠军田亮脱颖而出。2001 年全国十佳运动员评选中，他被评为最受欢迎的男运动员。出于爱护自身社会形象的考虑，田亮选择合作伙伴时，要求对方必须是声誉良好、形象健康、有实力的知名企业。经过多次接触，田亮对安利公司的发展历史、品牌形象有了深入了解，对安利的企业文化、纽崔莱的健康理念也有强烈的认同感，所以愉快地接受了安利的邀请，成为安利纽崔莱的形象代言人。

资料来源：奥运冠军与纽崔莱的故事. 快乐多资讯网，2014-08-30.

## 案例点评

该案例是利用社会名流关系所开展的公关广告活动。名人效应，是公共关系传播常用的一种行之有效的传播方式，它主要是借助某些权威人士、社会名流或演员已取得的知名度、美誉度，以及在社会上的巨大影响，来扩大本组织的知名度、美誉度。田亮成为安利纽崔莱营养保健食品的形象代言人，就是运用名人效应的典型案例。邀请社会形象好、公众信任度高的运动员做广告，打破了以演员定位产品的策划模式，创意非常新颖，给公众耳目一新的感受。同时安利纽崔莱营养保健食品选择代言人，不仅是一位形象健康、广受大众喜爱的代言人，更是以其辉煌的成绩、爽朗率真的笑容而深受大众喜爱，从这个意义上说，“最受欢迎的男运动员”公关广告可信度更高，认同感更强。作为全球维生素与矿物质营养保健食品的领导品牌，纽崔莱一直倡导“营养、运动、健康”的理念，积极支持世界体育事业的发展。在中国，纽崔莱以其卓越的品质，连续成为 2000 年悉尼奥运会和 2004 年雅典奥运会中国体育代表团唯一专用营养品，良好的声誉由此得到进一步确立。

安利纽崔莱营养保健食品策划了具有轰动效应的“金牌运动员”系列广告，达到了提高组织知名度和信誉度的目的。利用和扩展信息是公关广告策划的目的，抓住名人效应，就是抓住了机会。在人们看烦了千篇一律的各类影视明星们做的广告时，让社会形象较好的运动员说一说实在话，也许能有意想不到的效果。于是，安利纽崔莱营养保健食品“运动员证言”在公众中产生了轰动效应。反之，不懂名人效应，把名人当作一般顾客，就会失去借助名人提高组织知名度、信誉度的大好机会。名人能够利用他们的专长为企业生产和经营管理提供有益的意见，能够通过他们广泛的社会关系网络为企业广结良缘，能借助他们较高的声望提高企业的知名度，扩大社会影响。

## 案例阅读 5

### 雷诺笔的公关宣传之道

1945 年，雷诺去阿根廷谈生意，无意中看到一种在美国还没有生产的新奇产品——圆珠笔。美国一家实力雄厚的杜利制笔公司已打算生产这种笔。雷诺清楚地认识到，这东西一旦投放市场，肯定是走俏商品。他随即决定自己要制造圆珠笔。他买了几支圆珠笔带回美国，一到芝加哥，他就请一位工程师设计了一种不同于原来圆珠笔的新型圆珠笔。他知道杜利制笔公司虽然实力雄厚，但审批流程烦琐，新产品上市需要很长时间。要想与杜利公司竞争，就必须抓住时机，在对方未出产品之前，抢先占领市场。于是他带着一支样笔到纽约金贝尔百货公司及其老对手梅西百货公司登门推销，接到两笔大订单。这也是雷诺匠心独运所在，因为两家百货公司竞争得越激烈，无论谁输谁赢，都将极大地扩大自己产品的知名度。他迅速投入 2.2 万美元的资金建厂。在杜利公司的制笔计划还在其各个机构审批的时候，雷诺笔已投放到市场上了。金贝尔百货公司售笔这一天，顾客反应之强烈使整个销售界大为震惊，该公司还被迫请了几十名警察维持秩序。一支成本只有 0.8 美元的雷诺笔售价竟高达 12.5 美元。

但雷诺仍担心人们不知雷诺笔已经问世，想扩大影响可人手又不够，于是心生一计，向法院控告杜利公司违法试图阻止他生产和销售圆珠笔，要求对方赔款 100 万美元。杜利公司很快提出反控告。许多报纸都报道了这一消息，案子虽然不了了之，但雷诺却达到了广告宣传目的。不到半年时间，雷诺就获得纯利润 150 多万美元。到了 1946 年，圆珠笔制造厂有 100 多家，笔的价格已经下降，雷诺打算用飞机作环球飞行的办法扩大产品的影响。于是他买了一架退役的军用飞机，命名为“雷诺弹壳号”，同时推出一种弹壳号圆珠笔。他聘请了两位飞行员，自任领航员。飞机从纽约起飞，穿越欧、亚和太平洋，共花了 78 小时 55 分环绕地球一周，打破了当时环球飞行的世界纪录。雷诺回到纽约时受到隆重欢迎。纽约所有报纸都报道了这件事，尽管这次飞行花了近20万美元，但雷诺笔的销售量却翻了几番。

资料来源：宣传型公共关系的案例. 豆丁网，2018－03－24.

### 案例点评

宣传型公共关系的特点是利用一定媒介进行自我宣传，其主导性、时效性极强，具体表现在以下三点：

第一，运用公关广告形式。按照本组织的意图在报纸、杂志、广播、电视等新闻媒介上宣传自己、树立形象，争取有关公众的好感。

第二，策划专题活动“制造新闻”，吸引新闻界报道。这是一种不支付费用的宣传方式，在效果上比公关广告更有说服力和吸引力，更有利于提高本组织的知名度。

第三，利用举办各种纪念会、庆祝典礼，或利用名人、演员等特殊人物的声望，达到提高组织知名度的效果。

在本案例中，雷诺发现商机之后，便去了解对手，先发制人。在公关上更是不遗余力做到完美，通过与杜利制笔公司打官司的方式制造了新闻，成功赢得了大众的关注，完成了广告宣传的目的。在雷诺笔价格走低之后，又通过“雷诺弹壳号”飞机环球飞行的方式，在全世界范围内大力进行公关宣传雷诺笔。在当时，这种宣传方式及时、高效、影响力大，是非常成功的宣传策略。

## 案例阅读6

### “请留心你家的后窗”

20世纪50年代，影片《后窗》曾风靡香港。该片讲述了一个脑部受伤的新闻记者，在家养伤时闲极无聊，便买来一架望远镜，每日坐在屋子里窥视对面楼层住户的家庭隐私，从而卷入了一场谋杀案。影片上映后，香港人竞相观看，形成了“后窗热”。这时，香港的一家生产百叶窗的企业成功地抓住了这一事件。他们在报纸上连续刊登题目为“请留心你家的后窗”的公关销售广告，生意一下子兴隆起来。

资料来源：“请留心你家的后窗”. 问答库，2017－02－12.

### 案例点评

在公关广告传播活动中，通过大众传播媒介在社会中形成一个热门话题，让这个话题直接、间接地与组织及其产品挂钩，从而达到良好的传播效果。一般做法可能是，别出心裁地搞出一个奇特的创意，以吸引公众的注意力。如高价征寻广告词，有奖“打捞”易拉罐等，这些活动都不过是为了让公众因好奇而关注。调查表明：大众传播对某些议题的着重强调和这些议题在受传中受重视的程度构成强烈的正比关系。案例中，企业抓住“后窗热”，利用报纸连续刊登“请留心你家的后窗”这则广告，就是充分利用这一原理，多次大量地报道这一事件，从而使公众议论这一话题。当大众传媒热情介绍某个新闻事件时，也就意味着这个新闻事件可能成为公众关注的“议题”。同时，公众需要有人出面对复杂的信息加以整理，为他们选出那些值得关心和注意的事件。案例中的报纸就扮演了这一角色。它反复强调“后窗”这一问题，使“后窗”成为公众关心的问题。而聪明的企业通过大众传播媒介在社会中形成一个热门话题，让这个话题直接间接地与组织及其产品挂钩，从而达到良好的传播效果。他们借助“后窗热”这个与自己产品关联度极高的“议题”通过报纸宣传，轻而易举地掀起了一个“百叶窗热”，从中获得了良好的市场效益。

### 案例阅读 7

## 那些年，加多宝和王老吉斗过的公关广告及文案

2019 年“王老吉”与“加多宝”商标之争再起波澜，让人们想到了 2012 年，加多宝手里的“王老吉”商标被收回，同时“改名篇”“销量篇”等广告被裁定禁止播出，并需在媒体上向王老吉道歉。加多宝连发四个“对不起”系列公关广告，立即收到网友反馈，制作出王老吉的四个“没关系”。王老吉表示：“我们不承认、不否认‘没关系’系列到底是不是出自我们之手，但是如果加多宝真的这样道歉了，我们的确应该回一句：‘没关系!’”

2014 年 12 月 19 日，持续 30 个月的王老吉与加多宝红罐装潢权案一审宣判，王老吉胜诉，加多宝使用红罐装潢构成侵权，被判赔 1.5 亿元。12 月 22 日，加多宝在其官方微博、电商平台及平面媒体同时登出名为“两个第一”的调侃海报作为回应，“做凉茶世界第一，打官司倒数第一”，这两句有着鲜明互联网风格的自嘲体。然后，王老吉开始反击。

2015 年 12 月 2 日，广州市中级人民法院一纸判决证明“怕上火”这一广告语归王老吉，被告加多宝应立即停止使用相关侵权广告语，并赔偿原告 500 万元。

资料来源：看看加多宝王老吉的文案大战. 中关村在线，2017 - 03 - 21.

### 案例点评

广告语、外包装、营收……每年一个官司，随之而来的是一大波精彩的公关广告和文案。加多宝与王老吉这么多年的争执和对抗貌似告一段落了，但是两家公司的公关却从未停止。官司输赢不重要，重要的是不能输了公关。有趣的是，两家公司大量使用了自媒体，利用纸媒、网络等各种途径，通过充满创意又十分接地气的公关广告文案创作，在互相争斗的过程中，给大众提供了一个“娱乐”的案例。从好的方面讲，二者在竞争之余也在互相成就，共同把中国的凉茶市场做大做强！

## 阅读必备

### 公关广告创意的特征

**1. 具有想象力**

公关广告的创意不同于新闻写作，新闻报道要遵循事件的原貌，而广告创意则可以想象，可以夸张，可以增加悬念，可以制造戏剧性的情节。

**2. 具有形象化**

公关广告的创意是从表象、意象、意念、联想中获取创造素材，并集中凝练出具有形象化的广告妙语、音乐、画面，用强化的艺术手段使其融会贯通，成为树立企业形象、提高品牌魅力的广告艺术作品。如极具形象化的广告语——“这双鞋就像妈妈牵引宝宝的手”（日本某儿童鞋业）、“今年 20，明年 18”（某化妆品）。

**3. 具有真实性**

公关广告创意的大目标是塑造企业组织形象，是在“真”的前提下赋予艺术形象，因而不能像文学作品那样天马行空，不可以我行我素。失真的创意，是最大的失策。

**4. 具有“攻心”性**

公关广告的创意即是通过“攻心”策略，卓有成效地“说服”公众，使之对某企业或某品牌产生良好印象。研究公关广告的创意特征，首先要把握寻求心理活动的轨迹。有一则独具匠心的公关广告，巧妙地体现了“攻心”的传播魅力。广告画面醒目地展现了一个被肇事汽车碰撞得缺角的交通标志牌，下端清晰可见一行广告语：“……请喝×××饮料!”这一广告的成功之处是将标志牌上的巨大感叹号与受损的牌体组合成一股强大的视觉冲击力，令人惊诧之余自然明白其寓意：为了交通安全，切勿饮酒驾车——请喝不含酒精的×××饮料！策划者用省略号删减了“饮酒易肇事”的字样，避免了一些嗜酒公众对本广告的逆反心理，进而友善地推出品牌形象，真可谓不尽之言尽在“心战”中。

## 实训导引

1. 实训任务：选择一家熟悉并喜欢的企业及其产品，为××公司（产品）代言。

2. 实训目标：以小组成员组合为企业创新性地进行一个公关广告宣传，可用图片、视频、活动等方式，并对结果进行展示、分享和评价。

3. 实训步骤：

（1）分小组，以 4～8 人为一组。

（2）以多种渠道更深入全面地了解一个公司及其产品，为该公司做一个公关广告宣传，小组合理进行人员分配，保证每个人都有工作任务。

（3）小组成果以 PPT 的形式展示，并辅以图片、文字、视频、模拟活动等。

（4）集中展示、分享并评价。

4. 实训时间和地点：该任务课外完成，课内展示、分享，展示时间控制在 20 分钟，评价反思控制在 10 分钟以内。

5. 实训评价和反思：

任务单

| 组名 | | 组员姓名 | |
|---|---|---|---|
| 工作程序指引及记录内容 | | | 完成的打“√” |
| 1. 确定本次小组长 | 小组长姓名： | | |
| 2. 小组集体查阅资料 | / | | |
| 3. 明确任务 | / | | |
| 4. 组员任务分配 | / | | |
| 5. 设计 PPT 及准备图片、视频等 | / | | |
| 6. 根据小组分工，完成自己的任务 | / | | |
| 7. 班级交流 | 展示人： | | |
| 8. 小组自我评价及反馈 | | | |
| 9. 个人加分点 | | | / |
| 写给老师的话 | | | |
| 指导教师评语 | | 签名 | |

任务评价表

| 课程名称 | | | | | |
|---|---|---|---|---|---|
| 实训任务名称 | | | | | |
| 三方评价成绩 | | | | | |
| 评分项目 | 评分内容 | 分值 | 自评 | 小组评分 | 教师确认 |
| 明确任务<br>获取信息 | 能有效利用图书馆资源、网络资源、教材等查找有效信息；<br>能用自己的语言有条理地去解释、表述所学内容；<br>能将查找到的信息有效运用到工作任务中 | 10 分 | | | |
| 感知任务<br>制订计划 | 是否熟悉你的任务、认同工作价值；<br>是否具有执行力；<br>小组计划制订得是否合理，并具有可操作性 | 10 分 | | | |
| 实施任务 | 与教师、组员之间是否相互尊重、理解；<br>与教师、组员之间是否能够保持多向、丰富、适宜的信息交流 | 10 分 | | | |
| | 探究学习、自主学习不流于形式，处理好合作学习和独立思考的关系，做到有效训练；<br>能提出有意义的问题或能发表个人见解；<br>能按要求正确操作；<br>能够倾听、协作、分享 | 10 分 | | | |

续表

| | | | | | |
|---|---|---|---|---|---|
| 实施任务 | 遵守实训任务要求，实训过程符合目标；<br>训练过程、出勤情况和完成工作任务情况较好；<br>善于多角度思考问题，能主动发现、提出有价值的问题 | 20 分 | | | |
| 展示成果 | 在展示成果中考核小组工作计划、技能训练是否符合目标与要求；<br>是否获得了进一步发展的能力和创新能力；<br>是否有良好的语言表达能力 | 10 分 | | | |
| | 在展示成果中评判学习者是否有发现问题、提出问题、分析问题、解决问题的能力 | 15 分 | | | |
| 评定反馈 | 按时按质完成实训任务；<br>较好地掌握专业知识点；<br>具有较强的信息分析能力和理解能力；<br>具有较为全面严谨的思维能力，并能条理明晰地表述 | 15 分 | | | |
| 总分（100 分） | | | | | |
| 评语 | 自我整体评价 | | 学生签名 | | |
| | 小组整体评价 | | 组长签名 | | |
| | 教师整体评价 | | 教师签名 | | |

## 阅读链接

1. 莫动广告官网.
2. 何修猛. 现代公共关系学. 上海：复旦大学出版社，2015.
3. 胡百精. 公共关系学. 2 版. 北京：中国人民大学出版社，2018.

# 任务四　公关写作

公关写作，就是公共关系实务中所需要与运用的一切文体写作。《有效公共关系》一书指出：公共关系中“写作能力是遥遥领先，处于第一位的”。所以，“在你开始攀登公共关系的高峰前，请学习如何写作”。

公共关系工作的性质决定了从业者必须较为熟练地撰写从请柬、会议致辞，到新闻稿、活动策划书、评估报告，乃至危机管理方案、企业咨询报告等一系列文案，否则就无法有效开展公共关系工作。

案例阅读 1

## 让北京 FUN 起来——房山中央休闲购物区（CSD）的打造

房山区位于北京西南，矿产资源曾是房山区人民赖以生存的支柱产业，随着 2009 年打造“三个北京”路线的提出，摆在房山区政府面前的是停止支柱产业、开辟新经济支柱的难题。如何摆脱房山当时的发展困境、实现区域经济发展成了泰沃公关公司首先要解决的问题。泰沃公关接手房山项目时，长阳还是一片人迹罕至的荒地，没人敢想象而今的长阳已经成了享誉京畿并拥有自己品牌的繁华之地，而且受到了像万科这样的众多一流开发商的青睐。

那么，泰沃公关是如何做到的呢？

当务之急是建立品牌。“Funhill”让房山 Fun 起来，泰沃公关思考并提出了“Fun 动北京，Fun 动房山”的口号，一改房山乡土气息，以此吸引了众多有消费能力的人群关注房山。下一步就是如何让这些人群产生消费，招商引资是任何一个项目都头疼的难题。长阳当时虽然是荒地，但是荒地也有荒地的好处，这块地的可塑性极强。于是泰沃公关利用长阳的优势资源，充分打好区位优势这张牌。通过对长阳优势资源的分析研究，他们总结并写出了几个要点：(1) 人口密集，具有消费能力。(2) 处于城市近郊，有大片滞留土地。(3) 距城市中心车程不超过 1 个半小时。泰沃公关惊喜地发现，只要说服大公司奥特莱斯选址长阳，一切问题就能迎刃而解，于是提出了房山 CSD 的概念，这个概念第一个吸引到的就是万科。万科敏锐地发现，长阳 CSD 是未来首都西南的商业核心，于是就有了后来众多地产名企进驻长阳的火爆场面。历经三年的时间，CSD 的概念已经成为现实，如今的长阳已经成为名副其实的中央购物区。

资料来源：房山：让北京 FUN 起来. 新浪网，2009-09-14.

案例点评

这是典型的“口号”写作带来改变的例子。口号是战略性的语言，目的是经过反复和相同的呈现，以便展示组织的独特性和吸引力，以及它与其他企业精神的不同，使消费者掌握商品或服务的个性。宣传口号常有的形式：联想式、比喻式、许诺式、推理式、赞扬式、命令式。口号的撰写要注意简洁明了、语言明确、独创有趣、便于记忆、易读上口。上述案例中，泰沃公关在处理房山中央休闲区时，打造出了与房山谐音的“Funhill”这个英文词，进而提出了“Fun 动北京，Fun 动房山”的口号。利用这样的谐音，便于记忆，易读上口。

## 案例阅读 2

### 今日头条引发的连锁效应

2016 年 3 月 19 日，资讯 App 今日头条发布了一系列广告，因其新奇的文案画风，引起了大家的热烈讨论。

据了解，今日头条此次广告投放的规模上亿，覆盖面包括“北上广深”几座城市，楼宇、电梯、电影院、地铁站等随处可见其广告。这一系列户外广告，背景统一为红色，且采用了“今天×××，看今日头条”的整齐文案，但与此同时，也结合了不同地点，针对不同人群，定制了不同的文案。比如，在机场的文案是“今天我要去远方，看今日头条”，在北京中关村公交站的文案则是“今天不写代码，看今日头条”。甚至，汽车、电影、时政等各大微信公众号，也在头图或文末植入了今日头条的广告。

在通过刷屏迅速火爆之后，有人发现了一个问题，原来广告牌上的副标题出了问题，“4 亿用户正在使用的资讯 App”中“4 亿”的数据统计不准确，这令人大为不解。原来，两个月之前今日头条的数据组从成长曲线预估，3 月份的用户量将达到 4 亿。万万没想到，在广告通过审批、投放之后，今日头条的实际用户量已经达到 4.5 亿，这也从侧面印证了今日头条的发展趋势大好，面对这种情况，相关工作人员可能也是“哭笑不得”。

无论如何，今日头条这次不按常理出牌的方式，不仅有一些市场品牌部找上门，希望利用今日头条的广告文案，在自己的渠道推广产品，还有很多普通群众也在用“今天体”来造句，吸引了不少的关注度。

今日头条这种户外广告文案，因其排版相近、看似口语化而自带看点，针对不同人群设计的内容令人耳目一新，确实是公关广告行业文案界的创新。

资料来源：今日头条案例分析. 新浪网，2021-02-16.

## 案例点评

今日头条通过“今天体”的刷脸和洗脑，带来了传播的广度和热度。这种针对不同场景、不同人群的文案设计，符合其个性化推荐的定位，但称不上优良之作，影响力也是圈内比圈外大，如果不是豪投，无法激起多大的水花。对于经济型企业，这种方式并不推荐。不过，不得不为今日头条的执行力点赞。

知乎作者 Tang Magic 点评：今日头条的宣传策略是场景营销＋超高记忆度内容＋大规模投放。成功与否，首先要看对成功的定义是什么。业界普遍的测量标准就是是否达到了预计的营销目标。假设目标是打知名度，要最大范围地覆盖人群，同时让他们知道今日头条这个 App，那么，我个人认为，效果应该不错。假设目标是要建立美誉度，那么，我认为，没有效果，甚至是负面效果。

## 案例阅读3

### “小燕子”的一封信

美丽的日本古都奈良坐落在绿树满坡的春日山和若春山的怀抱中，奈良郊区有一家旅馆，环境优美，绿树成荫。春天，美丽的樱花随着春风摇曳，使人心旷神怡。该旅馆不仅环境怡人，服务也热情周到，客人光临，服务员总是笑脸相迎，施礼寒暄，使人有宾至如归的感受。但不尽如人意的事情出现了，归春的小燕子也争相光临此处，它们未经主人允许就忙忙碌碌地在屋檐下营巢筑窝，繁衍后代。主人爱鸟，非常欢迎这些可爱的小家伙在此栖息，还时常为它们提供一些方便。可是小燕子们随随便便地排粪便，尤其是那些刚出壳的雏燕。粪便溅脏了房间的玻璃和走廊，实在有碍观瞻。尽管服务员经常擦洗，但小燕子我行我素，前擦后拉，窗户上总要留下那么一点鸟屎，渐渐地，旅客们有些不高兴了。旅馆经理也为此事苦恼，突然他眉头一皱计上心来，提笔给客人们写了一封信——

女士们、先生们：

我们是刚从南方赶到这儿过春天的小燕子，没征得主人的同意就在这儿安了家，还要生儿育女。我们的小宝贝年幼无知，我们的习惯也不好，常常弄脏您的玻璃和走廊，使您不愉快，我们很过意不去。请女士们、先生们多多谅解。还有一事恳求女士们和先生们，请您千万不要埋怨服务员小姐姐，她们是经常打扫的，只是她们擦不胜擦，这完全是我们的过错，请您稍等一会儿，她们就来了。

您的朋友：小燕子

客人们看了这封以小燕子名义写的信，都给逗乐了，怨气随之烟消云散。每当客人回到自己房间，看到窗户上的点点燕子粪，不由得便会想起“小燕子”那亲切、有趣的话语，谁能不原谅它们的一点小过失呢？此后，客人总是带着美好的回忆，依依不舍地离开美丽的古都奈良，离开这逗人的旅馆。

资料来源：“小燕子”的一封信．豆丁网，2012-11-28.

## 案例点评

公关活动，本质上是一种运用技巧提高企业自身知名度、美誉度，化解不利因素的管理手段。其主要目标应是获取所涉及的公众对自身的理解。旅店的目标公众当然是顾客和潜在顾客。在本案例中，旅馆巧借小燕子的口吻使顾客理解了其服务，选择用一封信的形式，新颖有趣，语言生动活泼、温和妥帖，收到了理想的效果；顾客不仅没有了怨气，而且将此事当成美好的回忆。可见，只要善于抓住顾客寻求舒适和乐趣的心理，借助情绪感染力，及时捕捉时机，制定公关宣传策略，顾客便会在鸟语花香的美好环境中，感到更亲近和更受欢迎，也乐意接受宣传的观点，对小小的风波能够谅解，从而吸引更多的顾客。

## 案例阅读 4

### 《舌尖上的中国》第二季第 1 集《脚步》解说词（节选）

不管是否情愿，生活总在催促我们迈步向前。人们整装、启程、跋涉、落脚，停在哪里，哪里就会燃起灶火。从个体生命的迁徙，到食材的交流运输；从烹调方法的演变，到人生命运的流转。人和食物的匆匆脚步，从来不曾停歇。

20 多年，风雨劳顿，之所以不觉得孤单，除了坚忍的丈夫，勤劳的妻子，相濡以沫的，还有一路陪伴的家乡味道。

一坛家乡味，将被带往 1 000 千米外的广东中山。也许有一天，它会以新的形式，在他乡重现。千百年来，食物就这样随着人们的脚步，不停迁徙，不断流变。无论脚步走多远，在人的脑海中，只有故乡的味道，熟悉而顽固。它就像一个味觉定位系统，一头锁定了千里之外的异地，另一头则永远牵绊着，记忆深处的故乡。

一顿归乡宴，穷尽乡间名厨的全部手艺。中断几十年的相识和旧情，重新接通，瞬间让一切回到从前。少年熬成白发，故乡变了模样，但各种老味道历久弥新。半生闯荡，带来家业丰厚，儿孙满堂。行走一生的脚步，起点、终点，归根到底都是家所在的地方。这是中国人秉持千年的信仰，朴素，但有力量。

这是剧变的中国，人和食物，比任何时候走得更快。无论他们的脚步怎样匆忙，不管聚散和悲欢，来得有多么不由自主，总有一种味道，以其独有的方式，每天三次，在舌尖上提醒着我们，认清明天的去向，不忘昨日的来处。

西藏林芝，印度洋吹来的暖湿季风，植物正在疯长，又到了白马占堆忙碌的季节，天麻和灵芝是重要的经济来源，但是一个月后，它们将消失得无影无踪。从峡谷到雪山，七千米的海拔高差，让林芝成为世界高山植物区系最丰富的地区。弟弟高中毕业，白马得迅速赚够他读大学的费用，在此之前，他为弟弟准备了一件特殊的礼物。西藏 80%的森林集中在这里，白马努力搜寻几天前发现的蜂巢。现在他得想办法达到树顶，在当地人眼中，蜂蜜是宝贵的营养品，值得为它冒险，听起来难以置信，但这种风俗已延续了数百年。白马选了一根藤条，使自己与大树相连，从现在起，这根藤条关系性命，看起来进展不错，一个小时后，白马爬了很高，但还有更高的距离要爬。父亲放心不下，匆匆赶来，白马不敢用双手砍树，速度明显慢了下来。现在，他准备摆脱藤条，40 米高，并且没有任何保护，这是一次危险的行走，野蜂并不怕人，白马从长辈那里学会了点燃烟雾，迫使蜜蜂放弃抵抗，砍开蜜蜂藏身的树洞，就可以得到最甜美的蜂蜜。在与世隔绝的森林里，甜食非常难得，而蜂蜜，是白马能带给家人最珍贵的礼物。甜食是人类最简单最初始的美食体验，蜂蜜的主要成分是果糖和葡萄糖，作为早期人类唯一的甜食，蜂蜜能快速产生热量，补充体力，这对我们的祖先至关重要，和人工提炼的蔗糖不同，蜂蜜中的糖，不经过水解，就可以直接被人体吸收。在中国的厨房，无论制作菜肴还是甜点，蜂蜜都是其他糖类无法替代的。当然，白马最喜欢的是酥油蜂蜜。

获得蜂蜜，对藏族小伙子来说，要攀爬十层楼的高度，而对另外一些人来说，则要经过上万公里的艰苦跋涉。油菜花刚刚开花，谭光树已经准备启程，老谭是职业养蜂人，二十多年来，依靠这份工作，他养育了一双儿女。每年清明，他都要和妻子吴俊英，踏上追逐花期的旅程，一昼夜，蜂箱已在500千米外的秦岭。花的味道决定了蜂蜜的味道，地区不同，味道也完全不同，这正是蜂蜜作为美食的神奇之处。秦岭出产中国顶级的槐花蜜，但老谭心里一点也不轻松，毕竟，养蜂是靠天吃饭的行当。4月中旬，天气突变，大风伴随降雨，花期提早结束，没有人知道，糟糕的天气会持续多久。20多年前，老谭对未婚妻许诺，要带她从事一项甜蜜的事业。交通不便的年代，人们远行时，会携带能长期保存的食物，它们被统称为路菜，路菜不只用来果腹，更是主人习惯的家乡味道。看似寂寞的路途，因为四川女人的存在，而变得生趣盎然。妻子甚至会用简单的工作，制作出豆花，这是川渝一带最简单最开胃的美食。通过加热，卤水使蛋白质分子连接成网状结构，豆花实际上就是大豆蛋白质重新组合的凝胶，挤出水分，力度的变化决定豆花的口感，简陋的帐篷里，一幕奇观开始呈现。现在是佐料时间，提神的香菜，清凉的薄荷，酥脆的油炸花生，还有酸辣清冽的泡菜，所有的一切，足以令人忘记远行的疲惫。丰盛的一餐，标志着另一段旅程的开启，全部家当，重量超过10吨，天黑前必须全部装车。因为工作，每个养蜂人每年外出长达11个月，父母的奔波，给两个读书的孩子提供了安稳的生活。

养蜂人老谭和妻子，携带蜜蜂一路迁徙，而另一群人却轻装上路，只带着他们的双手。秦岭北麓，麦子熟了，机械收割的普及，不妨碍竞争者的存在，麦客，中国古老的职业割麦人，他们踩着麦子成熟的节奏，用双手挑战机械。小麦，曾经改变人类文明进程的作物，拥有世界上最广泛的种植面积，从最日常的馒头、面条、锅盔，到肉夹馍、羊肉泡馍，再到花样百出的各色小吃，共同奠定了陕西这个面食王国难以撼动的基石，然而要品尝最古朴的原始面香，只有等到麦收的季节，小麦富含淀粉和蛋白质，而刚刚收获的新麦，甜度最高，陕西人习惯把面加工成三厘米宽的形状，正是这样的宽度，加上合适的火候，才能彰显新面筋实的牙感和清香的味道。老婆婆比谁都清楚做面的奥妙，风箱大柴，一灶旺火最让面条出彩。木耳、胡萝卜、嫩豆腐做成的浇头，陕西人称作臊子，浓墨重彩的油泼辣子，是面条永远不变的忠实搭档。善待麦客是祖辈的传统，大量碳水化合物，可以维持重体力劳动后身体所必需的苷糖。如今，手工割麦毫无优势，狭窄的山坡地块是最后的阵地，一天劳动10小时，每人割一亩多地，最多收入200元。这次出来十几天，收入还不到1 000元，在效率面前，麦客已不属于这个时代，马万全一行，也许就是中国最后的职业割麦人。古老职业和悠久的传说，正被机械们一茬茬收割殆尽……

甘肃山丹牧场，老谭夫妇准备向下一站出发，又是一次千里跋涉；宁夏固原，回乡的麦客们，开始收割自家的麦子；东海，夫妻船承载着对收获的盼望，再次起锚。这是巨变的中国，人和食物，比任何时候走得更快，无论他们的脚步怎样匆忙，不管聚散和悲欢，来得多么不由自主，总有一种味道，以其独有的方式，每天三次，在舌尖上提醒着我们，认清明天的去向，不忘昨日的来处。

资料来源："舌尖上的中国"解说词赏析. 百库文库，2012-11-28.

**案例点评**

2012年《舌尖上的中国》一经开播便成为央视的品牌节目，使央视的收视率和美誉度进一步提高，更受到民众广泛热议和好评，不仅引发了一场全民美食热潮，带动了食品相关产业链，还产生了一种新兴的网络语体"舌尖体"。纪录片的成功是诸多因素组成的，而其中温润饱满、扎实有力的解说词功不可没。《舌尖上的中国》系列的解说词成功之处在于：(1) 用敬畏的语言和敬畏的态度抒写美食；(2) 不是孤立地说美食，而是把吃还原到家庭、传统等方面；(3) 节奏感强，跳跃性的表达结构实际上就是诗的语言，很多章节始终维持形散神不散的韵味；(4) 字里行间倾注了写作者昂扬的情感和饱满的热情，整个文案充满温度，温暖直指人心；(5) 充满智慧，凸显哲学意味。

## 阅读必备

公关写作是个技术活儿，却也是个基本技能。按常理来说，这本是公关行业人人都该娴熟掌握的"常规武器"。然而事实却并非如此，有些人是眼高手低（当然这眼高或许也只是一种幻觉），有些人虽百般努力却始终不得其法，不少人则莫名其妙地产生畏惧情绪，一有写作任务如临大敌，总是百般推诿。

追根溯源，我们不难发现：对公关写作的科学认知是至关重要的。如果认知发生偏差，就会导致方法上的错误以及最终结果的糟糕。对于那些还不能在公关写作上游刃有余的人而言，重建写作能力的关键，就在于正确认识公关写作。

**1. 天赋为轻，训练为重**

天赋这个词，空灵，却也玄乎。你很难厘定一个人是否具有天赋，或者具有多少天赋。事实上，即便拥有一定的天赋，如果不加以后天的管理和努力，只怕也会"暴殄天物"，无奈上演"伤仲永"的故事。对公关写作而言，天赋并不是必要条件，其重要性远不如专业训练。不少人会想当然地认为，那些公关写作能力杰出的都是具备文字天赋的人。这其实是曲解了公关写作，也曲解了文字天赋。公关写作是专业范畴的写作，有规律可循，有章法可依，专业、规范、准确、到位才是标准。而文字天赋，则是极其稀缺的珍宝，罕有人可以拥有。而且，天赋如果不能纳入专业视角和专业训练，也根本无法匹配公关写作。这个行业中更多的人是通过扎实的专业训练才得以崭露头角。

无疑，专业训练应该成为我们提升能力的重中之重。那么，如何才能进行卓有成效的训练呢？首先，定量训练是必需的。需要有一个量的保障，才可能有质的飞跃。训练者需要在一个周期内，为自己定下一个写作量，并严格完成。其次，需要进行细分训练。公关写作范畴广泛，从公关提案、公关稿件到公关公文有三大类别，每个类别中又有诸多细分，比如公关稿件中有新闻稿、深度稿、软文、导购、评测等庞杂分类。如果你想让自己在公关写作上具备"通杀"能力，就必须在每一个细分领域艰苦探索。细分训练是一个长期而艰苦的过程，需要足够的耐心和不懈的热忱。再次是强化训练，对自己擅长的文体或类别进行高强度、高密度的训练，确保自己可以单点突破，铸造自信后再进行延展。最后是对症训练，对自己特别薄弱的写作环节或写作品类，对症下"猛药"，补短板。

俗话说，熟能生巧。对于公关写作而言，要想出人头地，不断地进行训练是必经之路。但在训练中，仅有勇猛是不够的，还必须注意总结经验、吸取教训。究竟失败在何处，错误在何处，亮点在哪里，如何修正和完善等，都需要不断领悟并形成方法。这是一个不断精进的艰辛过程，你需要悟性与坚忍相伴。

**2. 技巧为轻，常识为重**

对于捷径或秘籍的追求，是人性的弱点，也是一个普遍现象。在武侠小说中经常有这样的暗喻：一个没有武学根基的人因为突然掉入山洞或特殊机缘，获得武功秘籍从而在江湖扬名立万。所以，我们常常可以看到，不少人热衷于去听所谓攻略讲座，翻那些营销噱头的书，以为可以掌握技巧，在公关写作上大展拳脚。但最后他们发现，那些技巧在自己手上全然不灵，实际操作中屡屡碰壁。其实失败原因并不难找，对于技巧的过度关注会导致对常识的漠视。很显然，一个常识缺乏的人，仅凭几招只知其然不知其所以然的技巧，怎么可能在公关写作上闯出一片天地？当然，掌握常识并没有什么了不起，可是缺乏常识却是十足的大问题。在公关实践中，至少有一半不成功的公关写作，都源于常识的缺位。

这里所说的常识主要有四类：一是新闻常识；二是行业常识；三是社会常识；四是生活常识。新闻常识有不少，其中一个最基本的是"倒金字塔结构"。但是这样的基础常识，往往被很多人在写作中抛之脑后，结果写出来的是一个结构错位的稿件，最重要的核心信息被放在最后，前面则是自以为是的抒情或铺垫。这样的稿件除非你碰到了一个不讲常规的审核者，否则必然难逃被"毙"的命运。

行业常识主要指一个行业及产品的基本情况，这对于公关公司职员来说有一定门槛，需要花时间去学习掌握。如果浮于表面，对行业知识一知半解，则可能会带来尴尬甚至是出现笑柄。曾经有一篇讴歌某乳品企业常温奶市场占有率高的文章，有"这是中国乳品市场国际接轨的里程碑"这一结论，结果遭到客户的严厉斥责。因为这有违行业常识：在国际市场，常温奶市场极小，鲜奶占绝对份额。

社会常识主要指一些社会语境、风土人情。例如：你不能在国家大力提倡节能减排的时候，为大排量汽车耗油辩护；在企业合作签约会上，领导人致辞应该盛赞合作方并强调合作带来的积极意义和深远价值，而不应喋喋不休地强调自身。

生活常识上犯错的概率比较小，通常都是由于粗心大意所致。如果你在一篇稿件中说“11 月 2 日，阳光明媚，秋风送爽”，审核稿件的人估计会给差评。

对以上四类常识的掌握，有些来自学习，有些来自观察，有些来自领会。吸纳之后，要不断地积累沉淀，从而形成自己的知识体系，助力公关写作。

**3. 状态为轻，积累为重**

任何写作都需要状态，这一点毋庸讳言。一个人状态好的时候，的确可以如虎添翼，文思泉涌，笔走龙蛇；而心情糟糕、状态低迷，的确会对写作造成障碍。但对于公关写作而言，对状态却不能过多强调。因为公关写作不是文学创作，它是传播任务的有机一环，拖不得，等不起，需要按质按量完成。所以，对于一个优秀的公关人来说，没有状态也需要投入“战斗”。实际上，进一步观察，我们就会发现，没有状态通常是手足无措和焦虑的产物。我们由此错以为是没有状态，其实是缺乏积累所致。看起来，你笔下的文字是此时此刻的新鲜产出，其实不过是你的底蕴和积累在发酵后的呈现。你有足够的积累，状态不会让你等太久；而如果你迟迟不在状态，则证明你的积累非常薄弱，需要好好补课了。

积累通常来自几个层面：一是阅读，首先需要阅读专业书籍，对营销、传播、公关最经典和最前沿的书籍都应该精读细读；二是跨学科阅读，积累综合知识；三是对成功案例的实战型阅读。积累的第二个层面来自建档，平时需要注意收集客户文档、领导人言论，同时收集同行业、跨行业标杆案例，以及意见领袖的观点、“草根”的典型口碑等。积累的第三个层面来自交流，与团队、客户、媒体进行有针对性的交流，并将心得体会予以记录。

**4. 文笔为轻，立意为重**

我们通常会听到这样的夸赞：“这稿子文笔真好，文采斐然。”很多时候，这种来自第三方或权威人士的评价，的确会让人认为文笔是公关写作出色与否的关键。很多初学公关写作者，总是愿意在文笔上非常努力，以为至少可以做到“一俊遮百丑”。这种努力如果不得其法，就会变成华丽辞藻的堆砌。但实际上这是本末倒置了，文笔只是锦上添花，对于公关写作而言，立意才是最重要的。毫无疑问，如果立意出了问题，再美的文笔也只是败笔。

正所谓，“千古文章意为高”。而所有的立意，都需要依附文章内容本身的价值。为什么那些语言质朴的历史人物口述体文章能够引人入胜？根本原因就在于其信息的厚重和在历史坐标中的意义。在公关写作中，立意的第一要义在于“意图”，要始终能清晰承载此次传播的目标，不能偏离，更不能忘乎所以。其二在于“意思”，要准确表达出先行制定的核心信息，不能遗漏，也不能断章取义。稍高一些要求则在于“新意”，需要表达有新意、角度有新意、观点有新意。立意的另一个层面，则是“意义”，也即常规意义上的拔高。但这种意义的拔高不能大而无当，它需要立得住、站得稳，经得起推敲。比如别克新君威小汽车发布时，推出的“引领中高级轿车运动革命”；张裕力推酒庄酒时，以半汁葡萄酒、干型葡萄酒、酒庄葡萄酒三代产品来定义的“葡萄酒业第三次浪潮”等。

资料来源：黄明胜．公关写作是个技术活．国际公关，2011（10）．

## 实训导引

一个大型眼镜连锁店欲在今年教师节前后举办促销活动：任一教师转发该连锁店赠送活动消息到 9 个群，免费挑选 1 副价值 800 元眼镜；转发朋友圈获得 10 个赞，可在任一连锁店铺挑选 1 副价值 600 元的眼镜。活动前有奖征集从公关的视角为连锁店本年度教师节促销活动设计一句口号。

1. 小组合作，可以结合文字、图片、视频、音乐等，使其具备审美性和广泛的影响力。

2. 口号要求朗朗上口，情真意切，具有创意。

3. 根据实训评价表给予打分。

实训评价表

| 创意（50 分） | | 内容（25 分） | | 表达（25 分） | | 总分 | |
|---|---|---|---|---|---|---|---|
| 评语 | 自我评价 | | | | 学生签名 | | |
| | 其他同学评价 | | | | 同学签名 | | |
| | 教师评价 | | | | 教师签名 | | |

## 阅读链接

1. 中国公关网．

2. 中国公共关系网．2015 最具公众影响力公共关系案例集．北京：新世界出版社，2016.

# 任务五　公关礼仪

公关礼仪是指公关人员在公关活动中应遵循的礼仪要求。在公共关系中，礼仪具有特殊的作用，不仅展示着个体的素养和形象，而且影响公共关系的发展。因此人们从事公共关系工作应该掌握各种公关礼仪。

现代公关礼仪的类型包括以下几种：一是从礼仪服务对象的内外区分为国内礼仪和涉外礼仪两大类，前者指本国范围内通行的一些礼仪规范和区域特征，后者指参与外事活动应遵循的礼仪规范。二是根据主体应酬的工作对象分为内务礼仪、公务礼仪、商务礼仪、个人社交礼仪。内务礼仪：在家庭中亲朋好友之间应酬交往时应遵循的礼仪规范，包括家人间的问候、祝贺、庆贺、赠礼、宴请等。公务礼仪：在公务活动中应遵循的礼仪规范，包括公务行文礼仪、公务迎接送往的礼仪、公务会谈的礼仪、公务宴请招待的礼仪。商务礼仪：在商务部门工作应酬中应遵循的礼仪规范，如商务接待、商务谈判、商务庆典等礼仪。个人社交礼仪：个人参加社交活动时应遵循的礼仪规范，包括一些基本的礼节，如握手、介绍、交谈、馈赠等。

**案例阅读 1**

## 新加坡航空公司的完善服务

新加坡航空公司（以下简称“新航”）在国际航空业群雄角逐的激励竞争中独占鳌头，多年连续被国际民用航空组织评为优质服务第一名。新航的服务有很多独特之处，他们把西方的先进技术及管理手段与东方的殷勤待客传统有机地融合在一起，把“乘客至上”的公关思想贯穿于服务的全过程，给每一位乘客留下极为深刻的良好印象，使来自各国的乘客自然而然成为新航的义务宣传员，再加上通过新闻媒体做广告宣传，公司的良好形象受到公众认可。新航的服务准则是：对所有乘客一视同仁地施以关心和礼貌，在一切微小的服务细节上给乘客留下难忘的印象，并树立公司的整体形象。这些服务准则通过每一位工作人员的良好举止体现出来。这些服务措施有：(1) 订票时可选座位号，登机时对乘客以姓相称；(2) 殷勤款待，乘飞机如同做客；(3) 照顾乘客休息、用餐，将饭店服务方式搬进机舱，赠送纪念品加优待券，希望再次光顾。以上这些及其他各项服务措施，构成新航充满活力的公共关系，使新航在国际航线上赢得了声誉、赢得了顾客，在激烈的国际竞争中胜人一筹。

资料来源：公共关系案例：新加坡航空公司的完善服务．豆丁网，2012-09-22.

**案例点评**

新加坡航空公司为塑造本组织的形象，从公关基本原理出发，实行了完善服务的一系列措施，其突出特色在于抓住每一个细小环节来赢得顾客的信任，打造服务型公关模式，以提供各种实惠的服务工作为主，目的是以实际行动获得社会公众的好评，树立组织的良好形象。新加坡航空公司在整个航行过程中，让旅客时刻都能感受到乘务员无微不至的热情服务，使航行生活显得丰富多彩，充满情趣。切实把服务型公关模式有效地通过东方式的殷勤待客、一视同仁、无微不至等礼仪、礼貌达到“行动”层次。

有人说："现在的顾客与其说是买东西，不如说是买服务，就交易成功率来说，周到的服务大于商品的质量与价格。"而服务很大程度上体现在对顾客的礼仪态度上。礼仪态度周到周全，就基本能够建立良好的顾客关系。建立良好的顾客关系的目的，是促使消费者形成对组织及其产品或服务的良好印象和评价，提高组织及其产品或服务的知名度和美誉度，增加对市场的影响力和吸引力，实现组织与顾客利益的双赢。

## 案例阅读 2

### 海尔集团的真诚服务

海尔集团是我国家电行业的著名企业，它不仅因其产品质量高而畅销世界，而且还因其所提倡的"海尔国际星级服务"享誉全球。

"满足用户的潜在需求"是"海尔国际星级服务"的宗旨所在。在这一宗旨的指导下，海尔集团于1990年投资800万元建立海尔售后服务中心。为了实现"国际星级服务"，海尔人制定了著名的售后"一、二、三、四服务模式"。

一个结果——服务满意。

二条理念——带走用户的烦恼，留下海尔的真诚。

三个控制——服务投诉率小于10%，服务遗漏率小于10%，服务不满意率小于10%。

四个不漏——一个不漏地记录用户反映的问题，一个不漏地处理用户反映的问题，一个不漏地复查处理结果，一个不漏地将结果反映到设计、生产、经营部门。

为了落实"一、二、三、四服务模式"，海尔公司规定上门维修人员在顾客家中洁净的地板上铺上一条专用布，完工后自带抹布将维修时留下的污渍擦拭干净；如果客户的冰箱需要拉回中心修理，那么顾客马上会得到一台周转冰箱使用。与此同时，海尔对所有服务人员规定：上门维修不许抽烟、喝酒、吃饭、接受礼品，后来干脆规定连用户的水也不准喝。于是便有了海尔人自带矿泉水上门维修的情景。

资料来源：海尔集团的真诚服务．豆丁网，2012-07-16.

#### 案例点评

良好的服务往往外在体现为礼貌周到、礼仪周全。海尔公司开展的"海尔国际星级服务"活动属于服务型公共关系。当前国内家电市场竞争十分激烈，在同类产品的性能、价格相差不多的情况下，哪个企业能提供优质的服务，哪个企业就能赢得更多的顾客。从某种意义上讲，实实在在的优惠服务，比一般的广告宣传更能打动顾客，为企业树立良好形象。

海尔公司的“海尔国际星级服务”：(1) 创造条件，具备服务设施。海尔集团于1990年投资800万元建立海尔售后服务中心，成为优质服务的可靠保证。(2) 开动脑筋，确定服务的方向和内容。海尔不仅建立了服务中心，而且从顾客利益着想，制定“一、二、三、四服务模式”，一整套服务措施使服务工作尽可能让顾客满意。(3) 力所能及，说到做到。海尔不仅制定了详细的服务规范，而且有严格的管理，非常周全具体，并保证说到做到。工人上门服务，不仅不吸烟、不喝酒、不收礼品，甚至自带矿泉水上门服务，从而赢得了顾客的好评，以实际行动为企业树立了良好形象，扩大了市场。

### 案例阅读3

#### 女总统的笑

马耳他前女总统芭芭拉访问上海期间，曾下榻锦江饭店，锦江饭店公关部的工作人员在接到任务后查阅了大量资料，进行了周密的准备。当芭芭拉走进总统客房时，意外地发现化妆台上放置了全套化妆品、吹风机和珠花拖鞋，房间内还放置了一架昂贵的钢琴。面对这极为中意的一切，她笑了，并高兴地弹起了钢琴。临别时她亲笔留言：“在上海逗留期间，感谢你们给予我一流的服务，并祝你们前途美好!”女总统的留言被多家媒体报道。

资料来源：女总统的笑. 豆丁网，2012－08－01.

### 案例点评

礼仪的核心是“尊重”。心理学家简·尼尔森说过：“感觉好才能做得好。”服务礼仪最根本的核心就是让顾客感觉好。案例中当马耳他前女总统走进饭店，看到饭店不仅准备了她的照片，还按照她的习惯准备了相应的物品，她自然会感受到酒店的用心。她的留言自然给酒店带来了不可替代的广告效应。其实，当我们被商家当成家人一样呵护时，我们就会对商家产生信赖感。这种美好的感觉会随着客人的人际交往而被广泛传播，也就成就了一个商家的美誉度。

## 阅读必备

### 一、公关礼仪的含义

公关礼仪是指公关人员在公关活动中应遵循的礼仪要求。公关礼仪不包括其他场合的礼仪。但是，公关礼仪与其他交际礼仪也有相通之处，只不过目的、对象有所不同罢了。

## 二、公关礼仪的作用

在日常生活和工作中，礼仪能够调节人际关系，在一定意义上说，礼仪是人际关系和谐发展的调节器，人们在交往时按礼仪规范去做，有助于人与人之间互相尊重，建立友好合作的关系，缓解和避免不必要的矛盾和冲突。一般来说，人们受到尊重、礼遇、赞同和帮助就会产生吸引心理，形成友谊关系，反之会产生敌对、抵触、反感，甚至憎恶的心理。

礼仪具有很强的凝聚情感的作用。礼仪的重要功能是对人际关系的调解。在现代生活中，组织与公众的关系错综复杂，在平静中会突然发生冲突，甚至采取极端行为。礼仪有利于促使冲突各方保持冷静，缓解已经激化的矛盾。如果公关人员都能够自觉主动地遵守礼仪规范，按照礼仪规范约束自己，就容易使组织与公众间感情得以沟通，建立起相互尊重、彼此信任、友好合作的关系，进而有利于各种事业的发展。所以礼仪是组织形象、组织文化、员工修养素质的综合体现，我们只有遵循礼仪要求，才能将组织在形象塑造、文化表达上提升到一个满意的地位。

## 三、公关礼仪的类型

**1. 电话礼仪**

（1）电话形象，十分重要；

（2）未打电话，先要思考；

（3）接通电话，莫忘客套；

（4）控制音量，亲切稳重；

（5）铃声一响，规范接听；

（6）对方事情，礼貌待之；

（7）做好记录，准确应答；

（8）接话完毕，别忘客气；

（9）移动电话，勿扰他人。

**2. 空间礼仪**

（1）人际交往，须留空间；

（2）常见空间，各有定数（亲密距离、私人距离、社交距离）；

（3）具体空间，因情而变。

**3. 体态礼仪**

（1）体态含义，各有异同；

（2）站有站相，挺直如松；

（3）走有走姿，从容稳直；

（4）坐有坐相，文雅端庄；

（5）仪态万千，手势领先。

**4. 舞会礼仪**

（1）提高认识，认真准备；

（2）礼貌邀请，文明共舞。

**5. 服饰礼仪**

（1）服装的色彩与款式造型：服装色彩，各有效应；色彩搭配，注意效果；根据肤色，选配色彩；了解原始结构，讲究款式造型。

（2）服饰运用的礼仪要求与技巧：常用礼服，各有讲究；穿着西装，得体大方；饰品佩戴，合情合理；美容化妆，应知技巧；服饰须讲究，遵行 TPO。

## 四、公关礼仪的注意事项

一忌强硬公关。以老大自居、唯我独尊，与人交往态度冷漠傲慢。

二忌盈利公关。多一个朋友，多一条路子。就商务合作来说，任何人很难一开始就成为你的客户，总会从准客户向实际客户过渡。所以，你所交往的人都是准客户，以一样的激情、热情、诚意和他交往，他总会在你不经意的时候，“投之以桃，报之以李”。

三忌一次公关。具体表现有两种：一种是为了达到自己的目的，有求必应，达到目的后就无视对方的要求了；另一种是一次社交目的成功达到后，就不再和对方联系了，认为“以后反正也不用他了”。这种短期行为，势必使自己的朋友越来越少。

四忌高层公关。认为“擒贼先擒王”是条百试不爽的捷径，总是寻找对方的最高领导来做“尚方宝剑”，逼迫对方就范。这样做一是不可能得到对方心悦诚服的、长久的帮助；二是这种关系是人情网，在市场经济下，竞争越来越透明的今天，容易受各种因素影响，以致自食苦果。

五忌江湖公关。把社交信誉押在江湖义气上，以感情取代原则和理性，结果往往让别有心机的人钻了空子，使自己蒙受损失。

六忌媚求公关。公关不能通过获得别人的同情而获得交情，任何一个上进的组织和个人，或有一定位置的组织和有身份的人，都不会和可怜虫、溜须拍马的人进行平等的交往。

## 实训导引

1. 实训任务：设计一次“××公关活动”的迎来送往。

2. 实训目标：以小组为单位，模拟公关活动中的接待、会谈与送客礼仪。

3. 实训步骤：

（1）分小组，4～8 人为一组。

（2）设计一次公关活动，体现公关活动中迎来送往的礼仪，各组合理进行人员分配，保证每个人都有工作任务。

（3）可以做成视频，也可以现场展示，要求完整、正确体现公关礼仪的各个环节。

4. 实训时间和地点：课外设计和演练，课堂展示和分享，时间控制在 10 分钟以内，评价反思的时间控制在 5 分钟以内。

5. 实训评估与反思：

任务单

| 组名 | | 组员姓名 | |
|---|---|---|---|
| 工作程序指引及记录内容 | | | 完成的打“√” |
| 1. 确定本次小组长 | 小组长姓名： | | |
| 2. 小组集体查阅资料 | / | | |
| 3. 明确任务 | / | | |
| 4. 组员任务分配 | / | | |
| 5. 设计公关活动礼仪 | / | | |
| 6. 根据小组分工，完成自己的任务 | / | | |
| 7. 班级交流 | 展示人： | | |
| 8. 小组自我评价及反馈 | | | |
| 9. 个人加分点 | | | / |
| 写给老师的话 | | | |
| 指导教师评语 | | 签名 | |

任务评价表

| 课程名称 | | | | | |
|---|---|---|---|---|---|
| 实训任务名称 | | | | | |
| 三方评价成绩 | | | | | |
| 评分项目 | 评分内容 | 分值 | 自评 | 小组评分 | 教师确认 |
| 明确任务<br>获取信息 | 能有效利用图书馆资源、网络资源、教材等查找有效信息；<br>能用自己的语言有条理地去解释、表述所学内容；<br>能将查找到的信息有效运用到工作任务中 | 10 分 | | | |
| 感知任务<br>制订计划 | 是否熟悉你的任务、认同工作价值；<br>是否具有执行力；<br>小组计划制订得是否合理，并具有可操作性 | 10 分 | | | |

续表

| | | | | | |
|---|---|---|---|---|---|
| 实施任务 | 与教师、组员之间是否相互尊重、理解；<br>与教师、组员之间是否能够保持多向、丰富、适宜的信息交流 | 10分 | | | |
| | 探究学习、自主学习不流于形式，处理好合作学习和独立思考的关系，做到有效训练；<br>能提出有意义的问题或能发表个人见解；<br>能按要求正确操作；<br>能够倾听、协作、分享 | 10分 | | | |
| | 遵守实训任务要求，实训过程符合目标；<br>训练过程、出勤情况和完成工作任务情况较好；<br>善于多角度思考问题，能主动发现、提出有价值的问题 | 20分 | | | |
| 展示成果 | 在展示成果中考核小组工作计划、技能训练是否符合目标与要求；<br>是否获得了进一步发展的能力和创新能力；<br>是否有良好的语言表达能力 | 10分 | | | |
| | 在展示成果中评判学习者是否有发现问题、提出问题、分析问题、解决问题、创新问题的能力 | 15分 | | | |
| 评定反馈 | 按时按质完成实训任务；<br>较好地掌握专业知识点；<br>具有较强的信息分析能力和理解能力；<br>具有较为全面严谨的思维能力，并能条理明晰地表述 | 15分 | | | |
| 总分（100分） | | | | | |
| 评语 | 自我整体评价 | | 学生签名 | | |
| | 小组整体评价 | | 组长签名 | | |
| | 教师整体评价 | | 教师签名 | | |

## 阅读链接

1. 许湘岳，蒋璟萍，费秋萍．礼仪训练教程．北京：人民出版社，2012.
2. 宋海燕，纪亚飞．销售礼仪标准培训．北京：中国纺织出版社，2014.
3. 吕艳芝，纪亚飞．银行服务礼仪标准培训．北京：中国纺织出版社，2014.
4. 吕艳芝，朱玉华．饭店服务礼仪标准培训．北京：中国纺织出版社，2014.
5. 纪亚飞．优雅得体中西餐礼仪．北京：中国纺织出版社，2014.
6. 吕艳芝．公务礼仪标准培训．2版．北京：中国纺织出版社，2016.

# 参考文献


1. 胡百精．公共关系学．2版．北京：中国人民大学出版社，2018.

2. 陈先红．公共关系学的想象：视域、理论与方法．北京：社会科学文献出版社，2021.

3. 中国国际公共关系协会．第七届最佳公共关系案例．北京：清华大学出版社，2007.

4. 周安华．公共关系：理论、实务与技巧．6版．北京：中国人民大学出版社，2019.

5. 王培才．公共关系理论与实务．北京：电子工业出版社，2014.

6. 陈秀丽．世界十大公关败局．北京：清华大学出版社，2006.

7. 姚利权，任文杰．生活中的公共关系学．杭州：浙江大学出版社，2022.

8. 游昌乔．危机公关案例回放及点评．北京：北京大学出版社，2006.

9. 杨俊．新型实用公共关系．北京：经济科学出版社，2010.

10. 齐小华，殷娟娟．公共关系案例研究．武汉：武汉大学出版社，2009.

11. 王文华．公共关系与商务礼仪．北京：企业管理出版社，2021.